위기의 대한민국

무엇이 문제인가?

위기의 대한민국, 무엇이 문제인가?

초판 1쇄 인쇄 : 2025년 4월 16일
초판 1쇄 발행 : 2025년 4월 23일

지은이 : 강재윤
교정 / 편집 : 김현미 / 이수영
표지 디자인 : 김보영
펴낸이 : 서지만
펴낸곳 : 하이비전

주소 : 서울시 동대문구 하정로 47(신설동) 정아빌딩 203호
전화 : 02)929-9313

신고번호 : 제 305-2013-000028호
신고일 : 2013년 9월 4일
주소 : 서울시 동대문구 하정로 47(정아빌딩 203호)
전화 : 02)929-9313
홈페이지 : hvs21.com
E-mail : hivi9313@naver.com

ISBN 979-11-89169-88-6(03300)

* 값 : 20,000원

위기의 대한민국, 무엇이 문제인가?

강재윤 지음

하이비전

책을 내면서

위기의 대한민국, 무엇이 문제인가?

한국은 세계 어디에 내놓아도 자랑할 만한 장점을 가진 나라다. 해외에서도 높아진 우리의 위상을 인정하고 있으며, 많은 나라가 우리를 배우고 싶어 하는 부러운 국가가 되었다.

이는 제2차 세계대전 이후 세계 최빈국에서 출발하여, 좌우 이념 대결로 인해 동족상잔의 비극적인 전쟁까지 치렀음에도 불구하고, 폐허와 잿더미 위에서 대한민국만은 자유민주주의와 시장경제를 바탕으로 성장했다. 또한 한미상호방위조약을 통한 안보 기반과 우리 민족 특유의 근면, 성실, 자조 정신이 더해지면서 세계가 부러워하는 경제 대국, 그것도 세계 10위권의 경제 강국으로 우뚝 서게 되었다.

더욱이, 전후(戰後) 독립한 국가들 중에서 이처럼 빠르게 성장과 발전, 그리고 번영을 이룬 나라는 한국이 유일하다. 그래서 우리는 "한강의 기적"을 이룬 나라로 세계에서 회자되고 있다.

그 결과, 세계를 선도하는 K-팝, 방산, 조선, 반도체, 자동차, 음식, 문화, 가전 등 다양한 산업이 우리의 위상을 보여주고 있다. 여기에 더해, 우리는 산업화와 민주화를 동시에 이뤄내며 후진국들의 '롤모델'이 되었다.

그러나 국민소득이 3만 6,000달러에 이르는 선진국이 되었음에도 불구하고, 국민의 행동과 의식 수준은 여전히 과거 500달러 시대의 버릇을 버리지 못하고 있어 문제가 되고 있다.

일반적으로 소득 수준이 높아지고 삶이 풍족해지면, 이에 비례해 국민 의식과 행동 또한 성숙해지는 것이 보통이다. 그렇게 되면 문화적 가치를 공유하는 사회가 형성되고, 국가 구성원 간의 신뢰와 배려가 숨 쉬는 따뜻한 사회가 되어야 한다. 그것이야말로 진정한 선진국의 모습이다.

그러나 우리의 현실은 너무나 빠르게 경제 대국이 되다 보니, 여유도, 배려와 양보도 없는 천민자본주의적 이기심이 만연한 나라가 되어버린 것이 아닌가 하는 자조 섞인 생각이 든다. 우리는 지금 자유를 넘어 방종의 끝자락에 서 있다.

우리의 행동과 의식 수준, 법과 제도를 지키려는 준법정신을 고려할 때, 아직도 진정한 선진국이라 부르기에는 한참 부족하다. 더욱이, 사회 곳곳에서 도덕성과 염치(廉恥)가 사라지고 있으며, 인간으로서의 기본적인 양심마저 찾아보기 힘든 세상이 되어가고 있다.

그 대표적인 사례가 K-정치의 후진성이다. 정치 수준이 조선 시대와 한 치도 변하지 않았기에 국민은 절망하고 있다.

살기 좋아지고 자유가 넘치다 보니, 이제는 방종을 일삼고 있다. 민주주의 국가에서 국민 주권을 포기하고, 심지어는 세습 독재국가인 북한을 지지하는 자들도 있다. 피와 땀으로 쟁취한 자유와 번영을 스스로 걷어차고 있는 꼴이다.

공권력을 우습게 여기고, 범법 행위를 저지르고도 당연시하는 현실, 기초 질서를 지키려는 시민의식 부족, 공동체 사회를 위한 준법정신의 결여, 그리고 한국인의 고질적인 단점인 양보와 배려의 부족은 여전히 개선되지 않고 있다.

남의 재물을 사술로 가로채는 사기꾼들의 천국, 공짜라면 세금도 빼먹는 비양심적 근성, 돈만 된다면 공직자의 영혼까지 팔아넘기는 풍조, 공사를 구분하지 못하고, 자기 돈처럼 쓰면서도 죄의식이 없다.

집단 이기주의와 떼법이 난무하고, 직업에 대한 사명감도 부족하며, 남이 잘되는 것을 배 아파하며 시기·질투·모함하는 풍조가 여전하다.

이기적인 목적만을 위해 절차와 법을 무시하고, 국민을 갈라치기하여 사회 갈등을 조장하는 정치, 괴담이 판치고, 과학과 진실이 괴담에 밀려 사라지며, 진영논리에 갇혀 분열과 대립이 최악으로 치닫고 있다.

국가 사회의 방부제 역할을 해야 할 위치에 있는 사람들마저 돈과 권력에 눈이 멀어 부패해가고 있는 현실, 이는 마치 망국 직전의 로마제국을 보는 것 같은 탄식을 자아내게 한다. 우리는 국가 존망의 임계점에 다다랐다해도 과언이 아니다.

추락하는 것은 날개가 없다는 말처럼, 지금과 같은 천박한 이기주의가 어디까지 우리를 끌고 갈 것인지 심히 우려된다.

이 시점에서 가장 심각한 문제는 '잘못한 것을 알고도 반성하지 않고 고치지 않는 태도'이다.

이를 가장 잘 표현하는 사자성어가 '과이불개(過而不改)', 즉 '잘못을 하고도 고치지 않는다'는 것이다. 이 말이야말로 오늘날 우리의 자화상을 적나라하게 보여준다.

사람이 실수할 수는 있다. 그러나 중요한 것은, 잘못을 깨달았을 때 즉시 고쳐야 한다는 점이다. 그럼에도 불구하고 우리는 같은 잘못을 반복하며, 이를 방관하고 있다.

왜 이런 지경까지 왔는가?

1. 단기간의 압축 성장: 경제적 풍요는 이루었지만, 과도한 경쟁 사회로 치달으면서 인성이 이기적이고 배타적으로 변하였고, 금전 만능주의가 팽배해지면서 도덕성이 결여된 천민자본주의 사회로 변질되었다.

2. 식민지배와 전란의 영향: 오랜 세월 가난과 빈곤에 시달리며 무의식적으로 굳어진 잘못된 의식과 행동 양식이 여전히 남아 있다. 이제는 경제적으로 풍족해졌으니, 과거의 낡은 습관과 잘못된 문화는 버릴 때가 되었다.

3. 인성 교육의 부재: 우리의 교육은 오로지 지식 전달에만 초점을 맞추고, 인성 교육을 소홀히 했다. 사람이 먼저 만들어지고 나서 지식을 배워야 하는데, 교육의 순서가 뒤바뀌었다. 그 결과, 고학력자들조차

'지행불일치'와 '내로남불'을 스스럼없이 저지르는 현실이 되었다.

우리 사회의 긍정적인 측면도 많음에도 불구하고, 왜 부정적인 면을 강조하느냐는 반문이 있을 수 있다. 그러나 우리를 냉철하게 비판하고 자성의 계기를 만드는 과정은, 곧 우리의 삶의 의식 수준을 높이고 문화적으로 성숙한 선진사회로 나아가기 위한 필수적인 노력이다.

우리가 어떤 민족인가? 어떻게 이 나라를 번영시켜 왔는가?

이제 추락 직전의 임계점에 다다랐음을 깊이 깨닫고, 대오각성해야 할 시점이다.

이 책은 정치권과 분열되어 가고 있는 국민 모두가 성찰해야 할 문제들을 짚어보고, 변화의 출발점을 제시하고자 했다. 아울러 우리 사회에 뿌리내린 폐습과 왜곡된 의식, 행동, 인성 문제를 실증적으로 분석·정리하였다.

이 책을 집필하면서 다양한 언론 기사, 논설, 칼럼, 논평, 방송 자료 등을 폭넓게 참고하였음을 밝힌다.

.

2025. 3. 강재윤

차 례

제 4 장　의식과 행동이 병든 나라

제 5 장 나쁜 머리는 잘 굴린다

제1장 국가를 견인할 중심축이 붕괴되고 있다

1. 정치권에 고합니다

"이게 정치입니까? 이게 나라입니까?"

정치인들은 자신을 '국민의 대표'라고 말하지만, 지금 이 현실 속에서 국민 그 누구도 진정한 대표로 인정하지 않습니다. 정치권은 국민의 신뢰를 이미 저버렸고, 존재 이유마저 흐릿해졌습니다.

대한민국은 현재 경제적 위기와 사회적 혼란에 빠져 있습니다. 그러나 당신들은 여전히 정쟁에 몰두하며 국민의 고통을 외면하고 있습니다. 국회는 민생을 위한 공간이 아니라 당리당략과 이익 싸움의 무대로 전락했습니다.

물가는 치솟고, 자영업자들은 폐업과 빚더미에 시달리고 있습니다. 청년들은 미래를 포기한 채 '헬조선'을 벗어나려 하며, 남은 일자리는 불안정한 비정규직뿐입니다. 결혼과 출산은 이제 개인에게 감당하기 어려운 부담이 되었습니다. 그러나 정치권은 이러한 현실을 제대로 체감하지 못하고 있습니다. 오히려 특권 속에 안주하면서 국민의 삶과는 점점 더 멀어지고 있습니다. 노인들의 삶도 참담합니다. 이들은 새벽마다 거리로 나와 폐지를 줍고, 택배 상하차와 청소 일을 하며 생계를 유지합니다.

국회는 법안 하나 제대로 처리하지 못하고, 대화와 타협은 실종된 지 오래입니다. 오직 상대를 공격하고 무너뜨리는 일에만 집중하고 있는 동안 국민은 점점 더 외면당하고 있으며, 언론은 이러한 싸움을 중계하면서 갈등을 더욱 부추기고 있습니다. '민생'과 '개혁'은 이제 명분에 불과하다는 것을 잘 알고 있습니다..

정치는 국민이 부여한 신뢰 위에 서야 합니다. 그러나 현재 정치권은 그 신뢰를 배신했고, 오히려 국민 위에 군림하려 합니다. 기대는 실망으로, 실망은 분노로, 분노는 냉소로 바뀌었습니다.

국민은 충분히 참아왔습니다. 반복되는 배신에도 투표장으로 향했고, 변화를 기대했습니다. 그러나 이제 국민은 더 이상 기대하지 않으며 절망적인 일상을 살아가고 있습니다.

정치는 국민을 위한 것이어야 합니다. 그렇지 않다면 그 자리에 있을 이유도 자격도 없습니다. 지금이라도 정치가 국민을 바라보고, 자신이 왜 존재해야 하는지를 깊이 성찰한다면, 절망 속에서도 희망의 불씨는 살아날 수 있습니다.

정치권은 지금 당장 각성해야 합니다.

스스로의 무능과 무책임을 직시하고, 싸움이 아닌 해결을 위한 정치, 국민의 삶과 생계를 위한 정치를 시작해야 합니다. 말이 아닌 행동으로, 계산이 아닌 양심으로, 책임 회피가 아닌 책임 이행으로 국민 앞에 나서야 합니다. 권력놀음에 취해 국민의 고통을 방치한다면, 어느 순간인가 심판할 것입니다.

국민의 분노가 폭발하기 전에, 정치권은 반성하십시오.

국민은 변화를 원합니다. 그리고 그 변화는 당신들, 정치권에서 시작되어야 합니다.

2. 국민께 드리는 제언

침묵의 끝, 질문이 시작된다

"국민 여러분, 언제까지 참으시겠습니까?. 언제까지 속으시겠습니까?"

우리는 이 나라의 주인입니다. 그러나 지금, 이 땅의 주인은 더 이상 우리 국민이 아닙니다. 정치는 국민을 등졌고, 언론은 국민을 기만했으며, 가진 자들은 이 나라를 더 사유화해가고 있습니다.

그 사이에서 국민은 밀려났고, 무시당했고, 철저히 외면당했습니다. 그럼에도 우리는 참고 또 참았습니다. 믿고 또 믿었습니다.

하지만 이제는 묻습니다. **"이게 우리가 만들고 지켜온 나라입니까? 이게 우리가 자식들에게 물려줄 대한민국입니까?"** 침묵의 끝에서 우리는 결국 질문하게 됩니다. 그 누구도 대답하지 않지만, 이제는 우리가 답을 내야 할 시간입니다.

무너지는 건 벽이 아니라 사람입니다.

지금 대한민국은 무너지고 있습니다. 뉴스에 나오는 경제지표나 정쟁이 아닙니다. 무너지는 건 바로 **우리의 삶**이고, **우리의 일상**이며, **아이들의 미래**입니다.

물가는 미친 듯이 오르는데 소득은 제자리이고, 청년은 비정규직과 실업의 벼랑 끝에 서 있습니다. 결혼은 사치가 되었고, 출산은 두려움이 되었습니다. 노인은 새벽마다 일터로 향하고, 자영업자는 매일 문 닫을 걱정을 합니다.

가정은 해체되고, 공동체는 파괴되며, 신뢰는 사라졌습니다. 그 속에서 우리는 점점 말이 없어졌습니다. 하지만 이제는 말해야 합니다.

이 무너짐은 더 이상 남의 이야기가 아니라, 바로 우리 모두의 이야기입니다.

참았던 날들의 결과는 고통이 되었습니다.

정치권은 책임지지 않습니다. 정치는 싸움에 빠졌고, 언론은 그 싸움을 중계하며 갈등을 키웠습니다. 우리는 실망했고, 분노했고, 좌절했습니다. 그럼에도 다시 투표장을 찾았고, 또 한 번 기대했습니다. 그러나 돌아온 것은 더 깊은 실망과 더 뿌리 깊은 배신뿐이었습니다.

묵묵히 견딘 그 인내는, 이 사회를 지탱하지 못했습니다. 우리가 외면한 틈을 타, 권력자들은 자기들만의 세상을 쌓아 올렸습니다. 이제는 그 대가를 우리가 감당하고 있습니다.

이제는 일어설 시간입니다. 국민 여러분, 더 이상 물러설 수 없습니다. 침묵은 공범입니다. 체념은 공멸입니다. 이대로라면, 우리가 지켜온 이 나라는 더 이상 미래를 가지지 못할 것입니다.

지금이 바로 **일어설 시간입니다.** 지금 우리가 나서지 않는다면, 그 누구도 나서지 않을 것입니다. 우리가 무너지는 걸 보고도, 그들은 끝까지 외면할 것입니다. 그러니 지금, 우리가 먼저 말하고, 움직이고, 바꿔야 합니다.

더 이상 참지 말아야 합니다.

더 이상 속지 말아야 합니다.

더 이상 서로 등을 돌려선 안 됩니다.

서로를 지키는 마지막 언덕 위에서

우리는 지금 벼랑 끝이 아닌, **서로를 지켜야 할 마지막 언덕 위에서 있습니다.**

이곳에서 등을 돌리면, 우리는 모두 떨어질 수밖에 없습니다. 하지만 서로를 잡아준다면, 우리는 다시 함께 일어설 수 있습니다.

정치가 국민을 버렸다면, 국민이 국민을 지켜야 합니다. 우리가 서로에게 무관심하다면, 이 사회는 더 깊은 어둠 속으로 침잠할 것입니다. 그래서 지금, 우리는 깨어나야 합니다. 그리고 깨어난 우리는 반드시 서로를 바라보아야 합니다.

같은 대한민국 땅에서, 우리는 서로 적이 아니다

지금 우리가 가장 먼저 직면해야 할 진실입니다. 누군가는 오른쪽에, 누군가는 왼쪽에 설 수 있습니다. 그러나 그 누구도 가난 앞에서 자유롭지 않고, 불안정한 일자리 앞에서 안전하지 않으며, 아이들의 미래 앞에서 고민이 다르지 않습니다.

정치가 만든 진영은 가짜입니다. 우리를 나누는 이념은, 결국 그들만의 도구입니다. 같은 대한민국에서 사는 우리가, 어떻게 적일 수 있겠습니까?

서로 미워하는 사이, 그들은 기득권을 나눕니다. 서로 등을 돌리는 사이, 그들은 국민의 자리를 차지합니다. 분열은 그들에게 이익이고, 증오는 그들에게 권력입니다.

이제는 그 고리를 끊어야 합니다.
이제는 진영을 넘어 손을 잡아야 합니다.
어려운 시대일수록 우리는 서로를 더 깊이 돌아보아야 합니다.
작은 배려 하나가 지친 마음에 위로가 되고, 한 걸음 양보가 갈등을 멈추게 하며, 다름을 인정하는 포용이 공동체를 지탱합니다.
함께 살아간다는 믿음이, 이 시대를 견디는 가장 큰 힘입니다.
우리가 서로를 이해하고 포용할 때, 비로소 대한민국은 다시 하나가 될 것입니다.

3. 야만의 정치가 나라를 병들게 하고 있다

1) 이젠 야만의 정치를 끝내야 한다

여야는 오랜 시간 상대를 무너뜨리는 데만 몰두하며, 소모적인 정쟁 속에 국민의 삶과 목소리를 외면해 왔다. 거리 정치와 진영논리에 갇힌 패거리 정치는 사회를 극단으로 몰아갔고, 그 과정에서 정책은 실종되었다. 정치는 사법을 이용했고, 사법은 정치의 도구가 되면서 민주주의의 기본 원칙마저 흔들렸다. 그야말로 야만의 정치로 나라와 국민을 혼란에 빠뜨렸다.

더욱이 현재 정치권은 당내 비판이나 토론을 철저히 배제하는 폐쇄적 구조를 강화하고 있다. 국회는 갈등과 대립만을 반복하는 공간이 되어버렸고, 그 피해는 고스란히 국민에게 전가되고 있는 현실이다.

이러한 정치적 위기를 극복하려면, 무엇보다 각 정당 내부에서 다양한 의견을 존중하며 열린 토론이 가능한 민주적 정치 문화를 회복해야 한다. 또한 상대방을 공격하는 정쟁이 아닌 정책 중심의 합리적인 경쟁 구조로 전환하여, 여야가 상시적이고 제도적인 대화와 협의를 통해 협치할 수 있는 환경을 만들어야 한다.

정치는 이제 국민의 삶을 중심에 두고, 협력과 책임의 정치를 회복해야 한다. 그것이 지금의 혼란을 넘어설 수 있는 유일한 길이다.

아울러 정치적 책임성을 높이는 윤리적 기준을 엄격히 세워 책임 있는 정치 문화를 정착시켜 국민으로부터 신뢰받는 정치로 거듭나야 한다.

2) 국회의원의 고액 세비와 특권이 정치를 망치고 있다

(1) 국회의원 세비는 세계 최고 수준이다

정치는 4류인데 의원 1인 유지비는 세계 최고 수준이다. 국회의원 1명에게 지급되는 연봉은 1억 5690만 원이다. 여기에 의정활동 지원 경비로 1억 1279만 원이 추가되고, 보좌진(4급 2명, 5급 2명, 6~9급 4명, 인턴 1명) 9명의 급여 5억 999만 원까지 합하면 의원 1명당 연간 8억 1,403만 원이 들어간다. 사무실 운영비, 공무 출장비, 입법 및 정책 개발 비용은 별도이며, 의원은 연간 1억 5000만 원, 선거가 있는 해에는 3억 원까지 후원금을 모금할 수 있다.

국회의원의 세비만 보면 한국은 세계 9위 수준이다. 하지만 경제 규모 대비 세비를 비교하면 세계 최고 수준이다. 한국 국회의원의 세비는 1인당 국민총소득(GNI)의 3.65배로, 북유럽 선진국의 1.5배보다 월등히 높다. 한국보다 1인당 GDP가 3배 높은 노르웨이보다도 많다.

(2) 고액 세비가 한국 정치를 망치는 주범이다

각종 특권을 제외하고도, 국회의원은 일반 국민보다 4배 이상의 고소득을 올린다. 이 때문에 한 번 당선된 의원들은 의원직을 놓지 않으려

한다. 정년도, 은퇴도 없다. 이러니 영혼을 팔아서라도 의원직을 계속 유지하기 위해 권력자나 당 지도부에 충성하며, 홍위병·돌격대·앞잡이 역할도 마다하지 않는다. 세비 과다뿐만 아니라 불체포 특권과 면책 특권 등 국회의원이 누리는 특혜가 무려 186가지에 달한다. 이런 특혜로 인해 전과자, 범죄인, 사기꾼까지 정치에 뛰어들면서 국회는 막말과 거짓말이 난무하는 싸움터가 되었다. 여기서 무슨 제대로 된 민의가 반영되고 바른 입법과 정부의 감시 기능을 기대할 수 있겠는가?

수신(修身)도 안 된 사람들이 나라를 다스리겠다고 설친다. 이런 국회를 보며 국민은 "국개(國犬)의원"이라 부르며 한숨짓는다.

(3) 국회의원은 헌신해야 하는 자리다

국회의원은 국민의 대표로서 법을 만들고, 행정부를 감시하며, 국민의 삶을 더 나은 방향으로 이끄는 막중한 책임을 지는 자리다. 단순히 정치 권력을 행사하거나 특권을 누리기 위한 자리가 아니라, 나라를 위해 헌신하고 때로는 희생하며 공적인 역할을 수행해야 한다. 국회의원은 '공복(公僕)', 즉 국민의 종이라는 말처럼, 국민의 명령을 받들고, 그 뜻을 정책과 법률에 반영하는 심부름꾼이 되어야 한다.

그러나 오늘날의 현실은 이 같은 이상과는 큰 괴리를 보이고 있다. 많은 국회의원들이 고액의 세비, 각종 지원 혜택, 불체포 특권, 연금 등 각종 특권을 누리면서도 정작 국민 앞에서는 책임을 회피하거나 말 바꾸기, 정쟁에 몰두하는 모습을 반복하고 있다. 민생보다 당리당략을 우선하고, 법률 제정보다는 상대 진영 공격과 이미지 정치에 몰두하는 모습은 국민들로 하여금 "누구를 위한 정치인가"라는 근본적인 질문을 던지게 만든다.

국회의원이 국민을 위해 존재한다는 원칙이 지켜지지 않는다면, 정치에 대한 신뢰는 회복되기 어렵다. 국민이 기대하는 것은 화려한 말솜씨나 정치적 쇼가 아니라, 실질적인 변화와 책임지는 자세다. 국회의원은 권한만큼이나 책임이 따르는 자리임을 잊지 말아야 하며, 특권을 내려놓고 국민의 삶을 최우선으로 생각하는 진정한 봉사자의 역할로 돌아가야 한다. 그것이 바로 정치에 대한 신뢰를 회복하고, 민주주의를 건강하게 지켜내는 첫걸음이다.

(4) 국민을 배신하는 국회의원의 만행

국민 혈세로 의정활동을 하라고 세계 최고 수준의 세비를 지급하고 있음에도 불구하고, 일부 국회의원들은 이를 책임 있게 쓰지 않고 오히려 악용하고 있다. 국회를 민생의 장이 아닌 정쟁의 무대로 만들고, 면책특권 뒤에 숨어 막말과 허위 사실 유포를 일삼으며, 국민을 분열시키는 데 앞장서고 있다. 입법권은 국민을 위한 수단이 아니라, 당리당략과 자기 정치에 이용되고 있으며, 꼼수 정치, 입법 폭주, 내로남불의 행태가 반복되고 있다.

일부 의원들은 국민을 대변하는 본업보다 방송 출연, 개인 홍보, 차기 선거 준비 등 '부업 정치'에 더 집중하며, 선심성 포퓰리즘 정책으로 국민의 혈세를 마치 자기 예산인 것처럼 남용하고 있다. 이런 행태는 국민의 신뢰를 무너뜨리고, 정치 자체를 혐오의 대상으로 전락시키고 있다. 국회의원이라는 자리는 권리를 누리는 자리가 아니라, 국민을 위해 무거운 책임을 지는 자리임을 잊지 말아야 한다.

(5) 국회의원이 자기 세비를 결정하는 것이 문제다

현행 '국회의원 수당 등에 관한 법률'은 국회의원이 자신의 세비를 스스로 결정할 수 있도록 하고 있다. 국회의원들은 여야를 막론하고 세비 인상에는 한마음으로 뭉친다. 경제 상황과 관계없이 매년 자동으로 세비를 인상하며, 국민 혈세를 사적으로 남용한다. 국회의원 세비는 독립기구에서 결정하도록 하거나, 국민소득의 1.5배 수준으로 고정하는 것이 필요하다.

국회의원 특권 폐지, 국회의원 감축, 무노동 무임금 원칙 도입, 보좌진 축소 등이 국민이 바라는 국회 개혁의 핵심이다.

3) 국회가 범죄인 도피처가 된 나라

국회는 교도소 다음으로 범죄자가 많은 조직이다. 의원의 3분의 1이 범죄자이거나 범죄 혐의자로 채워져 있다.

범죄인들이 정당을 만들어 국회를 도피처로 삼고, 입법권을 이용해 사법부를 압박하며 혼란을 초래하고 있다. 결국 국회는 범죄자와 전과자들의 도피처로 전락했다.

정쟁과 범죄자 방탄으로 입법과 민생은 뒷전

국회는 계륵 같은 존재 집단이 되고 말았다. 정쟁만 일삼으며 민생을 외면하고 있다. 국회의원을 존경하는 국민은 거의 없다. 민주주의 필수제도로 인해 의원을 선출하지만, 진정한 국민의 대변자 역할을 기대하는 국민은 많지 않다. 그들은 국민을 위해 일하기보다 정권 탈환과 자기 보호에만 몰두한다. 선거비용과 정당 보조금을 국민 혈세로 지원받으면서도 국회 본연의 역할을 하지 않는다. 결국, 썩어빠진 정치를 개혁할 의지가 없는 국회의원들을 국민이 직접 심판해야 한다.

4) 도덕도 염치도 없는 거짓말 정치, 언제 사라질 것인가?

우리 속담에 "거짓말은 할수록 는다"는 말이 있다.

정치권에서는 작은 거짓말이 큰 거짓말로 이어지고, 선거철이면 온갖 거짓말이 난무한다. "정치인은 거짓말을 밥 먹듯 한다"는 말이 현실을 반영한다.

정치인의 거짓말은 검찰 수사에서 잘 드러난다. 수사 전에는 "나는 절대 그런 일이 없다", "왜 내 이름이 거기에 있는지 모르겠다"고 부인한다. 심지어 "1억 수수가 사실이면 동대구역 앞에서 할복 자살하겠다", "정치 생명을 걸겠다"고 호언장담한다. 그러나 조사 결과 대부분 거짓으로 밝혀진다. 심지어 대법원에서 유죄 판결을 받고 감옥에 다녀와도 "나는 죄가 없다", "정치 탄압이다"라고 주장한다. 성경에 손을 얹고 결백을 주장하며 뻔뻔하게 거짓말을 한다.

한국 정치인의 말 돌리기 수법은 천재적이다. 정치와 거짓말은 뗄 수 없는 관계처럼 보인다. 그러나 아이러니하게도 한국에서 거짓말로 정치 생명이 끝난 사례는 거의 없다. 우리 사회가 거짓말에 관대하다는 방증이다.

미국·일본·유럽에서는 거짓말 정치인은 살아남기 어렵다. 미국의 워터게이트 사건은 도청보다 닉슨 대통령의 거짓말이 사임을 초래했다.

도산 안창호 선생은 "거짓이 나라를 망하게 한다"며 거짓말을 불구대천의 원수라 했다. 땀 흘려 일하는 평민을 억압하고 착취하면서 거짓과 위선을 일삼는 특권 지배층을 비판한 것이다. 그러나 오늘의 정치권은 거짓말 천국이다. 거짓말하지 않는 것이 정치인의 큰 덕목이어야 하지만, 한국 정치의 후진성은 여전하다. 거짓말 한 번만 해도 정치판에서 퇴출되도록 해야 근절될 것이다.

5) 정치 혐오 부추기는 국민도 문제

부도덕한 정치인과 범죄자를 걸러내지 않고 의회로 보내는 개념 없는 국민이 있어 바른 정치를 구현하지 못하고 있다.

광화문 네거리에선 정권 타도 시위 현장에서 대통령 부부의 얼굴 모형물을 만들어 놓고 시민들이 주먹으로 때리게 하는 야만적 행동을 보인다. 이를 보고 즐기는 국민이 있다는 것 자체가 대한민국의 수준을 의심하게 만든다. 우리의 뼈아픈 성찰이 필요하다.

한국 정치는 못된 정치의 종합 전시장이 되고 있다. 정치 권력자의 범죄를 수사하면 담당 검사를 탄핵하고, 담당 판사에게 압력을 넣고, 재판부 변경·출석 기일 연기·선고 기일 연기를 요구하는 행태가 판을 친다. 이러다 보니 판사도 주눅이 들어 재판을 질질 끌며 형식적인 재판만 하다가 결국 사표를 던지고 도망가는 경우도 있다. 사법부의 권위는 정치권의 농락으로 흔들리고 있다.

국회가 방탄의 도구로 악용되는 것을 언제까지 참고 견뎌야 하는가? 범죄자가 도덕을 논하고 신뢰를 말하는 이 미친 정치는 끝내야 한다. 요즘 젊은이들이 가장 맛없는 생선은 꽁치·칼치가 아니라 "정치"라고 하는 이유를 생각해야 한다.

4. 사법의 정치화와 이념 재판으로 사법 정의 추락

1) 법원의 판결에 대한 국민 신뢰가 무너지고 있다

재판 결과에 승복하지 않는 목소리가 최근 급격히 커지고 있다. 법관을 상대로 접수된 진정·청원 건수가 날로 늘어나는 추세다.

법조계에서는 "재판 불신이 커지면 사회적 갈등을 법원 밖에서 해결하려는 사람이 늘어나고, 결국 폭력이나 극단적 방식으로 해결하려는 풍조가 생길 것"이라고 우려하고 있다.

실제로 대법원 청사에서 스스로 목숨을 끊거나, 대법원장 승용차에 화염병을 던지는 사건들이 발생했다. 이는 재판 결과에 대한 불신에서 비롯된 것으로, 정치 권력자와 기득권층에 편향성 판결이 국민의 분노를 부른 것이다.

헌법 103조는 법관의 독립을 보장하고 있지만, 법원 내부에는 사조직이 존재한다. 이들은 법원 인사에 개입하며 전두환 정권 시절 군부 내 '하나회'처럼 카르텔을 형성하고 있다. 이런 구조 속에서 판사들은 예상을 깨는 판결을 내리는 일도 있다.

사법의 독립과 재판의 공정성은 국가 정의의 최후의 보루이다. 그러나 재판이 정치적 판단으로 전락하고, 국민이 도저히 이해할 수 없는 편향된 판결이 반복되면서 사법부에 대한 불신이 커지고 있다.

집권세력과 관련된 사건일수록 판사들은 권력의 눈치를 보며 몸을 사리는 경향이 뚜렷하다. 정권에 비판적인 인사에게는 경미한 사건도 기소되거나 구속영장이 발부된다. 예를 들어, 대통령을 향해 신발을 던진 사건이나 대학 캠퍼스에 대통령을 풍자하는 대자보를 붙였다고 유죄를 선고받은 사례가 있다. 법치의 최후 보루인 법원이 "정권의 최후 보루"가 되었다며, 일부 판결에 대한 불만을 담아 "판레기"(판사+쓰레기)라는 혹평이 나오고 있다.

2) 정치적 유불리에 따라 달라지는 대법원 판결

국가 최고 사법 기관인 대법원조차 정치적 유불리에 따라 판결이 달라진다. 대법관의 숫자가 어느 편이 많느냐에 따라 승소 여부가 갈리는 경우가 많다. 법리는 뒷전이고, 정치적 이해관계가 판결을 결정하는 나라가 되고 있다.

이런 사법부의 행태를 보고 국민은 사법부(死法腐, 죽은 법과 썩은 법)라고 비아냥거린다. 법원(法院)이 아니라 법원이 멀어졌다는 뜻으로 "法遠"이라는 말도 생겨났다. 차라리 AI 판사가 등장하면 가장 먼저 판사를 대체해야 한다는 국민적 분노도 터지고 있다.

AI 판사는 판결의 신속성, 금품 수수·외압 방지, 개인적 감정 개입을 막을 수 있다. 비록 AI 판사 도입이 어려운 문제지만, 최소한 판결의 신뢰성을 높이는 보완책으로 검토할 가치는 있다.

3) 정치권과 결탁하는 판사들

초대 대법원장 김병로 선생은 사법부 독립을 지키기 위해 이승만 대통령과 자주 충돌했다. 정권은 언제나 사법부를 통제하려 하지만, 판사는 법과 양심에 따라 독립적으로 판결해야 한다.

판사가 정권에 부역하고, 향후 정치권 진입을 위한 발판으로 삼는 위장 정치꾼이 늘어나고 있다.

국제인권법연구회 소속 이연진 판사는 정치에 입문한 전직 판사들을 향해 "법복을 벗고도 법복을 들고 다니는 정치인"이라고 비판했다. 판사직을 이용해 정권에 부역하고, 이후 정치권으로 직행하는 행태가 점점 늘어나고 있는 현실이다.

(1) 사법부의 독립, 정치적 고려에서 자유로운가

한참 전에 대법원장이 한 판사의 사표 수리 문제를 두고 정치적 고려를 했다는 논란이 불거졌었다. 해당 판사는 1심에서 무죄를 선고받은 상태였고, 건강상의 이유로 사표를 제출했지만, 대법원장은 이를 수리하지 않았다.

논란의 핵심은, 대법원장이 사표 수리를 거부한 이유가 "국회에서 탄핵이 추진 중인 상황에서 사표를 수리하면 정치적으로 비난을 받을 수 있다"는 판단에 기반했다는 점이다. 이 발언은 녹취를 통해 공개되었고, 이후 대법원장은 "정치적 고려는 없었다"고 해명했으나, 신뢰에 큰 타격을 입었다.

사법부는 헌법에 의해 독립이 보장되어야 하며, 법관의 거취 문제 역시 법률과 원칙에 따라 판단돼야 한다. 그러나 그 판단에 정치적 요소가 개입될 수 있음을 보여주었고, 국민의 우려를 낳기에 충분했다.

이 문제는 특정 정권이나 정치 진영의 문제가 아니다. 오히려 지금 우리 사회 전체가 직면하고 있는 구조적 문제, 즉 정치의 사법 개입, 사법부의 신뢰 저하, 그리고 이를 둘러싼 불신의 확산을 드러낸 사례다.

시민들은 사법부가 정치적 환경에 흔들리지 않고, 오직 법과 양심에 따라 판단하기를 바란다. 법원이 사회의 마지막 보루가 되기 위해서는 외부의 압력이나 내부의 정치적 고려로부터 자유로워야 한다.

이 사건은 우리 모두에게 질문을 던진다. 사법의 독립은 과연 잘 지켜지고 있는가? 그리고 그 독립을 위협하는 요소는 진영을 가리지 않고 존재하는 것은 아닌가?

정의와 신뢰를 바탕으로 한 건강한 공동체를 만들기 위해, 우리 사회는 지금 사법의 독립이라는 기본 가치를 다시 성찰할 시점에 와 있다.

(2) 전관 대법관 변호사의 '도장값' 3000만 원?

한 여성 변호사는 대법원 상고 사건을 수임하며 의뢰인으로부터 착수금 5000만 원을 받았다. 그런데 대법원에 상고 이유서를 제출할 때, 의뢰인의 요청으로 대법관 출신 변호사의 이름을 기재하고 도장을 찍었는데 그 비용이 무려 3000만 원이었다. 즉, 대법관 출신 변호사가 이름만 올리고 소위 '도장값'으로 3000만 원을 챙긴 것이다.

이처럼 상고심에서 약 70%에 달하는 '심리불속행 기각' 판결을 피하려면 대법관 출신 변호사의 도장이 필요했고, 그 가격이 3000만 원에 이른다는 것이 법조계의 현실이었다. 전직 대법관 출신 변호사들은 실무 변호사들을 거느리는 하청 구조를 이용해 변호사 업계에서 황제 대우를 받으며 상고 사건을 싹쓸이하고 있다. 이들이 수임한 사건은 상고 기각률이 현저히 낮으며, 전관예우의 혜택을 누린다는 것이 공공연한 비밀이다.

이런 현실 속에서 대법관 출신 변호사들은 귀족 대우를 받으며 돈과 명예를 한 손에 거머쥘 수 있는 유혹을 쉽게 떨쳐버릴 수 없다. 그렇기에 사법 절차의 공정성과 정의는 무너질 수밖에 없으며, 후배 판사들에게도 큰 부담을 주는 전관예우의 적폐가 지속되고 있다.

그러나 이에 반해 명예를 지키기 위해 변호사 개업을 포기한 훌륭한 대법관들도 있었다. 김영란 대법관, 전수안 대법관, 조희대 대법관은 퇴임 후 성균관대 로스쿨 석좌교수로 갔으며, 박보영 대법관은 고향 여수시법원의 평판사로 근무했다.

조무제 대법관은 모교 부산 동아대학교 법대에서 석좌교수로 후학 양성에 힘쓰고 있으며, 권승 서울행정법원장은 명지대 법대 교수로 후진을 가르치고 있다. 특히 박보영 대법관은 퇴임 후 시니어 법관을 자처하며 전관예우 문화를 철폐하는 데 기여했다.

대법관 출신 변호사가 개업 후 고위 전관을 팔아 막대한 돈을 버는 것은 우리나라가 거의 유일하다. 이렇게까지 하지 않아도 충분히 살아갈 수 있는 고위 법관들이 적폐임을 알면서도 돈을 따라가며 명예를 버리는 현실에서, 과연 이들에게 양심을 기대할 수 있을까?

4) 사법부의 정치적, 이념적 중립성

모 학술 모임의 판사들이 정치적으로 민감한 사건에서 특정 진영에 유리한 판결을 내린다는 비난을 받았던 적이 있다. 그러나 아직도 일부 판사들은 개인의 정치적 신념과 이념으로 판결하는 일이 있어 문제가 되곤 한다.

법관은 재판을 수행함에 있어 헌법과 법률, 그리고 자신의 양심에 따라 판단해야 하며, 어떠한 외부의 압력이나 개인적 신념에도 흔들려서는 안 된다.

여기서 말하는 '양심'이란 단순한 개인의 가치관이나 감정이 아니라, 헌법 질서와 법의 정신, 그리고 객관적 정의의 기준에 입각한 판단 능력을 의미한다.

반면, 법관이 자신의 정치적 신념이나 이념에 근거하여 판결을 내릴 경우, 법은 더 이상 중립적 기준이 아닌, 특정한 정치적 목적을 실현하는 도구로 전락하게 된다. 이는 곧 법 앞의 평등, 공정한 재판을 받을 권리, 권력분립과 같은 헌법의 기본 원칙을 훼손하는 중대한 문제이며, 사법부는 국민의 권리와 자유를 지켜주는 최후의 보루가 아닌, 정치 권력의 일환으로 인식되는 위기를 맞게 된다.

정치적 편향이 드러난 사법은 국민들로 하여금 재판의 결과를 불신하게 만들고, 나아가 국가 제도 전체에 대한 회의와 분열을 야기할 수 있다.

사법부가 정치적 중립성을 잃게 되면, 판결은 법리적 판단이 아닌 정치적 해석으로 비춰지게 되며, 국민은 판결에 승복하기보다는 정치적 정당성을 따지는 상황에 직면하게 된다.

이와 같은 문제를 방지하기 위해서는 법관의 정치적 중립성을 보장하고, 정치적 편향이 사법 판단에 영향을 미치지 않도록 제도적 장치가 마련되어야 한다. 예를 들어, 법관의 정치적 활동 제한, 인사와 승진의 공정성 확보, 법관 윤리강령의 강화, 그리고 외부 견제 기구의 역할 확대 등이 필요하다. 또한, 법관 스스로도 정치적 논쟁이나 특정 이념에 대한 공개적 발언을 자제하고, 재판 활동 외에서도 공적 신뢰를 손상시키지 않도록 엄격한 자기 절제와 직업적 소명의식을 가져야 한다.

결론적으로, 사법부의 권위와 국민의 신뢰는 법관 개개인의 중립성과 양심에 따라 형성되는 것이며, 정치로부터의 독립성과 윤리적 엄격함은 사법부가 민주주의와 법치주의를 수호하는 기관으로서 기능하기 위한 절대적 조건이라 할 수 있다.

5) 판사가 법을 안 지키는 나라

공직선거법상 선거범죄로 기소된 사건은 1심 6개월, 2심(항소심) 3개월, 3심(대법원) 3개월 이내에 선고해야 한다. 이를 세간에서는 '6·3·3 원칙'이라 부르며, 선거 이후 법적 분쟁이 길어지면 당선자의 지위와 선거 결과에 대한 불확실성이 커지므로 신속한 재판을 원칙으로 한다. 그러나 일부 판사들이 이 법적 원칙을 지키지 않고 있다.

6) 재판 지연으로 인한 국민 혈세 낭비

윤미향 전 의원의 정의기억연대 후원금 횡령 사건은 기소 후 4년 2개월이 지나서야 대법원 판결이 나왔다. 2024년 11월 14일, 대법원은 윤 의원에게 징역 1년 6개월에 집행유예 3년을 선고했다. 그러나 윤 의원은 이미 2024년 5월에 국회의원 임기를 모두 마쳤다. 즉, 재판 지연으로 인해 범법자가 임기 동안 국회의원 신분을 유지하면서 세비를 챙기는 결과가 발생했다.

이런 현상은 형사사건의 신속 재판 원칙을 위반한 재판부의 책임이다. 판사들이 의도적으로 재판을 지연하면서 정치인들에게 '방탄막'을 제공한 결과, 국민 혈세를 끝까지 챙기고 임기를 마칠 수 있었다.

이처럼 일부 판사들이 좌, 우의 정치적 편향성을 보이며 특정 정치인을 비호하는 행태 때문에, 국민 사이에서 '판레기'(판사+쓰레기)라는 비판이 나오는 것이다.

5. 국가 최고의 지성인 학자들의 인격 타락(墮落)

학자들은 국가의 지성을 대표하는 상징이며, 사회적으로도 중요한 역할을 수행해야 한다. 어린 시절부터 머리 좋고 공부 잘해서 명문대학에 진학하고 해외 유수 대학을 수학 분들이다. 그 중에도 우수한 학문적 성과를 얻은 자만이 교수로 임용되게 된다. 이들의 사회적 기대는 실로 크다. 그러나 일부 학자들은 지식인의 품격을 갖추지 못한 채, 자신의 이익만 챙기고 불의를 방관하며 파렴치한 행위를 일삼고 있다. 이러한 행태가 계속된다면, 대한민국의 학문적 권위와 지성의 가치가 심각하게 훼손될 것이다.

1) 대학원생 인건비 수억 원 가로챈 ○○대 전 총장과 교수들

법조계에 따르면, ○○대 전 총장 A 씨와 전 산학협력단장 B 교수 등 전·현직 학교 관계자 4명이 사기 혐의로 약식 기소되었다. 이들은 2009년부터 2017년까지 ○○대 산학협력단에서 지급하는 대학원생들의 인건비 8억여 원을 빼돌린 혐의를 받았다.

전 총장 A 씨는 154차례에 걸쳐 6500만 원을 챙긴 혐의로 벌금 500만 원의 약식명령을 받았다. 재판부는 "학생연구원에게 지급되는 인건비는 연구책임자의 청구에 따라 직접 지급해야 하며, 연구책임자가 공동 관리할 수 없다"고 판결했다. (2020. 7/1 연합뉴스)

이는 학문의 전당인 대학에서 교수들이 연구비를 횡령하고, 대학원생의 권리를 침해한 대표적 사례이다.

2) 미성년 자녀를 논문 공동 저자로 올린 교수들

서울대를 포함한 53개 대학에서 100명이 넘는 교수들이 160편 이상의 논문에 미성년 자녀를 공동 저자로 등재했다. 이뿐만 아니라 친인척 및 지인의 자녀까지 포함하면 73개 대학에서 549편의 논문이 부정하게 작성된 것으로 드러났다.

이들은 논문을 이용해 자녀의 대입 스펙을 쌓아주기 위해 학자적 양심을 팔아버렸다. 국비 381억 원이 투입된 연구 사업에서 서울대 교수 6명은 미성년 자녀를 논문 저자로 포함하는 부적절한 행위를 저질렀고, 서울대 연구진실성위원회는 "연구에 기여한 바 없는 미성년 저자를 포함한 것은 연구 부적절 행위"라고 판정했다.

특히 한 교수는 고등학생이었던 자녀를 논문의 제1저자로 등록한 사실이 밝혀졌다. 언론 인터뷰에서 교수는 "자녀가 해외 대학에 가는 데 도움이 될 것 같아서 해줬다"고 변명했다. 이는 외국 대학에도 논문을 활용해 허위 스펙을 만들겠다는 사기 행위나 다름없다. 이러한 행태가 외국에 알려지면, 한국 학생들의 신뢰도와 국제적 이미지가 심각하게 손상될 것이다.

논문 저자 끼워넣기는 입학, 취업, 승진, 교수 임용 등의 과정에서 부정한 이득을 취하는 심각한 부패 행위이다. 이런 교수들은 학자가 아니라 사기꾼이며, 지식인이 아니라 파렴치한 범죄자라 할 수 있다.

3) 여 제자를 성희롱하는 교수들의 패륜

전국 53개 대학에서 123건의 교수 성 추문 사건이 발생하며, 교수들의 성희롱과 성추행 문제가 사회적 이슈로 떠 오른 적이 있다 .

서울대 K 교수는 여 제자를 성희롱한 혐의로 파면되었으며, 이는 서울대뿐만 아니라 다른 대학에서도 빈번히 발생하고 있는 현실이다. 대학에서 교수와 제자의 관계는 절대적인 갑을 관계이다. 성희롱을 당해도 미래를 위해 참고 견디는 경우가 많으며, 특히 박사 과정 진학을 막는 교수들의 갑질은 심각한 문제로 지적된다.

서울대 A 교수는 여 제자와 식사 자리에서 다음과 같은 충격적인 발언을 했다.

"내가 너를 보는 순간, 아예 내 여자 친구감이다.", "네가 처녀니까 그건 지키고, 뽀뽀하고 허리를 안고 뒹굴고 온갖 짓을 다 하지만 그건 지켜줄게." "야가 자식아! 뽀뽀하면 입술이 닳느냐, 이빨이 부러지냐?", "내가 너를 챙겨 주려면 기분 좋게 해줘야지." "나한테 카톡할 때 '오빠'라고 안 하면 너 F(학점)이다. "

이런 발언은 대한민국 최고 지성이라는 서울대 교수의 입에서 나왔다는 것이 믿기 어려울 정도다. 서울대뿐만 아니라 고려대 K 교수, 동덕여대 H 교수, 경북대 K 교수, 이화여대 K 교수, 중앙대 K 강사 등에서도 유사한 사건이 발생했다.

대학교수는 사회적으로 존경받는 지식인 집단이며, 학문과 윤리를 지키는 지도층이다. 그러나 일부 교수들은 배우지 못한 사람들보다 더 악랄하고 이기적인 삶을 살고 있으며, 권력을 이용한 성범죄를 저지르고 있다.

　이러한 성추문 사건들은 후진 양성을 위해 노력하는 수많은 성실한 교수들마저 실망하게 만들고 있다. 대학 내 성희롱·성추행 교수들은 반드시 퇴출시켜야 하며, 이들이 국민 세금으로 월급을 받으며 학문의 이름을 더럽히는 것을 감시하고 감독하는기관 또한 강력한 조치를 취해야 한다.

6. 가짜 · 편파 · 왜곡된 언론이 사회의 분열과 혼란을 조장한다

　방송과 언론의 사명은 사실에 기반한 정확한 정보 제공이다. 단순히 정보를 전달하는 것이 아니라, 철저한 검증과 확인 절차를 거친 팩트체크가 필수다. 또한 방송과 언론은 특정 세력이나 이익을 대변하지 않고, 중립적이고 객관적인 보도를 해야 한다. 논란이 되는 사안에서는 양측의 의견을 균형 있게 반영해야 하며, 정부·국회 · 사법 기관 등의 권력을 감시하고, 부패와 비리를 폭로하며 공적 이익을 보호하는 역할을 수행해야 한다.

　이러한 역할을 충실히 수행할 때, 언론은 국민을 대변하는 정의의 목소리이자 국가의 수호자가 될 수 있다. 방송과 언론은 단순한 정보 전달 매체가 아니라, 국민 여론 형성에 큰 영향을 미치는 제4부의 권력으로 불린다.

　그러나 오늘날의 언론은 권력을 감시하기보다 특정 세력의 대변자 역할을 하며, 편향된 보도를 일삼고 있다. 거짓 정보, 왜곡 보도, 편향된 뉴스가 난무하면서 사회적 갈등과 혼란을 조장하고 있다. 특히 정치적 이해관계에 따라 언론이 특정 진영에 유리한 정보만 제공하거나, 불리한 정보는 축소하거나 왜곡하는 행태가 심각한 수준이다.

1) 가짜·왜곡 보도가 여론을 왜곡시키고 있다

방송 언론이 수익에 의존하는 구조에서 시청률과 구독자 수를 늘리기 위해 자극적이고 선정적인 콘텐츠를 양산하고 있다.

특정 세력의 이해관계에 따라 보도가 왜곡되거나, 권력에 의해 독립성이 침해되는 경우도 많다. 특히 디지털 시대가 도래하면서, 검증되지 않은 가짜 뉴스와 왜곡된 정보가 범람하고 있다.

우리의 방송 언론은 본연의 사명과 달리 심각하게 양분되어 특정 이념단체나 정당의 대변인 역할을 하고 있으며, 검증되지 않은 '카더라' 소문까지 왜곡 보도하는 현실이다. 더욱이 허위·가짜 뉴스임이 밝혀져도 정정보도나 사과 없이, 자기 지지층 시청자와 구독자만을 겨냥한 보도를 지속하고 있다.

정치적 큰 이슈가 터지면, 공정 보도와 사실 확인이라는 언론의 기본 원칙은 사라지고, 소문과 괴담까지 끌어와 여론몰이를 하는 광기 어린 모습을 보인다. 반대편이라고 생각하는 세력에게 광란을 부추기며 선동적 보도를 일삼고, 특정 세력을 끌어내리기 위해 왜곡된 정보를 퍼뜨리는 행태가 반복되고 있다.

시위 현장에서 지지자가 많이 모인 곳을 자기들이 지지하는 시위 현장으로 조작하여 보도하고, 반대편의 시위 현장은 축소 보도한다. 이처럼 불공정한 왜곡 보도를 의도적으로 조작하는 경우가 많다.

특히 대표적인 가짜 뉴스와 선동 보도의 사례로는 광우병 괴담 선동을 들 수 있다. 이러한 사건에서 방송 언론은 검증되지 않은 정보를 여과 없이 보도하며, 사회를 혼란에 빠뜨리는 역할을 했다.

당시 대표적인 방송국은 MBC였다. 당시 방송과 언론 기사를 보면 검증되지 않은 '카더라' 보도로 가득 차 있었다. 거짓 보도를 하면서도 "국민의 알 권리"를 내세우며, 정부가 아닌 선동을 팔아먹는 행태를 보였다.

우리 언론은 한 사람을 타깃으로 삼으면 신상털기를 시작하며, 온갖 억측을 덧붙여 한 사람을 매장시키는 데 있어 세계 최고 수준이다. 광란의 시간이 지나고 제정신으로 돌아와 팩트 체크를 해보면, 괴담과 특정 사안에 대한 여론몰이가 조작된 것이었음이 드러난다. 그러나 언론은 이에 대해 사과나 반성 없이 다시 다음 선동을 준비할 뿐이다. 이런 경박하고 무책임한 방송 언론의 행태는 한국 언론의 신뢰도를 크게 떨어뜨리고 있다.

2) 편파 방송이 여론을 왜곡하고, 사회적 갈등을 심화시키고 있다

한국은 편파 방송이 심각한 수준으로 사회에 부정적인 영향을 미치는 나라 중 하나이다. 특히 편파 방송은 특정 정치적·경제적·사회적 이익을 대변하며, 정보 전달 과정에서 특정 시각을 의도적으로 강조하거나, 반대 의견을 배제하는 방식으로 작동한다.

대표적인 예로, 우리나라의 신문을 보면, 즉시 어느 정치 이념에 편향되었는지 알 수 있다. 방송도 뉴스를 들으면, 즉각 어느 정당과 이념을 지지하는지 확연히 드러난다.

중도를 유지하는 언론은 거의 없으며, 국민도 아예 반대편 언론은 보지도 않고 듣지도 않는 현상이 발생하고 있다.

이러한 편향된 방송과 언론은 대중에게 왜곡된 정보를 제공하며,

객관적인 판단을 방해한다. 특히 정치적 편향이 극단적으로 치우쳐 있다 보니, 사실보다 선동과 감정을 자극하는 보도가 만연하고 있다. 결국 편파 방송은 사회 구성원의 균형 잡힌 사고를 방해하고, 갈등과 분열을 조장하며, 민주주의의 건강한 작동을 위협한다.

이를 방지하려면, 언론의 공정성을 유지하려는 제도적 노력, 대중의 비판적 사고 능력 향상이 함께 이루어져야 한다.

한국의 방송과 언론이 정치적 선동과 편파 보도를 멈추고, 공정하고 객관적인 보도를 할 때만이 사회적 갈등과 혼란을 줄일 수 있다.

3) 사명감을 저버린 '기레기'들의 행태

'기레기'라는 표현은 '기자'와 '쓰레기'의 합성어로, 기자로서의 사명감과 책임감을 저버리고 비윤리적이거나 부실한 보도를 일삼는 일부 언론인을 비판하는 말이다. 이는 기자 본연의 역할에서 벗어난 행동으로 언론의 신뢰를 무너뜨리고 공익을 해치는 행위로 이어진다.

기자의 사명은 진실을 보도하고, 사회의 부조리와 권력 남용을 감시하며, 공정하고 객관적인 정보를 제공하는 것이다. 그러나 일부 기자들은 충분한 사실 확인 없이 보도를 하거나, 편집권의 압박에 따라 부정확한 내용을 전달하는 등 윤리의식이 부족한 모습을 보인다. 이로 인해 특정인의 명예를 훼손하거나 사회적 갈등을 부추기는 경우도 많다.

확인되지 않은 정보를 기사화하거나, 의도적으로 사실을 왜곡하는 것도 문제다. 사건의 맥락을 생략하거나 특정 부분만 부각해 독자들을 오도하는 경우가 있으며, 공익과 무관한 개인의 사생활을 보도하거나 악의적인 표현을 사용해 인격을 훼손하기도 한다. 또한, 범죄 사건과 무관한 가족 정보를 공개하거나 가십성 기사로 개인을 공격하는 행태도 빈번하다.

재난 현장에서 피해자에게 감정을 자극하는 인터뷰를 강요하거나, 선정적인 보도로 2차 가해를 유발하는 경우도 있다. 잘못된 보도에 대한 정정이나 사과를 제대로 하지 않거나 최소한으로 줄이려는 책임 회피 경향도 보인다. 오보나 왜곡된 정보로 인해 피해를 본 사람들은 여전히 고통을 겪고 있음에도 불구하고, 해당 기자나 언론사는 이에 대한 책임을 지지 않는 경우가 많다.

편파적이거나 자극적인 보도는 사회적 갈등을 조장하며, 특정 이슈를 감정적으로 접근해 대립을 키운다. 이러한 행태는 결국 국민의 객관적 판단을 방해하고 언론의 신뢰를 더욱 저하시킨다. 따라서 언론인들은 공정성과 윤리의식을 되찾고, 언론의 본분을 지키려는 노력이 필요하다.

4) 돈으로 기사를 사고파는 '기레기'들
- 언론의 신뢰를 무너뜨리는 금품수수 사건-

언론인의 금품수수는 언론의 신뢰를 심각하게 훼손하고 공정한 보도를 저해하는 중대한 문제다. 최근 여러 사건에서 이러한 부패가 드러났다.

모 방송국 기자가 특정 기업에 유리한 기사를 써주는 대가로 금품을 받은 사실이 드러났고, 일부 언론 기자들은 광고나 협찬을 강요하거나, 협조하지 않으면 부정적인 기사를 내겠다는 식의 압박을 일삼는 등 언론의 본분을 저버리는 일이 반복되고 있다.

또한 대기업이나 공공기관을 출입하는 일부 기자들은 취재원을 감시하기보다는 각종 편의와 선물을 제공받으며 오히려 유착 관계를 맺고 있어, 언론이 감시자이기보다 권력의 편에 서 있다는 국민적 비판이 커지고 있다. 이러한 행태는 기사 하나하나의 공정성을 무너뜨릴 뿐 아니라, 언론 전체에 대한 불신으로 이어지며 사회의 건강한 여론 형성을 가로막는다.

언론은 진실을 보도하고 권력을 감시하는 역할을 해야 함에도 불구하고, 일부 기자들의 부정행위와 구조적인 문제는 그 기능을 심각하게 훼손하고 있다. 국민은 더 이상 '기레기'라는 비난을 감정적으로만 내뱉는 것이 아니라, 언론이 스스로 신뢰를 잃고 있음을 지적해야 한다.

이제 언론은 자성과 구조 개혁을 통해 스스로 신뢰를 회복해야 한다. 기자 개인의 윤리의식 제고는 물론이고, 출입처 중심의 폐쇄적 보도 관행과 관행적인 유착 구조를 근본적으로 바꾸려는 노력이 필요하다. 언론이 국민의 편에 서지 않는다면, 국민도 더 이상 언론을 신뢰하지 않을 것이다.

권언유착(權言癒着), 금언유착(金言癒着)의 고리를 끊고, 진실을 보도하는 언론이 많아질 때 우리 사회의 미래도 밝아질 것이다.

7. 나라의 미래를 걱정하는 지식인이 없다

그 나라의 지식인은 주로 대학교수와 학자를 중심으로 형성되지만, 각계각층에서 전문성을 갖춘 이들도 지식인으로서 사회적 책임을 맡고 있다. 그러나 오늘날 많은 지식인이 이기적으로 변해 불의를 보고도 침묵하며, 부도덕한 행위를 외면하는 세태가 되어가고 있어 개탄스럽다.

지식인과 지도층은 사회 문제에 대한 '비판의식'을 견지해야 하며, 이는 도덕의 존립 기반이 된다. 도덕성을 유지하는 것이야말로 지식인의 존재 가치이다. 하지만 비판의식 없이 바른말, 쓴소리, 정당한 비판을 하지 않는다면 그것은 허울뿐인 사이비 지식인에 불과하다. 이는 곡학아세(曲學阿世), 즉 학문을 왜곡하여 세속 권력에 아첨하는 행위와 다름없으며, 지식인의 존재 이유를 망각한 태도이다.

우리나라 국민의 교육열과 대학 진학률은 세계 최고 수준이지만, 자유민주주의 국가로 자리 잡은 지 70년이 넘는 긴 세월 동안 세계적인 석학이나 도덕적 문화 수준에서는 후진성을 면치 못하고 있다. 따라서 우리 사회에 만연한 부정부패와 도덕적 타락에 대한 일차적 책임은 최고의 지식인인 교수, 정치인, 경제인들이 져야 한다.

이 나라의 지식인들은 국가의 미래를 걱정하는 국민의 스승이 되어야 한다. 지식인은 한 국가의 '지혜'의 원천이며, 그 지혜가 국가 번영의 원동력이 된다. 또한 그들의 도덕성은 국민의 '사표(師表, 본받을 만한 모범)'가 되어야 하며, 사회 부조리를 막고 기강을 바로잡는 비판의식과 문제의식의 보루가 되어야 한다. 그러나 현실은 정반대다. 한국의 대학은 도덕성과 비판의식의 중심지가 되어야 할 곳임에도 불구하고, 오히려 적폐의 온상이라는 부정적 인식이 팽배하다.

한국 최고의 지식인들은 나라를 선진국으로 만들고, 국민이 문화인으로 성장하며, 자유민주주의를 꽃피우는 데 앞장서야 한다. 조선 시대에도 퇴계(退溪) 이황(李滉)과 함께 영남학파의 거봉이었던 남명(南冥) 조식(曹植) 선생은 여러 차례 상소를 올려 잘못된 정치를 비판했다. 그는 모든 출사(出仕, 벼슬에 나아감) 요구를 거부하며 침묵으로 일관했지만, 항상 나라와 백성을 걱정하는 참 지식인이었다.

그는 "궁중에 늙은 과부가 있어 임금의 총명을 흐리게 한다"며 문정왕후(文貞王后)의 수렴청정(攝政, 어린 임금을 대신하여 국정을 돌보는 일)이 심히 잘못되었음을 직언했다. 이에 '단성소(丹誠疏)'를 올려 국정을 신랄하게 비판했다. 남명의 비판의식은 추상(秋霜, 가을 서리)처럼 엄격했다.

이와 같이 과거에도 지식인들은 나라를 바로잡기 위해 헌신했다.

4·19 혁명 당시, 대학교수들의 시위가 자유당 정권을 무너뜨리는 결정적 계기가 된 것은 잘 알려진 사실이다. 정의롭지 못한 정치 현실에 침묵하거나, 정치 권력에 영합하는 것은 지식인의 사명을 저버리는

행위이며, 이는 반드시 비난받아야 한다. 오늘날 우리 사회는 용기 있는 지식인이 사회를 계몽하고 변화를 이끌어 나가기를 열망하고 있다.

최근 월성 1호기 원자력 발전소 폐쇄 문제를 둘러싸고, 정부가 바뀌자 이전 정부에서 승인했던 정책을 철회하는 감사원 보고서 결과가 나왔다. 이에 대해 지식인들이 "이 정부에서는 맞고, 저 정부에서는 틀리다"는 궤변을 늘어놓으며 국민을 기만하는 행태를 보였다. 이러한 모습을 보며, 우리 지식인들의 사회적 책무와 양심은 도대체 어디로 사라졌는가? 하는 자괴감이 든다.

지식인이 국민을 속이고, 지식을 개인의 보신(保身, 자신의 안전과 이익을 도모함)을 위해 이용하거나, 지식을 무기로 삼아 국익을 훼손하는 짓을 반복해서는 안 된다. 학문을 위해 수많은 밤을 새우며 연구에 매진했던 그 순수한 열정을 다시 되새겨야 한다. 지식인은 양심적 행동과 국가 발전의 선봉장이 되어야 하며, 국민은 그러한 참된 지식인을 존경하고 따르고 싶어 한다.

8. 지도층, 인성 불량과 위선자가 많다

양심이란 옳고 그름을 판단하는 기준이며, 그렇게 행동하지 않으면 자신의 인격적 존재가치가 허물어질 것이라는 강력하고 진지한 마음의 소리라고 할 수 있다. 양심과 도덕은 사람의 기본적인 인성의 바탕이다. 양심이 없는 사람은 염치(廉恥)도 없으며, 도덕적 가책을 느끼지 못하는 도덕 불감증에 빠지기 쉽다.

오늘날 우리 사회에는 배움의 높이와 신앙의 유무를 떠나 양심 불량, 도덕 불감증, 위선적인 사람들이 너무 많아 개탄할 수준에 이르고 있다.

1) 위장전입을 처벌한 판사들, 정작 본인은?

대법관 후보자, 헌법재판관 후보자 중 일부는 법관으로 재직하며 위장전입을 수차례 저질렀다. 그러면서도 일반 국민의 위장전입에 대해서는 주민등록법 위반으로 실형을 선고한 사례가 있다. 정작 자신들의 위장전입에 대해서는 "문제가 될 것이 없다"는 태도를 보이며, 심각한 인성 불량의 모습을 보였다.

양심이 있다면, 최소한 자신이 재판을 맡지 않겠다고 기피 신청을 하는 것이 마땅할 것이다. 그러나 힘 있는 법관은 법을 위반해도 처벌받지 않고 넘어가며, 힘없는 국민만 법을 지켜야 하는 상황이다. 만약 이러한 상황이 계속된다면, 모든 국민은 법 앞에 평등하다는 헌법 제11조는 무의미한 문구에 불과해질 것이다.

K 대법원장은 취임식에서 "법관의 독립을 침해하려는 어떠한 시도도 온몸으로 막아내겠다"고 선언했다. 그러나 이후 그의 행동은 정반대였다. 그는 문재인 정부 당시 법관 탄핵을 추진하는 여당의 눈치를 보며, 탄핵 대상이 된 후배 판사의 사표 수리를 거부했다. 그러면서도 정권의 압력이 없었다고 거짓말을 했다가 결국 들통났다. 사법부의 수장이 진실을 가장 중요한 가치로 삼아야 함에도 불구하고, 정권의 눈치를 보며 사법부 독립을 스스로 무너뜨린 것이다. 부하 판사를 정권의 제물로 바치고, 거짓말까지 한 지도층의 모습은 국민에게 큰 실망을 안겼다.

2) 공정성을 무너뜨린 자식 사랑

지도층이 되려면 본인과 자식을 포함하여 군대에 가지 않고, 위장 전입을 하고, 부동산 투기에 세금 포탈까지 해야 가능한 것인가? 아무리 능력이 출중해도 그들이 높은 도덕성과 특권 의식을 버릴 때 비로소 국민이 믿고 따르는 지도자가 될 수 있을 것이다.

지자체 의회 의원들의 저질적인 특권 의식은 해외연수에서 더욱 적나라하게 드러난다. 주민들의 세금으로 지역 발전에 도움이 될 수 있도록 견문을 넓히고 배울 기회를 주었음에도, 일부 의원들은 여성 접대 주점을 찾거나 술에 취해 서로 주먹질을 하는 등, 본분을 망각한 추태를 보이고 있다.

그들은 자신이 무엇 때문에 해외연수를 왔는지조차 잊은 채, 해서는 안 될 행동을 서슴지 않는다. 국민의 혈세로 해외에서 방탕한 시간을 보내면서도, 그것이 부끄러운 일이라는 사실조차 자각하지 못하는 것이 더 큰 문제다.

3) 특권층의 이중잣대와 내로남불 정치

전 광복회장 고 김모 씨는 2020년 독립운동가 100인 만화 출판 사업을 추진하면서, 인쇄업자와 수의계약을 체결하여 시장가격보다 90% 이상 부풀린 의혹을 받았다. 또한, 해당 독립운동가 위인전에서 백범 김구 선생 편이 290쪽인 데 반해, 자신의 모친 전○선 편은 무려 430쪽에 달했다. 이에 대해 본인 가족을 미화하려 했다는 비판이 거세게 일었다. 더욱이 그의 모친의 독립운동 경력이 위조되었다는 의혹이 제기되었음에도, 이를 김구 선생과 동급으로 포장하려 한 것은 상식을 벗어난 행위였다.

자신의 모친을 독립운동가로 미화하는 것도 정도가 있어야지, 누가 봐도 말이 되지 않는 탐욕스러운 행동을 한 것이다. 그는 남에게는 엄격하지만, 정작 자기 자신에게는 한없이 관대한 태도를 보였다. 이 나라의 최고 통치부인 청와대에 걸려 있는 '춘풍추상(春風秋霜)'의 의미를 그에게 전하고 싶다.

남의 허물에는 엄격하고, 자신의 허물에는 관대한 사람들이 있다. 배운 자들 중에서, 나라를 다스리겠다는 정치인들 중에서, 그런 사람들이 너무 많으니 참으로 안타깝다. 그들에게는 옳지 못한 일을 부끄러워하고, 착하지 못한 것을 미워하는 '수오지심(羞惡之心)'을 기대하기 어렵다.

자신들이 집권했을 때는 전 정권을 적폐로 몰아 수사하며 '적폐청산'을 외치더니, 정권이 바뀌어 자당 의원이 수사를 받게 되면 '보복 수사', '정치 보복'이라며 반발하는 내로남불 행태를 반복한다. 이런 내로남불이 언제쯤 사라질 것인지, 그 끝이 보이지 않는다.

국가의 지도층이란 한 사회의 정치, 경제, 교육, 문화 각 분야에서 앞장서서 사회를 선도하는 위치에 있는 계층을 의미한다. 이 계층이 사회 발전을 견인할 때, 국가의 건전한 발전도 기대할 수 있는 것이다. 그러나 현실은 다르다.

국민은 지도층이 국민을 위해 봉사하고, 사회 정의를 실현하며, 모범적인 역할을 해주길 기대한다. 하지만 오늘날 지도층의 모습은 그러한 기대와는 너무나도 거리가 멀다. 겉으로는 선량한 척, 선의를 베푸는 척, 약자를 위하는 척, 돕는 척, 좋은 사람인 척하면서도, 실제로는 위선적인 행동을 일삼는다. 이들은 온갖 포장술에 능하지만, 정작 약자를 위한 진정한 눈물은 없다.

공적으로는 선행을 베푸는 척하지만, 뒤에서는 악행을 저지르는 경우가 많다. 평소에는 남의 불행에 관심조차 없다가도, 특정한 계기가 생기면 남들에게 보여주기 위해 분노하거나 애도의 감정을 어필하는 위선적인 모습을 보인다. 또한, 정의를 가장한 헛된 말과 행동으로 도리어 사회를 혼란스럽게 만드는 경우도 많다.

지도층이 솔선수범해야 할 위치에 있음에도, 도덕성이 해이해지고, 위선적인 모습이 만연하면서, 오히려 사회를 더 혼란스럽게 만드는 현실이 개탄스러울 뿐이다.

4) 지식과 인격이 단절된 위선의 결과

법정 스님은 『무소유』에서 "지식이 인격과 단절될 때, 그 지식인은 사이비이며 위선자가 되고 만다"라고 말했다.

이슬람교에서도 위선을 최악의 중죄 중 하나로 취급하고 있으며, 단테의 『신곡』 지옥 편에서는 "겉은 금이지만 속은 납으로 된 무거운 옷을 입고 영원히 행진하는 자"로 위선자들이 벌을 받는다고 묘사했다.

한국의 지도자 중에도 말로는 애국애족을 외치지만, 정작 실천에는 소극적인 사람들이 많다. 특히 한국 정치인들의 위선은 그 부끄러운 민낯을 여실히 드러낸다.

그들에게 다음의 시(詩)를 일독할 것을 권한다.

踏 雪 野(눈 덮인 들판을 걸으며)

踏 雪 野 中 去 눈이 덮인 들판을 지나갈 때
不 須 胡 亂 行 모름지기 어지럽게 걷지 마라
今 日 我 行 跡 오늘 내가 남기고 간 발자국
遂 作 後 人 程 마침내 뒷사람의 길이 되리니

이 시는 조선 중기의 승려 서산대사의 시이다.

서산대사는 이 시를 통해 자신이 밟고 간 길이 바로 뒤에 따라오는 사람의 길이 되니, 인생을 살아갈 때도 눈 덮인 들판에 발자국을 찍듯 향기롭고 아름다운 자취를 남기고 가라는 큰 교훈을 주고 있다.

9. 대통령 임기, 4년 중임제로 해야 하는가?

대한민국은 현재 대통령 5년 단임제를 운영하고 있다. 이 제도는 1987년 민주화 이후 권력의 장기집권을 막고 권력 교체의 정당성을 확보하기 위한 목적으로 도입되었다. 그러나 운영 과정에서 다양한 문제점이 드러나면서 최근에는 4년 중임제로의 헌법 개정 필요성에 대해 사회적 공감대가 형성되고 있는 분위기다.

1) 5년 단임제의 구조적 한계

5년 단임제의 가장 큰 한계는 책임 정치의 실현이 어렵다는 점이다. 대통령은 한 번만 선출되기 때문에 재선을 의식할 필요가 없고, 국민의 평가와 기대를 크게 고려하지 않는 경향이 있다. 임기 초반에는 인사와 국정 기조 수립에 많은 시간을 보내고, 임기 중반부터는 정치적 영향력이 급속히 약화되는 레임덕 현상이 나타난다. 그 결과, 중장기적 국가 운영보다는 단기성과에 집중하거나 여론을 의식한 조급한 정책이 우선시된다.

정권이 바뀔 때마다 전임 정부의 주요 정책이 폐기되거나 급변하는 일이 반복되며, 정책의 연속성과 일관성이 떨어진다. 아울러 단임제 구조는 권한 집중을 불러올 수 있고, 단기간 내에 성과를 내기 위해 무리한 정책 집행이나 권력 남용으로 이어질 가능성도 있다.

예를 들어, 이명박 정부는 '4대강 사업'을 임기 내 성과로 남기기 위해 대규모 예산을 투입하고 속도전을 벌였지만, 다음 정부에서 환경적·재정적 논란으로 이어졌다. 문재인 정부 역시 부동산 정책의 잦은 변화와 정책 일관성 부족으로 국민 불신을 키웠고, 임기 후반에는 정치적 지지 기반이 약화되면서 주요 개혁 과제들이 표류하였다.

이처럼 각 정부는 1회 임기의 압박 속에서 단기성과에 매몰되거나, 책임 회피가 구조화되는 현상을 반복해 왔다.

2) 4년 중임제의 도입 필요성과 기대 효과

이러한 문제를 보완하기 위한 대안으로 제시되는 것이 바로 4년 중임제다. 4년 중임제는 국민이 대통령의 1기 성과를 평가해 재신임 여부를 결정할 수 있는 기회를 제공함으로써 정치적 책임성을 높일 수 있다. 대통령은 재선을 염두에 두고 국정 전반을 보다 성실하고 실용적으로 운영하게 되며, 이는 곧 정책의 지속성과 행정의 안정성으로 이어질 수 있다.

특히, 장기적 관점에서 정책을 설계하고 추진할 수 있는 제도적 기반이 마련되면 복지, 경제, 외교 등 중장기 과제에 대해 일관된 전략 수립이 가능해진다. 외교 관계에서도 정권의 연속성이 확보되면서 국제적 신뢰도가 높아질 수 있다. 또한 재선을 위한 정치적 동기가 존재함으로써 대통령이 임기 후반에도 국정 추진력을 유지할 수 있다는 점에서 레임덕 완화 효과도 기대할 수 있다.

3) 중임제의 우려와 고려사항

다만, 중임제 역시 완벽한 해답은 아니다. 대통령이 재선에 지나치게 집착할 경우, 포퓰리즘적 정책이나 선심성 예산이 남발될 우려가 있으며, 선거를 앞두고 언론, 사정기관 등 권력 수단을 활용한 정치 개입 가능성도 배제할 수 없다. 재선을 둘러싼 정치적 갈등이 여야 대결 구도를 격화시키고 국론 분열로 이어질 수 있다는 점도 신중히 고려해야 한다.

4) 권력 구조 개편과 병행되어야 할 임기제 논의

따라서 대통령 임기제 개편은 단순히 임기 연장을 위한 제도 변경이 아니라, 권력 구조 전반에 대한 개편과 함께 논의되어야 한다. 중임제를 도입한다면 대통령 권한의 집중을 견제하기 위해 국회의 입법 및 감시 권한을 강화하고, 책임총리제나 국무회의 기능 강화 등 권력의 분산과 균형을 도모하는 장치도 마련되어야 한다. 아울러, 선거제도 개선과 정당 구조 개편을 통해 정치의 투명성과 대표성을 높이는 작업도 병행되어야 실질적인 개편 효과를 기대할 수 있을 것이다.

5) 국민의 역할과 참여의 중요성

대통령 임기제 개편은 헌법을 개정해야 하는 중대한 사안으로, 정치권의 합의만으로 결정되어서는 안 된다. 국민의 삶에 직접적인 영향을 미치는 제도인 만큼, 공론화 과정과 국민적 합의는 필수적이다. 국민은 단순한 방관자가 아니라 주권자로서 제도 변화에 대한 명확한 입장과 판단을 가져야 하며, 정치권의 개헌 논의가 특정 세력의 유불리에 따라 흐르지 않도록 감시하고 견제하는 역할을 수행해야 한다.

언론과 시민사회도 중립적 정보 제공과 균형 잡힌 토론을 통해 여론 형성과 정책 결정에 기여해야 하며, 최종적으로는 국민투표를 통해 국민의 집단적 판단이 반영되는 절차적 정당성을 확보해야 한다. 또한 국민은 국민투표에 적극 참여하여 자신의 판단이 개편에 반영되도록 해야 한다.

결론적으로, 대통령 5년 단임제는 시대적 요구 속에서 출발했지만, 현재의 정치 현실에서는 책임성과 정책 일관성을 보장하기 어려운 구조적 한계를 가지고 있다. 이에 대한 대안으로 제시되는 4년 중임제는 국정의 책임성과 지속 가능성을 강화하는 제도로 평가되지만, 제도 변화는 권력 구조 개편과 국민적 합의 속에서 추진되어야 한다.

정쟁의 도구가 아닌 정치 개혁의 출발점으로서, 대통령 임기제 논의는 보다 깊이 있고 균형 잡힌 시각으로 접근해야 하며, 그 과정에 국민의 참여는 필수적이다.

제2장

제2장   국민이 대한민국을
바꿔야 한다

1. 보수·진보 진영 간의 갈등이 나라를 망친다

1) 이념 갈등의 역사적 뿌리

한국 사회에서 보수와 진보 간의 갈등은 단순한 정치적 의견 차이를 넘어, 오랜 역사와 사회구조 속에서 형성된 복합적인 문제로 자리잡고 있다. 이 갈등은 남북 분단과 6.25 전쟁이라는 비극적 역사에서 뿌리를 찾을 수 있다. 전쟁 이후 반공 이데올로기는 국가 정체성의 일부가 되었고, 이로 인해 보수는 '국가 안보'와 '질서'를 중시하는 정당성을 구축했다. 이에 반해 진보는 권위주의 정권에 맞서면서 '민주주의'와 '인권'을 중심으로 성장해왔으며, 이러한 역사적 맥락은 양 진영 간의 대립을 구조화하는 기초가 되었다.

2) 세대와 지역의 경험 차이

이념 대립은 세대 간의 역사 경험 차이와도 깊은 관련이 있다. 산업화 시기를 살아온 기성세대는 경제 발전과 안정을 중요하게 여기며 보수적 가치를 선호하는 경향이 강하다. 반면, 민주화 이후에 성장한 세대는 권위에 대한 비판적 시각과 다양성의 가치를 내면화하면서 진보적인 성향을 보인다. 따라서 같은 사건이나 정책도 세대에 따라 전혀 다르게 인식되고 해석되며, 이로 인해 갈등은 더욱 심화고 있다.

여기에 지역주의가 더해지면서 갈등의 골은 더욱 깊어졌다. 영남 지역은 군사 정권 시절의 혜택과 산업화의 기억을 공유하며 전통적으로 보수 성향을 유지해왔다. 반면, 호남 지역은 민주화 운동의 중심지이자 독재정권의 탄압을 받았던 곳으로, 진보적 정치세력에 대한 지지가 뿌리 깊게 자리잡고 있다. 이러한 지역감정은 단순한 선거 결과를 넘어, 개인의 정치적 정체성과도 결합되어 사회 전반에 영향을 미치고 있다.

3) 미디어 환경과 확증편향의 강화

오늘날에는 미디어 환경의 변화도 갈등을 더욱 고착시키는 요인으로 작용하고 있다. 유튜브, 포털 뉴스, 커뮤니티 사이트 등을 통한 정보 소비가 증가하면서, 사람들은 자신이 이미 믿고 있는 생각을 강화하는 정보만을 선별적으로 소비하게 된다. 이러한 확증편향은 서로 다른 생각을 가진 사람들과의 소통을 가로막고, 상대 진영에 대한 오해와 혐오를 부추기게 된다. 특히 정치 성향이 분명한 유튜브 채널과 자극적인 언론 보도는 상대를 '적'으로 규정하고 공격하는 프레임을 강화하고 있다.

4) 정치권의 미친 극단의 대립과 사회적 분열

이와 같은 배경 속에서 현재 한국 정치권은 미친 집단들이 광대놀이를 하는 것 같다. 그걸 보노라면 필자도 정상이 아닌 사람으로 변해가는 것 같은 생각이 든다. 이 나라가 어찌될지 긴 한숨이 나온다.

여야는 거의 모든 국정 현안에서 정면충돌을 계속적으로 이어가고 있다. 여당과 야당은 검찰 개혁, 언론 정책, 노동 문제, 외교 안보 전략 등에서 첨예한 대립을 보이고 있으며, 국회는 생산적인 토론보다는 정쟁 중심의 공간으로 변질되고 있다. 이 과정에서 정치에 대한 국민의 불신은 더욱 깊어지고 있으며, 동시에 '내 편'에 대한 무조건적인 지지 역시 강화되고 있다. 정치적 견해가 다르다는 이유로 상대를 '적폐' 혹은 '공산주의자'로 낙인찍는 구호가 반복되면서, 합리적 토론은 자취를 감추고 있다.

5) 갈등 극복을 위한 정치적 전환

이와 같은 갈등 상황을 극복하기 위해서는 정치권의 근본적인 자세 변화가 필요하다. 여야는 이념보다 정책을 중심으로 소통해야 하며, 정파를 초월한 협력 모델을 만들어야 한다. 예를 들어 독일의 대연정처럼 국익을 위한 공동 운영 시스템도 고려할 수 있다. 아울러 언론과 플랫폼 기업 역시 공정하고 책임 있는 정보 유통 구조를 마련해야 하며, 알고리즘의 편향성을 점검하고 다양한 의견이 노출될 수 있도록 해야 한다.

6) 시민교육과 사회 통합 노력의 필요성

무엇보다도 장기적으로는 시민들의 인식 변화와 교육이 중요하다.

학교 교육에서부터 민주 시민으로서의 기본 소양을 가르치고, 다양한 의견을 존중하는 문화를 길러야 한다. 또한 지역 간, 세대 간의 교류를 통해 서로의 삶과 생각을 이해할 수 있는 기회를 늘리는 것도 필요하다. 청년과 노년층 간의 직업 멘토링, 지역 간 문화 교류 프로그램 등은 상호 이해를 넓히는 데 효과적일 수 있다.

7) 정치 제도의 개선과 새로운 선택지

정치 제도 역시 개편이 필요하다. 현재의 소선거구제는 양당 중심의 대결 구도를 강화시키며, 제3의 정치 세력이 설 자리를 빼앗고 있다. 비례대표제의 확대와 같은 제도 개혁을 통해 실용적이고 중도적인 정치 세력이 등장할 수 있는 환경을 조성하는 것도 중요하다. 정치의 선택지를 다양화함으로써 진영논리를 완화할 수 있다.

결국, 보수와 진보의 갈등은 해결이 불가능한 문제가 아니다. 오히려 다양한 가치가 공존하는 건강한 민주주의를 위해서는 어느 정도의 긴장과 대립은 필요하다. 그러나 그 갈등이 상대에 대한 혐오와 배제, 그리고 국가 공동체의 해체로 이어진다면, 이는 반드시 극복해야 할 위기가 된다.

지금 우리에게 필요한 것은 상대를 이기려는 정치가 아니라, 함께 살아갈 수 있는 사회를 만드는 데 집중하는 정치이다. 그러한 노력이야말로 대한민국이 진정한 선진 민주국가로 나아가는 길이 될 것이다.

2. 서민들은 희망을 잃어가고, 자영업자들은 벼랑 끝으로 몰리고 있다

1) 서민의 초상_무기력과 체념 속에 살아가는 고단한 삶

오늘날 우리 서민들은 단순한 경제적 어려움뿐만 아니라 깊은 정신적 피로감 속에 살아가고 있다. 하루하루의 삶이 힙겹고, 다리가 휘청거림에도 살아야 한다는 정신력 하나로 버티고 있다.

불안정한 고용, 치솟는 물가, 주거비와 부채 부담은 일상에 무력감을 더하고 있으며, 노력해도 나아질 수 없다는 체념이 사회 전반에 퍼져 있다.

이러한 상황은 냉소와 불신으로 이어지며, 정치는 더 이상 서민의 삶을 개선할 수 있는 수단으로 인식되지 않는다. 여야 모두에 대한 신뢰가 무너진 상태에서 '민생'은 말뿐이고, 서민은 정치로부터 철저히 소외되고 미친 광대놀이만 무기력하게 바라볼 뿐이다.

청년층은 결혼과 출산을 포기하고 있다. 높은 경쟁, 불안정한 미래, 사회적 불평등은 이들에게 한국 사회를 '헬조선'이라 부르게 만들었고, 이민과 해외 취업을 진지하게 고려하는 이들도 많다.

노년층 역시 국민연금 사각지대에 놓여 있거나 적은 연금으로 생계를 이어가며, 상당수가 여전히 생계형 노동에 의존하고 있다.

청년은 미래를 등지고, 노인은 노동을 벗어나지 못하며, 중장년층은

이 모든 부담을 감내하고 있다. 그러나 정치권은 현실과 동떨어진 이념 논쟁과 제 밥그릇 찾기에만 몰두하고 있고, 사회는 점점 더 희망을 이야기하기 어려운 공간이 되어가고 있다.

결국 지금의 서민 위기는 단순한 개인의 문제가 아니라, 구조적인 문제다. 공동체 전체가 함께 나서서 변화하지 않는다면, 무기력과 체념은 계속해서 일상을 지배하게 될 것이고 언젠가는 폭발할지도 모른다.

(1) 서민이 희망을 잃어가는 사회

첫째, 사회 전반에 걸친 양극화와 불평등이 심화되고 있다. 상위 계층은 자산과 소득을 빠르게 늘려가는 반면, 하위 계층은 생활비 상승과 소득 정체 속에 점점 더 팍팍한 삶을 이어가고 있다. 2023년 기준으로 상위 20% 가구의 자산은 하위 20%의 166배에 달하며, 계층 이동의 사다리는 점점 더 무너지고 있다.

둘째, 부동산 시장의 불안정은 서민의 삶을 더욱 위축시키고 있다. 수도권의 집값 급등으로 인해 내 집 마련은 점점 어려워졌고, 전월세 시장의 불안정성은 무주택자들에게 큰 부담으로 작용하고 있다. 특히 2030 세대는 '영끌'(영혼까지 끌어모은 대출) 이후 금리 인상으로 인한 이자 부담까지 떠안고 있다.

셋째, 고용 시장의 구조적인 문제도 서민의 삶을 어렵게 만든다. 정규직과 비정규직의 격차는 여전히 심각하며, 청년층은 안정적인 일자리를 구하기 어렵고, 중장년층과 고령층은 재취업의 문턱이 높다. 자영업자들은 과당 경쟁과 온라인 플랫폼, 대기업과의 경쟁 속에서 생존을 위협받고 있다.

넷째, 교육과 복지 시스템의 불균형도 서민층의 좌절을 키우는 요인이다. 공교육의 붕괴로 인해 사교육 의존이 커지고, 그로 인한 계층 간 교육 격차가 심화되고 있다. 복지제도 역시 사각지대가 존재하여, 실제로 지원이 필요한 계층에게 충분한 혜택이 돌아가지 못하고 있다.

(2) 어떻게 해야 하는가?

첫째, 사회안전망을 실질적으로 강화해야 한다. 기초생활보장제도의 사각지대를 줄이고, 의료와 주거, 교육 등 기본 복지에 대한 접근성을 높여야 한다. 국민연금의 사각지대를 해소하고, 기초연금을 확대하는 등 노후 대비 제도도 재정비할 필요가 있다.

둘째, 부동산 정책을 투기 억제 중심에서 주거 안정 중심으로 전환해야 한다. 무주택 서민과 청년, 신혼부부를 위한 공공임대주택 공급을 확대하고, 장기적인 주거 안정성을 보장할 수 있는 정책이 필요하다. 수도권 집중을 완화하고 지역균형발전을 실현함으로써 지역 서민의 삶의 질도 함께 개선해야 한다.

셋째, 고용의 질을 개선하는 것이 시급하다. 비정규직 남용을 방지하고 동일노동 동일임금 원칙을 강화해야 하며, 전환기 교육과 직업 재훈련을 통해 중장년층과 고령층의 노동시장 재진입을 도울 수 있는 기반을 마련해야 한다.

넷째, 교육 기회의 평등을 보장해야 한다. 공교육을 내실화하고, 지역 간 교육 자원의 불균형을 해소함으로써 사교육 의존도를 낮추는 것이

중요하다. 저소득층 학생들을 위한 장학금과 생활비 지원도 확대해야
한다.

다섯째, 정치 시스템의 신뢰를 회복해야 한다. 정파적 갈등과 진영논리
를 넘어 실질적인 정책 대안을 제시할 수 있는 정치 문화를 정착시켜야
하며, 시민이 직접 참여할 수 있는 거버넌스를 확대해 서민의 목소리를
제도권으로 반영해야 한다.

결국, 한국 사회의 근본적인 변화 없이는 서민의 삶은 나아지기 어렵다.
서민들이 다시 노력할 용기와 희망을 가질 수 있도록 하는 것, 그것이
한국 사회가 나아가야 할 방향이다.

2) 자영업자들이 속절없이 무너져가고 있다

자영업자들은 지금 극심한 생존 위기를 겪고 있다. 코로나19 팬데믹
기간 동안 사회적 거리두기와 영업제한 조치로 매출이 급감한 가운데,
그에 따른 부채는 눈덩이처럼 불어났다. 정부의 긴급 지원금과 대출로
일시적인 연명은 가능했지만, 그로 인한 후속 부담은 자영업자들에게
더 큰 짐이 되었다.

이후 경제가 회복 국면에 접어들면서도 자영업자는 여전히 사면초가에
놓여 있다. 물가와 인건비는 빠르게 오르는 반면, 소비 심리는 좀처럼
살아나지 않고 있다. 최저임금의 지속적인 상승은 자영업자의 인건비
부담을 가중시켰고, 특히 직원 수가 적은 영세 자영업자에게는 감당하기
어려운 수준이다. 실제로 많은 소상공인은 가족 경영이나 1인 운영
체제로 버티고 있으며, 고용 여력이 없는 상황이다.

또한, 대기업 프랜차이즈와 온라인 플랫폼의 공세로 골목상권은 설자리를 잃고 있다. 음식 배달 시장의 경우, 배달앱 수수료가 12%에 달하며 곳도 있어, 이를 감당하지 못해 매출이 늘어도 수익은 줄어드는 기현상이 벌어진다. 높은 카드 수수료, 권리금, 상가 임대료 등 고정비 역시 자영업을 위협하는 주요 요인이다. 이처럼 자영업자는 매출 감소뿐 아니라 수익 구조의 왜곡으로 이중삼중의 고통을 겪고 있다.

최근에는 인공지능(AI)과 무인화 기술의 확산도 자영업 시장에 큰 영향을 미치고 있다. 무인 점포, 로봇 바리스타, 키오스크 등의 도입은 대규모 자본을 가진 기업에게는 효율성 증대 수단이지만, 전통적인 소상공인에게는 경쟁력 상실로 이어질 수 있다. 기술 변화의 수혜자가 되기보다는 피해자가 되는 상황이다.

(1) 최근 자영업 창업 및 폐업 현황을 살펴보자.

· **창업 기업 수**: 2024년 한 해 동안 창업한 기업은 전년 대비 4.5% 감소한 118만 2,905개로 집계되었다.

· **폐업 자영업자 수**: 2023년에는 폐업한 자영업자 수가 91만 819명으로, 전년 대비 13.9% 증가하였다. 특히 20대 청년층의 폐업률이 20.4%로 높게 나타나, 창업한 청년 다섯 명 중 한 명이 폐업한 것으로 조사되었다.

· **자영업자 비중**: 2024년 기준 자영업자는 563만6천 명으로, 전체 취업자 중 19.7%를 차지하며, 이는 1963년 이후 처음으로 20% 아래로 떨어진 수치이다.

(2) 자영업자들을 살릴 방안은 무엇인가?

이러한 복합적인 위기에 대응하기 위해서는 단기적인 재정지원을 넘어서 구조적인 개선이 필요하다고 생각한다. 자영업 회복을 위한 주요 대안을 제시해본다.

임대료 및 고정비 부담 완화

상가 임대료는 자영업자에게 가장 큰 부담 중 하나다. 임대료 상한제 도입, 장기 임대차 계약 장려, 상가임대차보호법 강화 등을 통해 자영업자가 안정적으로 영업할 수 있는 환경을 마련해야 한다. 또한 카드 수수료 인하, 배달앱 수수료 규제 등 고정비 절감을 위한 정책도 병행되어야 한다.

공정한 시장 환경 조성

자영업자들이 대기업 프랜차이즈나 플랫폼 기업과 경쟁할 수 있는 최소한의 공정한 조건이 보장되어야 한다. 이를 위해 플랫폼 수수료 구조의 투명화와 공정 거래 기준을 확립하고, 골목상권을 침식하는 대형마트, 프랜차이즈의 무분별한 출점을 제어하는 정책이 필요하다.

지역 기반 상권 활성화

전통시장 현대화, 로컬푸드 매장, 지역화폐 확대 등을 통해 지역 경제의 자생력을 키워야 한다. 자영업자는 단순한 생계형 사업체를 넘어 지역 공동체를 유지하는 중요한 주체이므로, 지역 상권에 대한 전략적 육성이 필요하다.

폐업과 전환 지원 체계화

폐업을 준비하는 자영업자에게 단순한 보상이 아닌 재기의 기회를 제공해야 한다. 경영 컨설팅, 업종 전환 교육, 재정지원을 연계한 종합 시스템을 마련해 자영업자의 역량을 보완하고, 실패 이후 다시 일어설 수 있는 환경을 조성해야 한다. 특히 50대 이상 중장년 자영업자들이 재취업할 수 있도록 직업 재교육과 사회적 일자리 연결도 병행해야 한다.

자영업자들은 지금 그 어느 때보다 깊은 절벽 끝에 서 있다. 단순히 '열심히 하면 된다'는 구호로는 이 위기를 극복할 수 없다.

정치권은 제발 자신들의 영달을 위한 극한투쟁에서 벗어나 자영업이 한국 경제의 중요한 한 축이자 수많은 서민 가정의 생계 기반이라는 점을 인식하고, 이들의 생존을 위한 구조적 개혁과 실효성 있는 대책을 시급히 마련해야 한다. 그래야만 자영업자들이 다시 희망을 품고 일어설 수 있을 것이다.

3. 분열과 갈등을 해결해 가야 한다

1) 분열과 갈등의 심각성

우리나라의 사회 갈등 수준이 경제협력개발기구(OECD) 38개국 중 두 번째로 심각하다고 한다. 이는 어제오늘의 문제가 아니며, 하루아침에 해결될 사안도 아니다. 오히려 시간이 지날수록 갈등이 더욱 깊어지고 있다.

작게는 가족 간 갈등, 층간 소음으로 인한 이웃 간 갈등에서부터, 진보와 보수의 이념 갈등, 노동 현장의 노사 갈등, 지역 간 갈등, 공공 갈등까지 사회 전반에 걸쳐 분열이 심화되고 있다. 사회 각계 조직과 단체마다 갈등이 없는 곳이 없을 정도로 이해관계와 이기주의적 갈등이 팽배해 있다.

이로 인한 사회적 비용도 막대하다. 진보와 보수의 이념적 정치 갈등으로 인해 매년 약 60조 원의 비용이 발생한다는 연구 결과가 나왔다. 이는 1990년부터 2022년까지 33년간의 평균치로, 한국 사회가 이념 대립의 대가를 얼마나 치르고 있는지를 단적으로 보여준다. (자료: 단국대 분쟁해결연구센터)

남북이 분단된 유일한 국가인 대한민국은 남북 간의 대립뿐만 아니라 남한 내부에서도 지역 갈등, 빈부 갈등, 세대 갈등, 이념 갈등 등이 끊임없이 발생하고 있다. 국민은 서로를 배려하기보다 미워하고, 자신만 생각하는 이기주의로 인해 사회 곳곳에서 갈등과 분열이 점점 심화되고 있다.

특히 지역감정을 조장하는 언행, 세대 간 소통 부족으로 인한 오해, 가족 간의 대화 단절 등이 사회 갈등을 더욱 증폭시키고 있다. 기성세대는 젊은 세대에게 지혜를 전수하고, 젊은 세대는 기성세대를 존경하고 감사하는 마음을 가져야 하지만, 현실은 정반대다. 또한, 부유층이 가진 것을 나누려 하지 않고, 빈곤층은 가진 자들에 대한 반감을 품는 악순환이 지속되면서 계층 간 갈등도 점점 심화되고 있다.

2) 분열(分裂)과 갈등의 사회

'분열'이란 하나의 집단이 갈라져 나뉘는 것을 의미하며, '갈등'은 서로의 이해관계가 충돌하여 일이 복잡하게 얽힌 상태를 뜻한다.

어원적으로 '갈등(葛藤)'이란 칡(葛)과 등나무(藤)에서 유래한 단어로, 칡은 왼쪽으로 감아 올라가고 등나무는 오른쪽으로 감아 올라가 서로 얽히며 풀 수 없는 상태가 된다. 마찬가지로 우리 사회에서도 갈등이 점점 심화하여가고 있다.

갈등이 장기화하면 그 피해는 개인뿐만 아니라 사회 전체로 확산된다. 당사자 간의 갈등이 깊어질수록 대립과 증오가 격화되고, 제3자는 계속되는 갈등 상황으로 인해 피로감과 불안감을 느끼게 된다. 결국, 사회 전체가 불안정한 상태로 빠지게 되는 것이다.

현재 우리 사회의 갈등 사안을 살펴보면, 경쟁적 갈등을 넘어 혐오적 갈등으로 변질되고 있음을 알 수 있다. 과거에는 최소한의 원칙과 규칙을 지키면서 갈등이 발생했지만, 지금은 수단과 방법을 가리지 않는 적대적 갈등이 만연한 상황이다.

3) 심화되고 있는 세대 간의 갈등

현재 한국 사회는 저출산·고령화로 인해 세대 간 자원 분배를 둘러싼 이해관계 충돌이 심화되고 있고, 부동산 자산 격차와 노동시장 이중 구조, 국민연금 문제 등으로 인해 세대 간 불신과 갈등이 깊어지고 있다.

이러한 갈등이 지속되면 사회적 통합이 약화되어 정책 추진력이 떨어지고 사회적 비용이 증가하며, 국가 발전의 지속 가능성을 위협하는 요인으로 작용할 수 있다. 따라서 사회적 안정과 민주주의의 근본적 가치를 지키고, 미래 세대에게 지속 가능한 발전의 기반을 물려주기 위해서는 세대 간 갈등을 적극적으로 해소하는 것이 필수적이다. 이는 특정 세대만의 문제가 아닌 우리 사회 전체가 함께 책임지고 해결해야 할 공동의 과제이다.

(1) 일자리 갈등

한국의 노동시장은 이중 구조가 심화되고 있다. 기성세대는 경제 호황기에 비교적 안정된 고임금 정규직을 누렸던 반면, 현재의 청년층은 비정규직, 저임금 일자리의 증가와 지속적인 취업난으로 고통받고 있다. 청년층은 노동시장의 구조적 문제를 기성세대가 자신들의 기득권을 지키기 위해 개선을 방해하고 있다고 보고 있으며, 이는 세대 간 노동환경 및 소득 수준 격차로 인한 갈등을 초래하고 있다.

고용 구조 개혁이 미뤄질수록 젊은 세대의 경제적 불안정성이 심화되어 사회적 갈등과 불신이 증가하게 될 것이다.

한국 사회는 저성장 구조와 산업구조 재편으로 일자리 자체가 줄어들고 있으며, 이에 따라 청년층과 고령층 간의 고용 경쟁이 심화하고 있다. 청년들은 좁은 취업문, 스펙 경쟁, 불안정한 일자리에 시달리고 있고, 은퇴한 고령층은 생계유지와 노후 보장을 위해 재취업 시장에 뛰어들고 있다.

정부가 추진하는 공공 일자리 정책이 실제로는 청년보다 노인층 위주로 운영되면서, "청년 일자리는 없다"는 비판이 나오는 실정이다. 일자리를 둘러싼 세대 간 갈등은 단순한 취업 문제가 아닌, 자원 배분과 생존권의 충돌이라는 사회적 구조 문제로 확대되고 있다.

(2) 부동산과 가격 폭등과 자산 불평등

부동산 시장은 세대 간 자산 격차를 상징하는 대표적인 사례다. 부모 세대는 비교적 낮은 집값과 느슨한 대출 규제를 활용해 주택을 구입할 수 있었고, 이후의 자산 상승을 통해 경제적 안정을 누릴 수 있었다. 반면 청년 세대는 천정부지로 오른 집값, 대출 규제, 불안정한 고용 구조 속에서 주거 안정은커녕 월세와 전세조차 감당하기 어려운 현실에 놓여 있다.

'벼락거지'라는 표현은 자산 축적 기회조차 갖지 못한 채 상대적 박탈감을 느끼는 청년층의 좌절을 반영한다.

이러한 격차는 단순히 경제적 불평등을 넘어 세대 간 심리적 갈등과 박탈감을 키우고 있으며, 젊은 세대는 부동산 시장에서 부모 세대의 부의 독점과 특혜로 인해 자신들의 삶의 질이 상대적으로 저하되고 있다는 불만과 억울함을 토로하고 있다.

부동산으로 인한 자산 불균형은 세대 간 불신과 사회적 위화감을 키우며, 계층 이동의 사다리를 붕괴시키는 원인으로 지목되고 있다.

(3) 국민연금 개혁과 세대 간 부담 문제

급격한 고령화와 저출산 현상이 심화되면서 국민연금의 재정 안정성 문제가 불거졌다.

국민연금 제도는 지금처럼 유지된다면 가까운 미래에 고갈될 가능성이 크다는 전망이 나오고 있다. 현재 연금을 수령 중인 기성세대는 안정적인 혜택을 받고 있지만, 청년 세대는 "우리는 내기만 하고 못 받는다"는 인식을 강하게 갖고 있다.

그럼에도 불구하고 정치권은 표심을 의식해 개혁을 미루고 있으며, 그 부담은 고스란히 미래 세대로 넘어가고 있다. 연금 개혁 논의가 세대 간 희생의 균형 없이 기득권을 보호하는 방향으로 흐른다는 비판도 커지고 있다. 결국, 국민연금 문제는 단순한 재정 문제가 아니라, 세대 간 신뢰와 연대의 위기를 보여주는 상징적 갈등이다.

최근 정부가 제안한 연금 개혁안에서도 보험료율 인상, 소득대체율 조정 등 민감한 사안이 많아 세대 간 이해관계 충돌과 갈등이 더욱 심각하게 나타나고 있다.

다음의 표와 같이 개혁 시나리오들이 논의되고 있으나, 아직 결정된 것은 없다.

개편 방향	주요 내용
보험료율 인상	현재 9%에서 12~15%까지 점진적으로 인상 검토
소득대체율 조정	현재 40%를 유지하거나 소폭 조정 논의
지급 개시 연령 상향	2033년부터 65세 시작 → 68세까지 연장 검토
기초연금 연계	국민연금과 기초연금의 형평성 문제 재조정 필요

(4) 교육비 및 사교육 문제

기성세대가 학창시절을 보냈던 시기에는 등록금과 교육비 부담이 지금보다 훨씬 낮았고, 대학 진학률도 상대적으로 낮아 입시 경쟁이 지금처럼 치열하지 않았다. 하지만 오늘날 청년 세대는 초등학생 때부터 시작되는 치열한 입시 경쟁과 고액 사교육 시장 속에서 성장하며, 경제적·정서적으로 큰 부담을 지고 있다.

또한 학벌 중심 사회구조가 여전히 공고하게 유지되면서, 학력과 스펙에 대한 강박도 심화되고 있다. 부모 세대의 교육 방식이나 가치관이 현재 교육 현실과 충돌하면서, 세대 간 갈등은 가정 내에서도 고스란히 드러난다.

교육 문제는 단순히 '입시'의 문제가 아니라, 청년 세대의 기회 평등과 미래 전망을 좌우하는 핵심 이슈가 되었다.

(5) 저출산 고령화에 따른 복지 재정 부담

고령화로 인해 정부의 복지 재정은 급증하고 있고, 특히 노인 의료비와 연금 지출이 전체 복지 예산에서 차지하는 비중이 커지고 있다. 하지만 이 재원을 마련하는 주체는 현재 경제활동을 하고 있는 청년 세대이며, 이들은 "세금은 우리가 내고 혜택은 기성세대가 누린다"는 불만이 쌓이고 있다. 반면 기성세대는 평생 세금을 내며 기여했기 때문에 복지 수혜를 받을 권리가 있다고 주장한다.

젊은 세대는 자신들이 희생을 강요받는다는 불만이 커지고 있으며, 고령층은 자신들에 대한 존중과 인정 부족을 느끼며 서운함을 표출하고 있다. 이런 복지 재정 문제는 사회적 연대보다는 세대 간 책임 전가와 갈등을 촉발하고 있다.

문제는 그 과정에서 미래 세대를 위한 사회적 투자와 재정 여력이 줄어들고 있다는 점이다. 복지 구조의 세대 편중은 단지 세금 문제가 아니라, 정책 신뢰와 사회적 연대의 지속 가능성에 대한 우려로 이어지고 있다.

이러한 세대 간 갈등을 해소하기 위해서는 세대 간 공정성을 추구하는 정책 마련과 더불어 상호 이해와 협력을 촉진하는 사회적 분위기 조성이 절실히 필요하다.

(6) 정치·이념적 성향 차이

정치적 성향과 이념에 있어서도 세대 간의 차이는 점점 더 뚜렷해지고 있다. 기성세대는 경제성장과 국가안보, 전통적인 공동체 가치 등을 강조하는 반면, 젊은 세대는 개인의 자유와 권리, 사회적 공정성, 다양성을 중시한다.

586세대 등 기성세대는 집단 중심의 조직 문화와 이념 중심의 정치 의식을 바탕으로 정치적 선택을 하는 경향이 강하다. 반면 MZ세대는 실용주의적 접근을 선호하며, 기존 정당이나 이념 프레임에 얽매이지 않는 유동적 정치 태도를 보인다.

'공정'과 '기회', '노력'에 대한 정의 자체가 세대마다 달라, 정치적 갈등은 단지 정당 지지의 차원이 아니라 세상을 바라보는 인식의 차이로 확대되고 있다.

이러한 차이는 선거 결과뿐 아니라 정치 담론, 공공정책에 대한 태도에도 영향을 미치며, 세대 간 소통의 단절과 오해를 심화시키고 있다.

이뿐만 아니라, 남성과 여성 간의 성별 갈등, 금수저·흙수저 논란 등 계층 간 갈등도 한국 사회의 고질적인 문제로 자리 잡았다. 하지만 갈등 자체가 반드시 나쁜 것만은 아니다. 갈등은 사회적 문제를 드러내고 변화를 촉진하는 기능을 하기도 한다.

다만, 갈등이 발생했다고 해서 상대방을 혐오하고 굴복시키려 해서는 안 된다. 공정한 경쟁과 양보, 타협을 통해 갈등을 해결할 수 있는 사회만이 국민 통합을 이룰 수 있다. 칡과 등나무도 멀리서 보면 멋진 숲을 이루듯이, 우리 사회도 조화로운 갈등 해결 방안을 모색해야 한다.

한국은 분열과 반목의 나라라는 평가를 받는다. 우리는 6·25전쟁, 산업화의 성공, 민주화의 과정을 거치며 현재의 번영을 이루어냈다.

그러나 사회적 갈등은 줄어들지 않고 더욱 격화되고 있으며, 분열과 갈등의 골은 점점 깊어지고 있다. 이제는 분열의 대상이 성역 없이 확대되면서, 사회 전반이 불안정한 상태로 치닫고 있다.

사회적 갈등은 점진적으로 시정하며 발전해 나가는 것이 이상적이다. 그러나 최근에는 객관적인 검증도 없이 자신의 입장과 연관한 일방적인 사고방식이 분열과 갈등을 더욱 가속화시키고 있다.

4) 분열의 원조는 정치권이다

정치권은 과연 사회 통합을 원할까, 아니면 사회 분열을 원할까?

국민의 바람과는 달리, 정치권은 분열을 조장함으로써 정치적 지지 효과를 얻고자 하며, 통합보다는 분열을 부추긴다. 우리 사회를 양극화하고, 갑을 관계로 나누며, 중앙과 지방을 대립시키는 전략을 활용하는 것이다.

이런 접근법은 경제적 약자와 강자를 대립 관계로 설정하고, 극단적인 대립 구도를 만들면서 양극단이 서로 투쟁하게 만든다. 경제적 강자는 소수인 반면, 약자는 다수이므로, 강자를 비난하고 공격함으로써 다수의 지지를 쉽게 얻을 수 있기 때문이다.

"사촌이 논을 사면 배가 아프다"는 속담처럼, 남이 잘되는 것을 좋아하지 않는 국민성을 이용하여 가진 자를 비난하는 정치 방식은 국민을 편 가르고 집단을 분열시키는 행위다. 결국, 이러한 전략을 통해 강자에게 세금 폭탄을 부과하고, 약자를 위한 퍼주기 복지를 강조하는 방식이 여야를 막론하고 정치권에서 반복되고 있다. 이렇게 정치적 통합은 어려워지고, 분열의 원조가 정치권이라는 평가를 받는 이유가 된다.

정치인들은 하루가 멀다 하고 분쟁의 씨앗을 뿌린다. 한국 정치는 복수에 함몰된 정치로 인해 항상 내전 상태다. 정권이 바뀔 때마다 정치 보복이 반복되는 구조 속에서, 사회 갈등이 심화되고 민주주의의 발전은 더디기만 하다.

이 같은 문제를 두고, 세계적인 석학이자 프랑스 문명 비평가인 기 소르망(Guy Sorman) 전 파리 정치대 교수는 2020년 한국 사회를 향해 "내부 싸움을 멈추라"는 화두를 던졌다. 그는 정권이 교체될 때마다 한국에서는 어김없이 진영 갈등이 불거지고, 이런 반복적인 정치적 대립이 한국 민주주의의 시계를 거꾸로 돌리고 있다고 강조했다.

소르망 교수는 "민주주의의 핵심은 권력 행사가 아니라, 상대 진영에 대한 존중이다"라고 말했다. 그러나 한국 정치의 현실은 정반대로 흘러가고 있다.

한국의 정치적 상황을 보면 슬퍼진다. 여당과 야당이 서로 대화하고 협력해야 하는 민주주의 체제에서, 한국 정치권은 서로 내전하는 분위기에 빠져 있다. 이런 정치적 환경이 한국 민주주의를 성숙하지 못하게 만드는 결정적인 장애물이 되고 있다.

또한, 그는 한국 정치가 복수에 사로잡혀 있다고 지적했다. 전직 대통령들이 잇달아 감옥에 가는 모습은 세계적으로도 이례적인 일이다. 물론, 민주적 절차에 따른 정권 교체는 바람직하지만, 문제는 정권이 바뀔 때마다 보복전이 반복되면서 사회가 내전 상태로 치닫는 것이다. 정권을 차지한 세력은 상대 진영을 지지했던 국민조차도 충분히 존중하지 않는다.

민주주의는 단순한 권력 행사가 아니다. 상대편의 권리를 중요하게 여기는 것이야말로 진정한 민주주의다. 하지만 현재 한국 사회에는 이러한 민주주의 개념이 자리 잡지 못하고 있다. 정치권은 대립과 갈등을 부추길 뿐, 평화적 분위기를 조성하기 위한 대안을 마련하지 않는다. 이런 현실 속에서 한국 사회의 안정성은 점점 더 위태로워지고 있다.

한 분쟁이 끝나면 새로운 갈등이 터지고, 그로 인해 국가가 앞으로 나아갈 수 없는 상황이 반복되고 있다. 국회는 원래 입법 활동을 통해 법을 제정하고, 정부를 감시하는 역할을 해야 하지만, 정쟁(政爭)에 휘말려 본연의 역할을 하지 못하는 실정이다.

새로운 사건이 터질 때마다, 정치권은 사실관계를 밝히자며 고소·고발을 남발하고, 국회는 문을 닫기 일쑤다. 한 건이 해결되면 또 다른 싸움거리가 대기하고 있어, 입법부가 본연의 업무를 수행할 시간조차 없는 것이 한국 정치의 현실이다.

5) 이 나라 어느 조직에도 분열 없는 곳이 없다

극심한 분열과 갈등의 상징인 정치계를 비롯하여 경제, 문화·예술, 체육, 학술, 종교, 노동 등 모든 분야를 자세히 들여다보면 분열과 갈등이 없는 곳이 없다 할 정도이다. 의견이 조금만 달라도 토론과 협의를 통해 최선의 타협점을 찾으려는 노력은 하지 않고, 오직 자기들 주장만을 관철하려는 태도로 인해 상생의 문화가 부족한 나라가 되어가고 있다.

국회의 여야 정치는 협치는 없고, 뜻이 다르면 강경 투쟁과 극한 대립으로 치닫는다. 결국, 쇠망치가 등장하고, 의사당에서는 난투극이 벌어지는 사태까지 이어지며, 시장 바닥 싸움터와 다를 바 없는 모습을 연출한다. 이러한 모습은 가히 기네스북에 등재될 만한 수준이다.

문화예술계도 이념적으로 분열되어 있다. 기존의 예총(한국예술문화단체총연합회)과, 진보 개혁 성향의 백낙청·고은이 중심이 된 민예총(한국민족예술인총연합), 그리고 문화연대 등의 단체들은 정권이 보수나 진보로 바뀔 때마다 요직을 차지하려는 경쟁에 몰두하며 내부 분열을 거듭하고 있다.

체육계도 예외가 아니다. 한때 천하장사 대회로 인기를 끌었던 민속씨름은 씨름협회의 내분과 갈등으로 인해 대한체육회의 관리단체로 지정되는 상황까지 이르렀다. 반면, 일본의 스모협회는 계절마다 대회를 열어 국기(國技)로서 잘 운영되고 있는 모습과는 대조적이다.

일반 사회단체들도 내부 분열에서 자유롭지 못하다. 동문회, 동창회, 향우회, 동호회, 협회, 연합회, 총회 등 다양한 단체들도 내부적으로 단체장을 둘러싼 갈등이 끊이지 않는다. 근거 없는 루머가 퍼지며 내부 대립이 지속되고, 결국 조직 운영이 어려워지는 경우가 많다. 다수의 회원이 소속된 단체라 하더라도, 상호 협력과 배려의 미덕을 실천하며 조용하고 원만하게 운영되는 단체를 찾아보기가 힘든 현실이다.

그뿐만 아니라, 사법부 내부에서도 분열이 심각한 수준이다. 판사 사회에서는 진보성향의 우리법연구회, 국제인권법연구회, 그리고 진보 성향의 변호사 단체인 민주사회를 위한 변호사 모임(민변), 반대로 보수 성향의 한반도 인권과 통일을 위한 변호사 모임(한변), 시민단체 중심의 참여연대, 그리고 법원 내 최대 학술단체인 국제인권법연구회 등이 존재하며, 특히 국제인권법연구회에는 소속 판사가 480여 명에 이른다고 한다.

국민은 사법부 내부에서도 이념에 따라 판결이 갈리는 현상을 보면서 큰 우려를 느낀다. 구속영장 발부 여부조차 판사의 소속과 성향에 따라 결정이 갈리고, 심지어 대법원의 판결이나 헌법재판소의 결정조차 좌우 이념에 따라 나뉘어 자기 편의 유불리를 따지는 현실이 이어지고 있다.

뿐만 아니라, 판사들의 인사에도 분열이 존재한다. 특정 단체 출신이 법원의 수장이 되면 자기 소속 인맥 중심으로 요직을 독식하는 현상이 발생하면서, 국민은 사법부의 공정성과 신뢰성이 흔들리고 있다고 우려 한다. 이념과 패거리 정치가 개입되는 현실은 참으로 안타까운 일이다.

사법부마저 이렇게 분열된 상황에서, 이 나라가 앞으로 어떻게 추락할 지 조마조마할 뿐이다.

4. 개념 없는 국민이 국회를 범죄자 소굴로 만들고 있다

1) 개념 없는 국민이 국정을 혼란에 빠뜨린다

국민이 주권을 행사하는 자유민주주의 사회에서, 정치에 대한 기본적인 이해 부족과 책임감 없는 태도를 보이는 국민을 '개념 없는 국민'이라 할 수 있다. 이러한 국민이 범죄자, 부도덕한 인물, 체제 전복 세력을 대통령이나 국회의원으로 선출하면서, 국회가 범죄자들의 도피처로 전락하고 국민의 정치 혐오를 불러일으키고 있다.

우리는 흔히 "국민은 항상 옳다"는 말을 하지만, 사실 개념 없는 국민이 선거에서 잘못된 선택을 하여 국회를 범죄자의 소굴로 만들거나 정치 혐오를 조장하는 원인이 되기도 한다.

사무엘 스마일스는 "국민 이상의 정부도 없고, 국민 이하의 정부도 없다"라고 말했다. 즉, 정치 수준은 결국 국민 수준을 반영한다는 뜻이다. 때문에 국민이 깨어 있어야만 바른 정치를 구현할 수 있다. 그러나 많은 국민이 정치적 줏대 없이 특정 정당에 맹목적으로 부화뇌동하고, 묻지마 정당 지지와 팬덤 정치에 빠져 올바른 판단을 하지 못한다면, 결국 국가는 점차 망국의 정치로 끌려가게 될 것이다.

독일 나치 정권도 국민의 선택으로 탄생했다는 사실을 기억해야 한다. 깨어 있는 국민이라면 진영논리, 지역주의, 상습 범죄자, 반민주주의자,

거짓말을 잘하는 후보를 걸러낼 수 있어야 한다.

2) 부도덕한 자를 국민의 대표로 선출하는 국민

어떤 지역에서는 근거 없는 자료로 특정인을 모독하고 명예를 실추시키며, 언어폭력을 일삼는 천박한 역사학자를 국회의원으로 당선시키기도 했다. 과연 이런 인물이 헌법기관인 국회의원으로서의 자격이 있는가?

어떤 국회의원은 퇴계 이황 선생의 성생활을 왜곡하고, 이화여대 초대 총장 김활란이 제자를 미군 장교에게 성 상납을 시켰다는 등 황당한 궤변을 늘어놓았다.

또한 박정희 전 대통령이 교사 시절 학생들과 성관계를 맺었다, 만주 관동군 장교 시절 점령지 위안부와 성관계했을 가능성이 있다, 유치원의 뿌리는 친일 역사에서 시작되었다 등 근거 없는 주장을 쏟아냈다.

이처럼 황당한 궤변을 늘어놓는 인물을 국회의원으로 뽑은 국민과 그 국회의원은 무엇이 다른가? 이런 자를 정치에서 퇴출시키는 국민이 올바른 국민이라 할 수 있다.

3) 범죄 전력이 있는 후보를 국회로 보내는 국민

일부 국회의원들은 선거법 위반, 정치자금법 위반, 공금 횡령, 음주운전, 성범죄, 직권남용 등 다양한 범죄 전력을 가지고도 공천을 받고 당선되었다. 이는 정치권의 문제이자, 제대로 검증하지 않고 투표한 국민의 책임이기도 하다.

범죄 전력이 있는 사람이 국회의원 후보로 출마하여 당선되었다면,

정상적인 사회에서는 스스로 후보직을 사퇴하는 것이 도덕적 상식이며, 국민이 이런 후보를 걸러내는 것이 민주주의이다.

정당만 보고 후보를 선택하거나, 과거 이력을 외면하고 묻지 않는 투표 행태는 결국 부적격자들이 국회에 들어가게 만드는 구조를 만든다.

하지만 개념 없는 국민이 있는 한 이러한 후보들도 국회에 입성할 수 있고, 그 결과 국회의 도덕성은 바닥으로 떨어지게 된다.

범죄 전력과 도덕성 문제가 있는 후보를 걸러내지 않고 그들을 국회로 보내는 국민이 있는 한, 바른 정치는 실현될 수 없다.

4) 부적격한 정치인을 지지한 국민

쌍욕, 잡범 전과, 여성 비하, 거짓말, 음란물 유포 등 윤리와 도덕성이 결여된 인물들까지 국회에 입성한 22대 국회가 탄생했다. 개념 없는 국민이 윤리와 도덕성을 무너뜨린 국회를 만든 것이다. 이런 코미디 같은 상황이 벌어진 것은 사법부의 정치화로 인해 정치인 재판이 지연된 탓도 있다.

뇌물로 처벌받고 출소한 지 얼마 되지도 않은 인물을 다시 당선시키고, 심지어 강도 전과자가 4선 국회의원이 된 사례까지 있다. 국민이 이런 후보를 계속 뽑아주는 한 개념 없는 국민이라는 비판은 피할 수 없다.

우리는 정치 개혁을 외치지만, 현실은 정치자금법 위반자, 부정선거 전과자, 후보자 매수 행위자, 재판 청탁자, 공정선거 방해 목적으로 허위 사실을 유포해 징역형을 받은 자, 뇌물수수자, 종북주의자, 막말하는 저질 정치인, 사기 전과자, 위안부 할머니를 이용해 사리사욕을 채운 시민단체 대표, 정권에 부역하는 위선자, 입법 장사꾼들이 다시 국회로 돌아오고 있다. 이런 인물들을 당선시키는 한, 정치 개혁은 불가능하다.

5) 국회를 전과자 소굴로 만든 국민

20대 국회의원 당선자 300명 중 92명이 전과자였다. 전과자 비율이 30.7%에 달했다. 경실련 조사에 따르면, 21대 국회의원 283명 중 33.3%가 전과자였다. 10명 중 3명이 범죄 전력이 있는 국회였다.

22대 총선에서는 지역구 후보자의 34.6%, 비례대표 후보자의 24.9%가 전과자였다. 이게 대한민국 국민을 대표하겠다는 후보들의 수준이다. 국회에서 어떤 법이 만들어질지 뻔하다. 결국, 이렇게 많은 범죄자를 국회에 입성하게 만든 것은 국민이 공범이다.

국회는 전과자 집합소라 해도 과언이 아니다. 교도소가 아니라면 이렇게 범죄자가 많은 조직이 어디 있겠는가? 법을 만드는 입법기관에 과거에 법을 어긴 인물들이 모여, 186개의 특권을 누리고 있다.

출마 후보 공고에는 전과 기록이 명시되어 있다. 그러나 유권자들은 이를 걸러내지 못했다. 결국, 국민 수준이 정치 수준을 결정한다는 비관론이 나올 수밖에 없다. 우리는 전과자들이 활개 치는 국회를 만들었다. 개념 없는 국민이 정치판을 범죄자들의 활동 무대로 만들어버린 것이다.

6) 체제 전복 세력의 국회 침투를 투표로 못 막는 국민

간첩행위 전력자, 이적단체 가담자, 주한미군 철수를 주장하는 자, 국가보안법 위반자 등 종북주의자들이 국회의원으로 활동하고 있다.

이는 국민이 개념 없는 주권 행사를 한 결과다.

자유민주주의 국가에서 자유를 누리려면 국민의 투표권 행사에는 막중한 책임이 따른다. 하지만 현재 국회의원 중에는 이적행위 전력자, 종북주의자, 한미동맹 해체를 주장하는 자들이 상당수 포함되어 있다. 이는 분단국가인 대한민국의 안보에 큰 부담을 주며, 이들에 대한 감시는 필수적이다.

공산주의 선전·선동에 빠져 인민이 굶주리는 북한의 현실을 보면서도, 국민이 투표권을 행사해 체제 전복 세력을 걸러내지 않는다면 자유민주주의를 스스로 무너뜨리는 것이다. 대한민국은 인민민주주의 국가가 아니다. 특히 김일성 주체사상을 신봉하는 자는 대한민국에서 자유를 누릴 수 없는 자이며, 공직에 나설 수 없게 해야 한다.

7) 국민의 유일한 주권 행사인 투표를 포기하는 국민

선거에서 투표를 포기하는 것은 국민 주권을 스스로 포기하는 것이다. 선거는 국민이 행사할 수 있는 유일한 주권임에도 불구하고, 대한민국은 선진국에 비해 투표율이 현저히 낮다.

한 표의 가치를 인식하고 행사하는 것이 좋은 정치를 만드는 원동력이 된다. 국민이 국가의 주인이라지만, 실제로 주인 역할을 할 수 있는 권리는 '투표'밖에 없다.

투표는 하지 않으면서 정치 지도자를 비판하는 것은 자기모순이다. 국민이 잘못된 정치 지도자로 인해 고통받았던 역사의 교훈을 잊어서는 안 된다. 국민은 정치의 독선을 막고 감시자로서 투표에 참여해야 한다.

국민이 주인인 나라는 국민이 주권을 행사하지 않으면 권력 투쟁과 당파 싸움의 나라가 되고, 결국 독재국가로 전락할 수 있다. 국민이 주인인 나라를 만들려면 반드시 똑바로 된 투표권을 행사해야 한다.

8) 정치에 무관심하면 독재의 길을 열어주는 것이다

국민이 정치에 무관심하거나 염증을 느끼고 외면하면, 결국 권력에 중독된 정치인들에게 독재의 길을 열어주는 꼴이 된다. 국민은 항시 권력을 감시하고, 부적격자가 정치에 발을 붙이지 못하도록 투표를 통해 환경을 만들어야 한다.

특히 경계해야 할 것은 대통령과 국회의원을 선출할 때 국민을 편 가르는 자, 북한·중국식 일당 독재를 지향하는 자인가를 확인하여야 한다.

선거에서 후보자를 이성적으로 평가하지 않고, 감성적으로 분위기에 휩쓸려 투표하거나 범죄자, 체제 전복 세력의 선동에 이용당하거나 지역감정에 편승하는 한 정치 개혁은 불가능하다.

국민이 깨어 있지 않으면 정치 권력의 노예가 될 수밖에 없다. 지혜로운 국민만이 좋은 정치를 만들 수 있다.

5. 진영논리에 빠진 '묻지 마' 지지자가 많다

진영논리(陣營論理)란 자신이 속한 진영의 이념만이 옳고, 대립하는 진영의 이념은 틀렸다고 단정 짓는 사고방식을 의미한다. 이는 특정 인물, 집단, 사건 등에 대한 판단을 내릴 때 그 대상이 어느 진영에 속해 있는가를 최우선 기준으로 삼아 결론을 내리는 논리이다. 다시 말해, 자신의 진영에 속한 이념에 따라 타인의 의견이나 해석을 무조건 배척하고 폄하하는 태도를 말한다.

요즘 가장 자주 회자되는 말 중 하나가 "진영논리에만 빠져서는 안 된다"는 것이다. 즉, 진영 이기주의에 사로잡혀서는 안 된다는 의미다. 그러나 현실은 정반대로 흘러가고 있다. 진보는 보수를, 보수는 진보를 인정하지 않고, 정책의 논리성과 객관성은 무시한 채 "내 편이 아니면 적"이라는 극단적인 논리를 펼친다. 이러한 태도는 자기편에 대한 과도한 옹호와 상대편에 대한 무조건적 공격으로 이어진다.

자신이 속한 진영에 불리한 판결이나 결정이 내려질 경우, 법원을 향해 무차별적 비난을 퍼붓는 행태는 도를 넘었다. 한국 정치에서 지금까지 한 번도 경험하지 못한 극단적 진영논리와 이기주의로 인해 국론이 극명하게 분열되고 있다. 국민은 이 나라의 미래를 걱정하며 탄식하고 있다.

과거 조선왕조 500년 동안 끊임없이 당쟁으로 싸우다가 결국 국운(國運)이 쇠퇴한 역사를 되풀이하지 말아야 한다. 하지만 지금 한국 사회를 보면, 진영논리에 갇혀 국론이 갈라지고 있는 상황이 조선 말기와 너무나 흡사하다.

"진영이라는 마약"에 빠지면 지지 정당의 정강·정책을 꼼꼼히 살펴보지도 않고, 선거 공약도 제대로 읽어보지 않은 채 묻지 마 지지를 하게 된다. 이런 모습을 보면 한국은 여전히 민주주의라는 우리에게 맞지 않는 옷을 입은 것이 아닌가 하는 탄식이 나온다.

한국은 경제적으로 선진국이 되었지만, 민주주의 의식은 아직 후진적인 수준에 머물러 있다. 대다수 국민이 진영논리에 푹 빠지면 요지경 같은 세상이 펼쳐질 것이다. 이러한 현실을 보며 국민은 걱정하고 한숨짓는다. 이제는 이성을 되찾고, 논리와 상식이 통하는 사회로 나아가야 할 때다.

6. 세금을 공돈 취급하는 국민 양아치들

한국에 주재했던 외신 기자가 한국을 떠나면서 "지금 한국인은 세 가지에 빠져 있다. 하나는 스마트폰, 둘은 트로트, 셋은 공짜 돈이다"라고 말했다. 이 말에서 '공짜 돈'이란, 자기의 노력 없이 얻는 '공것'을 의미한다. 이러한 사고방식은 한심한 인성에서 나온다.

국민 세금 역시 공짜 돈이라며 빼먹으려는 의식이 문제다. 하지만 조금만 생각해 보면, 결국 국민 세금도 내 주머니에서 나간 돈이다. 그러나 현실에서는 세금을 눈먼 돈으로 여기며 빼먹으려는 사람이 많다. 배운 사람이나 지도층도 예외가 아니다. 외신 기자가 한국 사회를 잘 보고 간 것이다. 공금에 대한 윤리의식이 무너진 사회에서 우리는 살고 있다.

1) 정부 지원금 도둑질하는 양아치들

정부가 국민 복지와 지원 사업을 위해 조성한 세금이 목적에 맞게 효율적으로 사용되지 않고, 부정한 방법으로 새어나가는 현실이 통계로도 확인되고 있다.

대표적으로 한 회사 대표는 가족 6명을 유령 직원으로 등록해 고용촉진지원금, 고용안정지원금 등을 받아 챙겼으며, 대리 출석을 시키고 중개인까지 끼어들어 부정 수급을 일삼았다.

2017년 이후 고용노동부의 '재정지원 일자리 사업'에서 이렇게 빼돌려진 세금이 860억 원에 달하는 것으로 집계되었다. 세금을 빼먹는 불량 국민이 없었다면, 이런 기사가 나오지도 않았을 것이다.

대표적인 고용노동부 지원금 부정 수급 현황을 보면, 2017년~2021년 5년 동안 적발된 부정 수급액은 3203억 3100만 원에 달하며, 적발 건수는 14만 1137건으로, 연평균 2만 8228건에 이른다. 이는 정부 지원금이 '눈먼 돈' 취급받고 있음을 보여준다.

이 밖에도 고용유지지원금, 청년추가고용장려금, 고용창출장려금 사업에서도 부정 수급이 다수 발생했다.

세금이 새어나가기 전에 관리 시스템을 촘촘히 구축하지 않으면, 눈먼 돈을 먹겠다고 달려드는 사람을 막을 방법이 없다.

2) 공금을 자기 돈처럼 쓰는 '법카' 양아치들

법인카드를 비양심적으로 사용한 사례는 우리가 기억하는 대표적인 것만도 여러 건이지만 입에 담기조차 부끄러워 생략한다.

자신의 재산과 금전은 아깝게 여기면서 국민 세금은 공짜 돈처럼 여기고, 기회만 생기면 빼먹으려는 사람들이 너무나 많다. 공직에서 탄탄한 녹봉을 받는 지도층 인사들이 거지 근성을 버리지 못하고 법인카드까지 사용하며 살림에 보태려다 결국 국민 앞에 망신당하는 모습은 참으로 측은하다. 배울 만큼 배우고 고위직까지 오른 사람들이 법인카드까지 챙기려 하니 양아치 소리를 피할 수 없는 것이다.

3) 위안부 할머니 후원금 등쳐먹는 '시민단체' 양아치들

'앵벌이'란, 불량배들이 어린아이들을 시켜 구걸이나 도둑질 등으로 돈을 벌게 하는 행위를 의미한다. 6.25 전쟁 이후 버스 정류장이나 시장 바닥, 길거리에는 앵벌이를 하는 어린이들이 많았다. 그들은 초라한 옷을 입고 동정심을 유발하며 구두닦이, 껌팔이, 물건팔이 등을 했고, 이렇게 번 돈은 뒤에서 일을 시킨 불량배들의 손에 들어갔다.

그런데 요즘은 이런 앵벌이 방식이 더욱 교묘해졌다. 전쟁 희생자를 돕는다는 명목으로, 혹은 종교를 앞세워 모금 활동을 벌이고 실제 희생자를 위해 쓰지 않거나, 장애인·불우 어린이를 돕자는 명목으로 성금을 모아 소액만 기부하고 나머지는 단체 운영비나 대표자의 사적인 생활비로 낭비하는 행태가 만연해 있다.

대표적인 사례가 바로 위안부 피해자 이용수 할머니의 폭로다. 그는 기자회견에서 "정대협(한국정신대문제대책협의회)이 할머니들을 30년 동안 이용했다"라며 울분을 토했다. 2008년 별세한 고(故) 심미자 할머니의 자필 일기에서도, 정대협이 위안부 피해 할머니들을 앞세워 윤미향 대표의 재산 축적을 위해 돈을 모금한다고 기록되어 있다. 심 할머니는 "정대협은 고양이이고, 할머니들은 생선이며, 우리를 물고 뜯고 할퀴는 단체", "할머니들의 피를 빠는 거머리"라고 강도 높게 비판했다.

생전에도 심 할머니는 정대협을 가리켜 "당신들은 언제 죽을지 모르는 위안부 할머니들을 역사 무대에 앵벌이로 팔아 배를 불려온 악당"이라고 주장했다. 속된 말로 "재주는 곰이 넘고, 돈은 되놈이 챙긴다"는 속담이 떠오르는 상황이다. 이용수 할머니 역시 "윤미향과 정대협이 할머니들의 한을 풀어주겠다며 행사에 데리고 다니면서 모금한 돈을 개인 계좌로 챙겼다"고 폭로했다.

물론 정대협 측에서도 할 말은 있겠지만, 시민단체의 본래 역할은 국가 권력을 감시하고, 위안부 피해 할머니들의 명예와 인권을 회복하는 일이다. 그러나 현실에서는 이런 단체들이 대중의 관심을 이용해 사적인 영달을 챙기며 몰염치한 행태를 보이는 사례가 넘쳐나고 있다.

정치 권력의 앞잡이가 되어 지원금을 받아먹는 단체, 시민은 없고 시민 정신도 없는 NGO들이 판을 치고 있다. 정부와 기업에서 돈을 뜯어서 운영하는 시민단체들도 상당수 있을 것이다.

4) 최고 지식인이라는 '학자' 양아치들

해외 유명 관광지에서 열린다는 가짜 학회는 돈만 내면 논문을 실어주고 발표 기회까지 준다. 참가비로 장사하는 이런 국제건달 학회에 국민 세금을 들고 가서 학회 활동은 반나절만 하고, 남은 시간은 부부 여행을 즐기는 파렴치한 학자들. 자기 돈으로도 해외여행할 만한 교수들이 나랏돈으로 관광을 즐기는 양아치 학자들이 대학에 득실거린다. 배움을 쌓은 사람이라면 염치없는 행동을 하지 말아야 하지만, 공짜 돈 쓰는 재미가 쏠쏠한 모양이다.

이런 학자들이 판치는 우리 대학의 현실은 참담하다. 최근 5년간 교수 473명이 국민 세금 수십억 원을 지원받아 가짜 학회에 650회 이상 참가했다는 사실이 밝혀졌다. 학문 연구가 아니라 세금으로 호화

관광을 즐긴 셈이다.

5) '가짜 유공자' 양아치들

5.18 민주화운동 유공자 선정 문제는 끊임없이 논란이 되고 있다. 항쟁 현장에 가본 적도 없는 사람이 유공자로 등록된 사례가 많고, 심지어 항쟁 당시 외지에 살던 초등학생까지 유공자로 인정된 경우도 있다. 항쟁을 지지하는 글을 썼다고, 특정 지역 정치인이나 언론인이라는 이유만으로 5.18 유공자가 된 사례도 있다고 한다.

이런 논란을 뒷받침하는 것은 진짜 유공자 단체 회원들이 직접 나서 가짜 유공자를 걸러 달라고 국회에서 호소한 것이다. 가짜 유공자들이 얼마나 많으면 유공자 단체 스스로 정화를 요구하겠는가. 심지어 폭력조직 두목이 유공자 유족회장을 맡았다는 주장도 나오고 있다.

유공자 선정을 지인의 '인우보증(隣友保證)'만으로 처리하다 보니, 공적이 불분명한 사람들까지 혜택을 받으려는 양아치들이 끼어드는 것이다. 하루빨리 공적이 명확히 밝혀진 사람만 유공자로 인정해야 하며, 유공자를 선정하는 공훈 심사는 국가보훈부에서 담당해야 한다. 현재처럼 지자체가 심사를 담당하는 것은 말이 되지 않는다. 진짜 유공자 단체가 요구하는 가짜 유공자 정리 작업은 반드시 필요하다.

독립운동가 유족 단체에서도 가짜 유공자 논란이 끊이지 않고 있다. 유공자의 공적을 명확히 밝히지 않으니, 가짜가 끼어들 여지를 주고, 명단을 공개하지 않으니 의혹만 커지고 국민의 공분을 사게 되는 것이다.

심지어 국가 장애인 등록도 엄격히 재검사하면 가짜가 절반은 될 것이라는 의심도 나온다. 부모가 사망한 사실을 숨기고 수십 년간 노인연금을 챙긴 자식들, 가짜 서류를 만들어 장애인 등록을 한 사람들 등, 공짜 돈을 챙기려는 비양심적인 행동은 어디서든 벌어지고 있다.

6) 민주화 운동을 '평생' 우려먹어 양아치 소리 듣는 자들

암울한 시절, 민주화 운동을 했던 분들의 용기와 희생에 감사하는 것은 당연한 일이다. 하지만 일부 인사들은 수십 년 전의 일을 내세워 평생 특권을 누리려 하며, 도덕적 우위를 주장하고 있다. 이들은 정치인, 공직자, 시민단체 등에서 역할을 맡으며 이미 충분한 보상을 받았고 기득권층이 되었다.

그럼에도 여전히 '청구서'를 들이미는 모습은 실망스럽다. 진짜 민주화 유공자는 "민주화된 것이 보상이다"라며 어떤 보상도 받지 않고 조용히 살아가는 분들이다. 하지만 일부는 '민주화 완장'을 차고 특권을 요구하며 설친다는 비판을 받고 있다.

학생운동이든, 노동운동이든, 시민운동이든 누가 부탁한 것도 아니고, 본인이 '옳다'고 생각해서 한 것이다. 그런데 이제 와서 '경력'으로 만들고, '권력'까지 잡으려는 모습은 설득력이 없다. 더욱이, 후손들에게까지 특혜를 주려는 주장은 도를 넘었다.

민주화 보상은 이미 충분히 이루어졌다. 몇몇 사람이 이루어낸 민주화가 아니라 모두가 함께 만든 민주화라는 점에서, 어떤 특권도 요구하지 않고 보상을 받지 않겠다고 한 고(故) 장기표 같은 인물들이야말로 진정한 민주화 운동가다.

민주화 운동의 정신을 명예롭게 유지하고 싶다면, 이제는 더 이상 특혜를 주장하지 않는 것이 맞다.

7. 실정법 위에 '국민정서법'이 통하는 나라

'국민정서법'이란 특정 사건에 대해 국민이 집단적으로 드러내는 감정이나 정서가 법치에 영향을 미치는 현상을 뜻한다. 실정법이 아닌 한국 특유의 불문율로, 여론에 의지하는 감성적 법이다. 여론과 언론의 영향을 많이 받으며, 법 규범을 무시하는 풍조를 낳기도 한다.

언제부턴가 "헌법 위에 국민정서법이 있다"는 말이 회자되었다. 이는 국민 정서에 부합하면 '선'이고, 반하면 '악'이라는 논리로 작용하는 경우가 많다. 특히 입시 비리, 채용 비리, 병역 비리, 반일 정서, 부동산 투기, 재난 대응 등에서 국민 감정이 강하게 반영된다.

1) 병역 기피와 국민정서법

(1) 가수 유승준은 군 입대를 약속한 후 미국 시민권을 취득하며 대한민국 국적을 포기했다. 병무청은 출입국관리법에 따라 그의 입국 금지를 요청했고, 법무부는 이를 승인했다. 유승준은 F-4 비자를 신청했지만, 군 면제를 위해 국적을 포기한 인물이 연예 활동을 하며 이익을 얻는 것은 병역 의무를 다한 청년들에게 박탈감을 줄 수 있어 국민정서상 입국이 불허되었다. 국민청원 25만 명이 입국 금지를 요청하는 등 전국민적 반대 정서가 작용했다.

(2) 이○창 전 대통령 후보의 두 아들은 정상적으로 병역 면제를 받았지만, 부정 의혹을 받았다. 사실이 아닌 것으로 밝혀졌음에도, 병역 비리 논란이 대선 패배의 한 원인이 되었다. 이처럼 병역 문제는 국민정서법이 강하게 작용하는 영역이다.

추○애 전 법무부 장관 아들의 휴가 특혜 논란도 법적으로는 문제가 없었으나, 국민정서상 비난을 피할 수 없었다. 법무부 장관이 법과 정의를 다루는 자리이기에 더욱 질타를 받았다. 고위공직자가 권력과 명예를 함께 가지려 하면, 일반 국민은 이를 쉽게 받아들이지 않는다. 실정법보다 무서운 것이 국민정서법이다. 특히 특권층의 편법 병역 면제는 군 복무를 마친 국민에게 분노를 불러일으킨다.

2) 자녀 입시 비리와 국민정서법

한국 국민은 입시의 공정성에 대해 누구보다 민감하다. 대학 입학이 중요한 사회적 요소이기도 하지만, 조선 시대 과거제도의 공정성 관념이 현대까지 이어졌기 때문이라는 분석도 있다. 입시 비리는 실정법의 처벌 여부를 떠나 국민정서상 용납되지 않는다. 이는 시험과 입시를 통한 신분 상승 기회가 공정해야 한다는 집단적 의식에서 비롯된 것이다.

(1) 조○ 전 법무부 장관 자녀 입시 비리

조○ 전 법무부 장관의 딸 조○은 부산대 의학전문대학원 입시에 위조된 인턴 수료증 등 허위 서류를 제출해 합격했다. 국민 여론이 들끓었고, 결국 입학이 취소되면서 의사 면허를 자진 반납했다..

이 사건은 조국 후보자의 인사 검증 과정에서 드러났으며, 부부가 사문서 위조 및 입시 비리 혐의로 실형을 선고받았다. 서울대 형법 교수이자 차기 대선 주자로 거론되던 조 전 장관은 입시 비리와 여타 범죄 연루로 정치적·도덕적 타격을 받았다.

(2) 정○영 보건복지부 장관 후보자 자녀 의대 편입 논란

윤석열 정부 초대 보건복지부 장관 후보자로 지명된 정○○은 자녀 두 명이 자신이 병원장으로 있던 경북대 의대에 편입한 사실이 드러났다. 정 후보자는 정당성을 주장했지만, 국민은 '아빠 찬스'를 의심했다. 법적 으로 문제는 없었으나, 국민 정서상 용납되기 어려웠다. 결국, 그는 후보직에서 낙마했다. 한국에서 대학 입시는 절대적 관심사이며, 시험의 공정성은 중요한 가치다. 부모의 지위나 재력이 영향을 미친다면 국민은 분노한다.

3) 반일(反日) 정서법 – 한국콜마 회장 사퇴 사건

한국콜마 회장은 직원 조회 시간에 일본의 수출 규제 조치로 한·일 간의 갈등이 심화되던 시기에 반일 감정이 커지는 상황을 비판하는 내용이 담긴 영상을 상영했다. 일부 직원이 이를 외부에 제보하자, 반일 정서에 기반한 불매운동이 확산되었다.

결국, 회장은 사퇴했다. 그는 실정법을 어기지 않았지만, 정치적 성향이 다른 직원들에게 반감을 샀고, 국민 정서에 의해 퇴진당했다.

공기업도 아닌 사기업에서 최고경영자가 자신의 철학을 공유하지 못하는 현실이 되었다. 직원이 회사 방침이 마음에 들지 않으면 회사를 떠나면 되지만, 반일 정서법이 이를 뒤집었다.

4) 부동산 투기와 국민정서법

정치인, 고위공직자, 지도층 인사의 투기성 부동산 거래에 대한 국민 정서는 매우 냉혹하다. 실거주 목적이거나 사업을 위한 부동산 취득은 문제가 되지 않지만, 투기 목적으로 부동산을 매입해 차익을 노리는 행위는 강한 비판을 받는다. 특히, 개발 정보를 사전에 입수해 저가로 매입 후 고가에 매각하는 투기나, 전세를 끼고 대량으로 매입한 후 차익을 노리는 '갭투기'가 대표적이다.

이런 투기는 정작 집이 필요한 사람이나 생산에 공여할 농지나 공장의 용지를 구입하고자 할 때에 투기꾼들이 기회를 뺏는 경우가 될 수도 있고, 이런 투기의 부동산은 단지 소유만 하고 있을 뿐이며 타인에게 기여하지 못하는 투자이다.

이런 투기를 방치하고 사회적 비난이 없으면 부동산의 가수요가 지가를 높이게 하고 불로소득을 노리는 투기꾼이 성하여 한탕주의 사회를 만들 수 있기 때문에 특히 고위직이나 선출직에 엄격한 비난의 정서가 발동한다. 이런 국민적 정서에 걸려 정치인, 고위공직자 후보가 탈락되는 예가 많았다.

5) 취업·채용 특혜에 대한 국민정서법

강원랜드가 최○집 전 강원랜드 사장, 염○열 전 의원 등이 연루된 사건으로 정치권 인사들의 청탁을 받아 직원 518명을 부정 채용한 사건이 있었다.

이러한 사례들은 정치적, 사회적으로 큰 논란을 불러일으켰으며, 이후 공기업 및 금융권에서 채용 절차의 투명성을 강화하는 계기가 되었다. 특혜 채용 문제는 현재도 지속적으로 감시와 논란의 대상이 되고 있다.

특혜채용은 제3의 지원자에 대한 기회 박탈이기 때문에 국민 정서는 엄정하다. 김○태 전 국회의원이 딸의 KT 특혜채용을 청탁한 혐의로 기소되어 재판에 넘겨져 대법원에서 최종 유죄 판결을 받았다. 김 의원의 딸은 지원 마감 기간을 훨씬 지나 서류를 제출했고, 더구나 인성, 적성검사에서 떨어졌는데도 최종 합격한 것이다.

6) 마약 사범에 대한 국민정서법

우리 사회에서는 연예인이나 유명인이 마약을 하거나 비도덕적인 행위를 저질렀을 경우, 법적으로 처벌을 받더라도 일정 기간 동안 방송 활동이나 연예계 복귀를 자제하는 것이 일종의 불문율처럼 여겨진다. 이는 명시된 법률에 근거한 제재는 아니지만, 대중의 정서와 사회적 분위기를 반영한 '국민정서법'이 비공식적으로 작동하고 있는 것이다.

특히 마약 범죄는 중독성과 재범률이 높고 사회에 미치는 악영향도 커서, 단순히 개인의 일탈로 보기 어렵다는 인식이 강하다. 이러한 범죄를 저지른 유명인이 곧바로 미디어에 등장하거나 활동을 재개할 경우, 국민은 공정성과 책임에 대한 사회적 기준이 무너졌다고 느낀다. 그렇기 때문에 일정 기간의 자숙과 반성, 숙려의 시간이 필요하다는 사회적 합의가 형성된 것이다.

7) 부모를 연좌시키는 국민정서법

자녀의 범죄나 비행이 부모의 공직 수행이나 선출직 출마에 영향을 미치는 경우도 많다.

우리 헌법 제13조 3항 "모든 국민은 자기의 행위가 아닌 친족의 행위로 인하여 불이익한 처우를 받지 아니한다"라고 하여 연좌제를 금지하고 있지만 국민 정서적으로는 연좌제가 계속되고 있다. 1894년 조선 시대 때 완전히 폐지되었던 연좌제(緣坐制)는 1961년 5월 16일 군사정권 직후인 7월에 부활했다.

홍○욱 전 의원은 아들의 마약 투약 사건으로 정치 복귀가 좌절되었다. 홍순신 국가수사본부장은 아들의 학폭 논란으로 임명 직후 사퇴했다. 김성희 대통령 의전비서관도 아들의 학폭 논란으로 사임했다. 배구 선수 이재영·이다영 자매는 학폭 논란으로 국내에서 선수 생활이 어려워져 해외로 나갔다. 이처럼 국민 정서는 부모가 자녀 교육에 책임이 있다고 보며, 특히 지도층 인사의 경우 더욱 엄격한 기준을 적용한다.

8) 추모일과 국가적 재난에 대한 국민정서법

국가적 추모일이나 대형 재난 발생 시, 정치인과 고위공직자가 골프나 유흥을 즐기면 국민적 비난을 받는다. 이해○ 전 국무총리는 3.1절에 골프를 쳐서 질타를 받았다. 홍○표 대구시장은 전국적 수해 재난 중 골프를 쳐서 비판받았다. 5.18 민주화운동 전야에는 광주 중심가에서

민주화운동 지도자급 인사들이 유흥주점에서 술자리를 가져 논란이 되었다. 노래방 출입조차 비판받은 고위공직자도 있었다.

이러한 사례들은 법으로 규제할 수 없지만, 국민정서상 지도층 인사의 행동에 엄격한 잣대를 들이대는 문화에서 비롯된다.

9) 국민정서법이 중요한 이유

한국 사회에서 '국민정서법'은 단순한 여론이 아니라, 법과 제도의 사각지대를 메우는 강력한 사회적 규범으로 작용하고 있다. 특히 한국인은 "가난은 참아도 불공정은 못 참는다"는 정서를 지니고 있으며, 사회 지도층이 법의 테두리를 교묘하게 벗어나 병역 면제, 입시 비리, 스펙 품앗이, 특혜채용, 성적 조작 등을 일삼는 행태에 대해 강한 분노와 반감을 느낀다. 이는 단순한 질투나 박탈감이 아니라, 공정이라는 사회적 기준이 훼손됐을 때 나타나는 정당한 감정의 표현이기도 하다.

실제로 국민 정서는 많은 경우, 사회가 어떤 방향으로 나아가야 하는지를 가리키는 나침반 역할을 한다. 또한 제도와 현실 사이의 간극을 메우는 하나의 사회적 감시 장치이기도 하다.

하지만 국민 정서가 항상 옳은 방향으로 작동하는 것은 아니다. 외국 자본에 대한 무조건적인 배척, 대기업에 대한 과도한 질시, 혹은 특정 이슈에 대한 감정적인 몰아가기처럼 때로는 비이성적이고 편향된 형태로 나타나기도 한다. 이럴 경우, 국민 정서는 공정함보다는 감정적 처벌로 흐를 위험도 있다.

그럼에도 불구하고, 국민 정서는 한국 사회에서 단순한 감정이 아니라,

공동체 구성원들이 공유하는 '상식'과 '도덕 기준'의 총합으로 볼 수 있으며, 이는 법이 다루지 못하는 부분을 보완하고 사회 전체의 윤리 수준을 일정하게 유지하는 데 중요한 역할을 한다. 결국, 국민 정서는 법보다 앞선 '사회적 정의'에 대한 감수성이며, 이를 무시하거나 얕잡아보는 순간 공인·기업·기관 모두 국민의 신뢰를 잃게 된다.

8. 권력을 쥐면 착각에 빠진다 (완장을 차면 설친다)

"완장을 차면 사람이 변한다"는 말을 자주 듣는다.

완장(腕章)은 신분이나 지위를 나타내기 위해 팔에 두르는 표장이지만, 그 본래 목적을 벗어나 권한을 남용하는 경우가 많다. 즉, 정당한 기준이나 명분 없이 권력을 휘두르는 행위를 뜻하는 속어로도 사용된다.

권력이 손에 들어오면 그 힘을 휘두르고 싶어지는 것이 인간의 본능이다. 마치 칼을 손에 쥐면 무엇이든 찔러보고 싶어지는 것과 같다. 결국, 권력 주변에는 수준 낮은 인간들이 완장을 차고 설치다가 크고 작은 사고를 치게 마련이다.

1) 청와대 어공들의 완장 권력 남용

북방한계선을 넘어온 북한 선박을 나포하지 말고 쫓아내라는 지시를 내렸음에도 불구하고, 이를 따르지 않고 나포했다는 이유로, 청와대 민정수석실 행정관이 합참의장을 4시간 동안 조사한 사건이 있었다.

이는 일개 행정관이 군 서열 1위의 지휘관을 조사한 것으로, 군의 위계질서를 무너뜨린 것은 물론이고, 군 통수권과 무관한 청와대 민정수석실 행정관이 군 지휘 체계를 간섭한 행위였다. 어쩌다 공무원이 된 사람이 청와대라는 권력의 완장을 차고 군 최고 지휘관을 조사하는 상황이 벌어진 것인가?. 당한 사람 입장에서는 참담하기 이를 데 없는 일이었을 것이다.

"어제의 수상도 자리에서 물러나면 한 명의 평범한 영국 국민일 뿐"이라는 모리스 맥밀런(Maurice Macmillan)의 말을 되새겨야 할 때다.

2) 국회의원의 완장 - 방자한 특권 의식

국회의원 배지를 달면, 죄를 지어 검찰 소환에 응하는 것도 자신의 입맛대로 하며, 국회 회의 출석 여부도 마음대로 정하는 경우가 허다하다. 책임을 져야 할 순간에는 뒤로 빠지는 일이 반복되면서도, 국민 혈세로 입법 활동을 하라고 186개의 특혜를 제공받고 있다.

하지만 여전히 '결석왕', '특권왕'이 넘쳐나는 현실이다. 이런 자들을 계속 뽑아주는 국민도 문제라는 비판이 나오는 이유다.

국회의원의 권한을 이용해, 피감기관에 각종 청탁을 일삼고, 입법 청탁을 받고 금품을 수수하다가 결국 감옥에 가는 사례도 적지 않다. 어떤 의원은 사법부에서 국회 파견 판사를 자기 집무실로 불러 지인의 재판 감형을 요청했고, 어떤 의원은 공항에서 탑승 규정을 무시하며 갑질을 일삼았다. 또한, 한 의원은 부친의 독립유공자 훈장을 받기 위해 보훈처장을 6차례나 집무실로 불러 압박을 가하기도 했다.

국회의원의 오만한 태도 - 법사위원 J 의원 사례

국회의 J 법사위원은 국회의원으로서 자질을 의심할 정도로 경거망동한 태도를 보였다. 그는 전 국방부 장관과 해병대 사단장 등을 청문회

증인으로 불러놓고, "수사 중인 사건이라 답변할 수 없다"고 하자 "어디서 그런 버릇을 배웠느냐", "토 달지 말고 사과하라"는 식의 고압적인 태도를 보였다.

장관에게는 "가훈이 정직하지 말자인가", "또 끼어드느냐, 퇴장하라", "반성하고 들어오라" 등의 발언을 했고, 이○원 증인에게는 "이름처럼 시원하게 답변하라"는 말장난까지 했다.

박○○의원은 "한 발 들고, 두 손 들고 서 있으라"며 조롱하기까지 했다. 국가를 위해 목숨을 바쳐야 할 군 장성들 앞에서, 국회의원이란 이유만으로 갑질하며 인격을 모독하는 모습은 국민에게 깊은 허탈감을 안겨주었다.

권력은 특권이 아니라 책임이다.

국민이 준 국회의원의 권한을 자신이 가진 천부적인 권리인 양 착각하고, 특권을 누리는 수단으로 사용하는 행태는 반드시 바로잡아야 한다. 법을 무시하며 권력을 남용하는 자들은 법적 심판을 받아야 하며, 선거를 통해 국민이 준엄한 평가를 내려야 한다. 수신제가(修身齊家)도 안 된 자들에게 치국(治國)이라는 과분한 임무를 맡겼으니, 문제가 계속 터지는 것도 이상한 일이 아니다.

이제라도 국민이 현명한 선택을 해야 할 때다.

3) 금융 황제 완장

재벌 개혁과 대기업 조사를 담당하는 공정거래위원장이 자신이 다니던 사찰에 10억 원을 기부하도록 대기업에 압력을 행사한 사건이 있었다. 또한, 대기업들에게 공정위 간부 퇴직자를 위한 전용 보직을 만들도록 강요하고, 이를 마치 대물림하듯 후배들에게 넘기는 관행도 이루어졌다.

공정거래위원회는 불공정 거래를 단속하는 기관으로, 기업들에게는 '저승사자' 같은 존재로 여겨진다. 그러나 현실에서는 공정은 사라지고, 거래만 남았다는 비판이 나올 정도로 권력을 남용하는 경우가 많았다.

4) 금융감독원의 완장 권력

금융감독원은 금융권에서 '검사와 판사'의 역할을 동시에 수행하는 강력한 권한을 가진 기관이다. 이런 막강한 권력으로 인해 피감 금융사(감독 대상인 금융회사)들은 퇴직한 금감원 직원들을 위한 안식처가 되었다는 말까지 나온다.

실제로 국내 12개 시중은행 중 10곳에서 금감원 퇴직자가 감사위원으로 활동하며, 금융사의 '방패막이' 역할을 하고 있다. 이들은 '금피아(금감원 + 마피아)'라고 불리며, 금융권과 감독기관 사이의 유착 문제가 끊임없이 제기되고 있다.

5) 정권이 공직에 완장을 채우는 방법

권력을 손에 쥐면 으스대고 우쭐거리기를 좋아하는 성향의 사람이 많다. 이를 이용해 공적 직급을 5계급 정도 특별 승진시켜 책임자 자리를 맡기면, 그들은 자신의 권력을 유지하기 위해 충성스러운 충견이 된다.

시쳇말로 '세파트(세퍼드) 질을 잘한다'는 표현이 딱 들어맞는다. 즉,

권력을 주면 물불 가리지 않고 상부에 보답하기 위해 설쳐대는 존재가 된다는 것이다.

공산주의 정권에서는 머슴들에게 인민위원장 완장을 채우고 주인을 숙청하도록 하거나, 면사무소의 서기에게 완장을 채우고 면장을 반동분자로 몰아 처형하게 했다. 소작농에게 지주를 때려잡도록 시키는 행태도 이러한 권력 남용의 대표적인 사례다.

민주주의 국가에서도 이와 유사한 방식으로 권력이 완장을 채워준다. 지방법원장을 사법부 수장으로 만들어 사법 농단을 시도하고, 부장검사를 검찰총장으로 임명해 검찰권을 장악하며, 헌법재판소의 일개 연구관을 일약 고위공직자범죄수사처장으로 임명하는 등의 사례가 반복되고 있다.

이처럼 과분한 자리에 벼락출세시켜주면, 임명권자에게 충성을 다하기 위해 세파트 역할을 충실히 수행하는 경향이 있다. 이는 권력자들이 완장을 활용하는 대표적인 방식이며, 반복적으로 학습된 결과이기도 하다.

6) 완장 찬 건설노조

건설노조의 도를 넘은 갑질 행태는 더 이상 예외적인 일이 아니다. 공사현장을 막아선 채 "우리 조합원부터 먼저 고용하라"며 떼로 몰려가 협박을 일삼고, 이를 견디다 못한 시공사는 결국 수천만 원씩 바쳐가며 문제를 해결하는 일이 반복되고 있다.

채용 요구를 무시하면 공사장은 멈춰 서기 일쑤고, 현장에서 스피커를 들고 욕설과 고성을 질러대는 행위는 기본이 되었다. 심지어 "불법 외국인 노동자를 잡겠다"며 아무런 권한도 없는 이들이 공사장 앞에서 신분증 검사를 하는 일까지 벌어지고 있다.

한 건설사 관계자는 "건설 현장에서 모든 법을 100% 준수하는 것은 현실적으로 불가능하다"며, "노조는 이를 악랄하게 악용하고 있다"고 토로했다.

이런 상황을 보면, 과거 어느 정치인이 했던 "노조가 죽어야 청년이 산다"는 말이 새삼스럽게 떠오를 수밖에 없다.

9. 치욕을 교훈으로 삼지 못한다 (꼭 망해야 정신 차린다)

"치욕의 역사를 잊은 국민에게 미래는 없다."

이 말처럼, 우리는 수많은 역사적 치욕을 겪고도 그것을 제대로 교훈으로 삼지 못하는 경우가 많다.

임진왜란, 병자호란, 일제강점기 36년, 6.25 남침 전쟁 같은 역사적 참화뿐만 아니라, 삼풍백화점 붕괴, 성수대교 추락, IMF 외환위기, 세월호 참사, 이태원 참사 같은 비극적인 사건도 반복해서 겪었다. 그러나 그러한 치욕과 재난을 겪고도 사전에 대비하지 않는 안일한 태도가 여전하다.

돌이켜 보면, 꼭 큰 사고가 터지고 나서야 정신을 차리는 것이 우리의 정치 현실이었다. 지금도 계속되는 극단적인 정치 투쟁을 보면, 과연 우리는 정말로 변한 것이 있는지 의문이 든다. 이런 식으로 가다가 또다시 나라가 위기에 빠지는 것은 아닐까? 국민은 그저 걱정스러울 뿐이다.

1) 아우슈비츠 수용소가 전하는 교훈

나치가 유대인을 대학살 하기 위해 만들었던 폴란드 아우슈비츠 강제 수용소에는 당시의 참상을 보여주는 전시관이 지금도 남아 있다. 전시관에는 유대인들이 가지고 온 이름이 쓰인 가죽가방, 옷, 신발, 목발, 의족,

안경, 머리카락으로 짠 매트, 여성의 머리카락 등이 보존되어 있다. 또한, 한 통에 400명을 독살시킬 수 있는 독가스실도 남아 있어 당시의 잔혹함을 그대로 전하고 있다.

이곳에서 처형된 사람들은 유대인뿐만 아니라 로마인, 옛 소련군 포로, 정신질환을 앓는 장애인, 동성애자, 그리고 나치즘에 반대한 사람들이었다. 1945년 기준으로 약 400만 명(유럽 전체 유대인의 80%)이 이곳에서 학살당한 것으로 추정된다. 하지만 정확한 숫자는 지금도 알 수 없다.

전시관 4동의 벽에는 철학자 조지 산타야나(George Santayana, 1863~1952)의 금언이 새겨져 있다.

"과거를 기억하지 않는 자들은 과거의 잘못을 반복할 수밖에 없다."

"The one who does not remember history is bound to live through it again."

이는 "과거의 역사를 모르는 민족은 미래가 없다"는 경고이자, 우리 민족이 반드시 가슴에 새겨야 할 금언이다.

필자는 유대인의 학살 현장인 아우슈비츠 수용소와 난징 대학살의 현장에서 쌓여 있는 수많은 유골을 보며, 인간이 어떻게 이렇게 잔인할 수 있는지 깊이 생각하게 되었다.

"다시는 이런 비극이 인류 역사에 되풀이되지 않도록 해야 한다."

2) 난징 대학살 기념관의 교훈

제2차 세계대전 당시, 일본군이 중국 난징(南京)을 침공하여 30만 명을 학살한 사건이 있었다. 난징 시내에 있는 난징 대학살 기념관에는 이러한 문구가 걸려 있다.

"전사불망 후사지사(前事不忘 後事之師)"

"앞일을 기억하여 뒷일의 사표로 삼아라."

이 문구에서 필자는 깊은 감명을 받았다. 우리 민족 역시 임진왜란, 병자호란, 을미사변, 일제강점기 36년 동안 참혹한 민족적 수난을 겪었다. 하지만 우리는 그 역사에서 제대로 교훈을 얻지 못했고, 국방을 튼튼히 하지 않은 채 당쟁으로 국론이 분열되었다. 그 결과, 전 국토가 유린당하고, 50만 명의 여성이 청나라로 끌려가는 비극을 맞이했다.

이 모든 것은 앞일을 기억하여 뒷일의 사표로 삼지 못한 결과였다.

3) 일본에 대한 극일(克日)은 반일(反日)일까?

우리가 국제사회에서 약육강식(弱肉强食)의 논리에 의해 36년간 식민지로 살았던 이유를 깊이 반추해 볼 필요가 있다. 역사적으로 약한 자가 강한 자에게 당하지 않았던 적이 있었던가? 우리 조상들은 외세의 침략에 대비하려는 노력을 충분히 기울이지 않았고, 당파 간의 분열 정치로 국력을 소모한 결과 치욕적인 식민지배를 당했다. 임진왜란을 겪고도 제대로 대비하지 않았던 점 역시 우리의 책임에서 자유로울 수 없다.

임진왜란과 정유재란을 겪은 후, 당시 일본과 명나라 간의 외교 관계, 전쟁 상황, 백성들의 생활상을 기록한 책이 서애 유성룡의 『징비록(懲毖錄)』이다. 유성룡은 조선 선조 때 영의정과 도제찰사를 지냈으며, 징비록은 단순한 회고록이 아니라 철저한 반성문이었다. '내가 지난 잘못을 징계하여 후환을 경계한다'라는 의미를 담은 이 책은 다시는 같은 실수를 반복해서는 안 된다는 경고를 남겼다. 그러나 우리는 훗날에도 이 교훈을 제대로 살리지 못했다.

극일(克日)을 이루기 위해 노력하지 않고, 지난 역사의 원한에만 매몰되어 있는 현실이 안타깝다. 우리 국민 중에는 일본에 한 번도 가본 적이 없으면서, 일본 이야기가 나오기만 하면 무조건 반일 감정을 드러내는 사람들이 있다. 그러나 막상 일본을 방문한 사람들은 일본 사회가 왜 선진국으로 발전할 수 있었는지 깨닫고, 우리가 배워야 할 점도 많다는 사실을 인정하는 경우가 많다.

포항제철 박태준 회장은 "知日克日(일본을 알고 일본을 이기자)"라는 말을 남겼다. 일본은 좋은 것은 가리지 않고 받아들이는 민족이다. 그들은 명치유신(明治維新) 시기에 서구의 선진문물을 적극적으로 받아들여 아시아에서 가장 먼저 근대화를 이뤘다.

일본의 정신을 상징하는 말 중 하나가 화혼양재(和魂洋才)이다. 이는 '일본의 전통 정신은 지키되, 지식과 기술은 서양에서 배운다'는 의미다. 일본은 철저한 질서 의식과 치밀한 계획성을 바탕으로 사회를 운영한다. 관광객을 극진히 대하는 친절(おもてなし), 철저한 위생 관리, 공공장소에서의 배려, 안전 수칙 준수, 재난 극복을 위한 협동심, 전철 안에서

백팩을 앞으로 메는 습관, 온천장에서 관광객을 배웅할 때 한 줄로 도열해 정중히 인사하는 모습 등에서 일본인의 철저한 시민의식을 엿볼 수 있다.

이러한 시민 정신을 우리도 배워야 한다. 일본을 이기기 위해서는 감정적 반일이 아니라, 그들의 강점을 배우고 우리 것으로 만들어야 한다. 지피지기(知彼知己)면 백전백승(百戰百勝)이라는 말처럼, 상대를 제대로 알아야 이길 수 있다. 힘을 키우고, 국력을 신장시킨 뒤 당당하게 일본을 욕해보자. 중국의 등소평이 말한 도광양회(韜光養晦) 역시 같은 맥락이다.

우리는 일상 속에서 기본적인 질서를 지키는 시민의식을 먼저 길러야 한다. 행사장과 캠핑장을 보면 행사가 끝난 뒤 쓰레기가 산더미처럼 쌓이는 모습을 쉽게 볼 수 있다. 쓰레기 하나 제대로 버리지 못하는 시민의식으로는 선진 문명사회로 진입하기 어려울 수밖에 없다.

일본의 정치와 역사 문제에 대해서는 우리가 비판할 부분이 많지만, 그들의 국민성에서 배울 점도 분명 존재한다. 일본은 우리와 운명적으로 이웃해 살아가야 할 나라다. 불가근 불가원(不可近 不可遠), 즉 지나치게 가깝지도 멀지도 않게 적절한 거리에서 협력하고 상생할 수 있는 지혜가 필요하다. 언제까지 지난 구원(舊怨)에만 매달려 살 수는 없지 않겠는가.

베트남을 보라. 베트남은 과거 한국이 참전한 미국과의 전쟁에서 큰 피해를 입었지만, 지금은 국익을 위해 한국과 미국의 기술과 자본을 끌어들이고 있다. 베트남은 감정적 반미, 반한(反韓)에 매몰되지 않고 실리 외교를 펼치며 경제적 성장을 도모하고 있다. 우리는 이러한 베트남의 실용주의적 외교에서 배워야 한다.

일본 역시 2차 세계대전에서 미군의 원자폭탄 투하로 히로시마(廣島)에서 16만여 명, 나가사키에서 7만여 명이 사망하여 총 23만여 명의 목숨을 잃었다. 그러나 일본은 이런 피해를 입고도 미국을 원수로 여기지 않으며, 국익을 고려한 외교 관계를 유지하고 있다. 우리도 국익을 최우선으로 고려하는 실리 외교를 펼쳐야 한다.

우리도 언제까지 과거에만 매달리고 있을 것인가. 일본과는 서로의 이익을 공유할 수 있는 이웃으로서 살아야 하며, 일본은 우리가 만만하게 생각할 나라가 아니다. 일본은 과학 부문(생리학, 물리학, 화학)에서만 24명의 노벨상 수상자를 배출했다. 과학 부문 노벨상 수상자를 한 명도 배출하지 못한 한국으로서는 부러운 일이다. 세계가 찬사를 보내는 일본의 과학기술 저력 앞에 한국의 현실은 초라하다. 한국은 세계 10위권 경제 대국이자 2023년 국내 총생산(GDP) 대비 연구개발(R&D) 투자 비율이 이스라엘에 이어 세계 2위(4.96%)이지만 투자 금액으로는 일본보다 훨씬 적다.

정부와 과학기술계가 기초과학의 중요성을 인식하고 집중적으로 연구를 시작한 지 10여 년이 지났지만, 연구비 나눠 먹기 관행이 여전하고 단기 실적을 중시하는 풍토 때문에 과학자들이 한 분야에 몰입하기 힘든 구조다. 세계 최고 수준인 일본의 기초과학은 제조업 강국의 근본이 되고 있다. 이제는 힘을 모아도 부족한 상황인데, 정치권이 반일 감정을 부추기며 국민을 국내 정치에 이용하려는 생각은 버려야 한다.

10. 결정적인 순간에는 지연, 혈연, 학연이 작동한다

한국 사회에서 지연(地緣), 혈연(血緣), 학연(學緣)은 중요한 의사 결정에 영향을 미치는 요인으로 작용해왔다. 특히 선거와 같은 중요한 순간에는 이러한 연줄이 더욱 강하게 작동하며, 때로는 합리적 판단보다 정서적 연대가 우선시되는 경향이 있다.

1) 선거에서 드러난 지역감정과 연줄 정치

1969년 10월 12일, 3선 개헌안 국민투표를 앞두고 당시 야당이었던 신민당은 광주공원에서 4만여 명의 청중이 모인 가운데 3선 개헌 반대 유세를 열었다. 이 자리에서 신민당의 주요 인사들은 "영남지방은 고속도로까지 개설하는 정부가 호남선은 복선마저 제대로 하지 않고 푸대접하고 있다"며 호남 푸대접론을 주장했다.

1971년 4월 대통령 선거 당시, 이효상 국회의장은 "경상도 대통령을 뽑지 않으면 우리 영남인은 개밥에 도토리가 된다"는 발언을 하며 지역감정을 자극했다. 박정희 지지 연설에서는 "경상도 사람 중에서 박 대통령을 안 찍는 자는 미친놈이다"라고까지 언급했다.

1992년 14대 대통령 선거를 앞두고, 김영삼 후보를 당선시키기 위해 김기춘 법무부 장관이 '초원복집 사건'을 일으킨 것도 대표적인 예다.

당시 김기춘 장관은 부산의 주요 기관장 9명을 불러 모아 "우리가 남이가", "부산, 경남, 경북까지만 단결하면 안 되는 일이 없다", "지역감정이 유치할지 몰라도 고향 발전에는 도움이 된다"는 등의 발언을 했다.

이 사건은 특정 지역을 기반으로 한 정치적 결속을 강화하려는 대표적인 시도로 기록되었으며, 한국 정치에서 지역주의가 얼마나 깊이 자리 잡고 있는지를 보여주는 사례로 남아 있다.

2) 정치인들이 활용하는 지역주의와 선거 전략

한국의 지역주의는 단순한 지역감정 대립을 넘어서, 선거에서 정치인들이 의도적으로 이를 조장하고 활용하는 수단이 되었다. 특히 영남과 호남의 갈등이 선거판에서 극명하게 드러나며, 대다수 유권자들이 이성적 판단보다는 지역 정서에 따라 투표하는 경향이 강하다. 이런 이유로 지역주의는 '망국적 고질병'으로 불린다.

오늘날에도 선거철만 되면 지역별로 향우회(鄕友會)가 조직적으로 동원되고, 학연을 이용한 동문회 활동이 활발해진다. 이는 대통령이 당선될 경우 해당 학연·지연 출신들이 정부, 공기업 등 주요 요직을 차지할 기회가 커지기 때문이다.

실제로 김영삼 정부에서는 경남고 출신, 노태우 정부에서는 경북고 출신, 노무현 정부에서는 부산상고 출신, 이명박 정부에서는 고려대 출신이 주요 인맥을 형성하며 권력을 장악했다.

이처럼 '내 고향 사람', '내 학교 선배', '내 문중 사람'이라는 이유로 특정 인물이나 정당을 지지하는 경향이 강하며, 이는 정치뿐만 아니라 사회 전반에 걸쳐 영향을 미치고 있다.

3) 지연·학연·혈연 중심의 사회구조

한국개발연구원(KDI)의 '사회적 자본 실태조사'에 따르면, 국민 중 54.4%가 동창회에 가입해 있을 만큼 학연의 영향력이 크며, 종친회 (21.5%), 향우회(16.8%) 등의 비율도 높아 혈연과 지연 중심의 관계망이 여전히 강한 것으로 나타났다.

이는 결정적인 순간에 사람들의 판단이 논리적·합리적 근거보다는 '우리'라는 정서적 유대감에 의해 좌우될 가능성이 크다는 것을 보여준다.

4) 한국인의 '우리' 정서와 연고주의

한국인은 '우리나라, 우리끼리, 우리 가족, 우리 동네, 우리 고향, 우리 동문, 우리 동포'와 같이 '우리'라는 개념을 중요하게 여기는 민족이다. 이러한 정서는 개인에게 위안과 포근함을 제공하기도 하지만, 동시에 배타성과 집단주의를 강화하는 요인이 되기도 한다.

이러한 연고주의적 사고방식은 때로는 부정부패, 불공정 채용, 학연 ·지연 중심의 인사 관행으로 이어지기도 한다.

이제는 연(緣)의 고리에서 벗어나, 합리성과 공정성을 우선하는 사회로 나아가야 한다.

제3장

공공의식이
무너진 나라

1. 법과 제도를 악용하는 "법꾸라지"가 많은 나라

1) 제도를 악용하는 천재들의 사회

법률 지식을 악용하여 처벌을 피하거나 불리한 상황을 모면하는 사람을 "법꾸라지"(법률+미꾸라지)라고 부른다. 법조계에서는 "법비(法匪)"라고도 하며, 이는 법을 이용해 사익을 챙기고 정의를 왜곡하는 자들을 뜻하는 신조어다.

법꾸라지는 자신의 이익을 위해 법을 기교적으로 활용하는 행태를 보인다. 이를 "기교사법(機巧司法)"이라고 하며, 이는 법리를 끼워 맞춰 원하는 결과를 얻는 방식을 의미한다. 법꾸라지, 법비, 기교사법 모두 법을 악용하는 고등 사기꾼을 가리킨다는 점에서 본질적으로 동일하다.

과거에는 법꾸라지라고 하면 검찰이나 검찰 출신 고위공직자를 떠올리는 경우가 많았으나, 사법 농단 사건을 통해 판사들 또한 예외가 아니라는 점이 드러났다.

법꾸라지들은 법의 취지를 무색하게 만들면서도, 법적으로는 문제가 없다는 논리를 내세워 사회 정의를 훼손하고 있다.

정부가 사회적 약자를 위해 다양한 아파트 특별공급 제도를 도입하자, 마치 막장 드라마에서나 나올 법한 황당한 사건들이 발생했다.

경기도 특별사법경찰의 수사 결과, 부정한 방법으로 아파트에 당첨된 171명이 적발되었으며, 이 중 169명은 임신진단서를 위조하거나, 대리 산모를 내세우거나, 임신진단서 제출 후 낙태하는 등의 방법으로 당첨되었다. 또한, 3명은 주민등록 위장전입이나 위장결혼을 통해 부정 당첨된 혐의를 받았다.

2) 세제 혜택을 악용한 비자금 조성

일부 기업들이 종교단체나 사찰 등에 기부하면 세금 감면을 받을 수 있는 제도의 허점을 악용해, 실제로는 소액만 기부하고 거액을 기부한 것처럼 허위 영수증을 발급받아 비자금을 조성하는 방식으로 세제를 불법적으로 이용하고 있다. 이는 명목상 기부를 가장한 탈세와 비자금 조성이라는 이중의 문제를 안고 있으며, 종교단체와 기업 간의 유착 가능성, 그리고 기부문화에 대한 국민적 불신을 초래할 수 있다는 점에서 심각한 사회적 문제로 지적된다. 세제 혜택이라는 공익적 취지를 무력화 시키는 이러한 행태에 대해, 제도적 감시와 투명성 강화, 그리고 종교단체 에 대한 회계 감시 제도 도입 등의 근본적인 개선책이 필요하다.

3) 강제집행 면탈을 위한 재산 빼돌리기

채무자가 빚을 갚지 않기 위해 강제집행을 회피하려는 수법은 갈수록 지능화되고 다양해지고 있다. 대표적인 방법으로는 자신의 재산을 제3자에게 매도한 것처럼 서류상으로 꾸미거나, 실질적으로는 소유권을 유지한 채 타인 명의로 등기를 이전해 놓는 방식이 있다. 또한 근저당권을 인위적으로 설정하거나, 가등기를 이용해 재산을 제약된 상태로 만들어 법적 압류를 어렵게 만들기도 한다.

더 나아가 일부 채무자들은 가족이나 친인척과 짜고 위장이혼을 감행한 뒤, 재산을 배우자에게 이전하는 방식으로 강제집행을 피하려는 시도도 한다. 이러한 행위는 명백히 강제집행을 면탈하려는 목적의 재산 은닉에 해당하며, 법적으로도 불법행위로 간주된다.

이처럼 고의적으로 재산을 빼돌리는 행위는 단순한 민사상의 채무 회피를 넘어 형사처벌의 대상이 될 수 있다.

4) 공공입찰을 악용한 '쪼개기 납품'

공공기관 납품 계약에서 1,000만 원 이하의 금액은 별도의 입찰 절차 없이 수의계약이 가능하다는 점을 악용해, 실제 납품 금액을 인위적으로 나눠 여러 건으로 쪼개 계약을 체결하는 이른바 '쪼개기 납품' 사례가 빈번하게 발생하고 있다.

이 방식은 경쟁 입찰을 회피하고 특정 업체와 유리한 조건으로 계약을 맺기 위한 수단으로 활용되며, 공정한 경쟁 질서를 훼손하고 예산 집행의 투명성을 떨어뜨리는 원인이 된다.

일부 기관에서는 감독·점검이 느슨한 점을 악용해 반복적으로 특정 업체에 계약을 몰아주는 사례도 있으며, 형식상으로는 문제없어 보이지만 실질적으로는 편법 계약이라는 비판을 피하기 어렵다. 이 같은 제도 악용은 소규모 계약의 효율성을 높이기 위한 수의계약 제도의 본래 취지를 왜곡시키고, 예산 낭비와 부정청탁, 부패 가능성으로까지 이어질 수 있어 제도 개선과 철저한 관리·감독이 요구된다.

5) 정부 지원금을 더 많이 받기 위한 '유령 직원' 채용

청년 창업가들은 정부의 창업 지원금을 더 많이 받기 위해 '유령 직원'을 고용하는 편법을 사용하고 있다.

정부는 창업 지원 과정에서 "단신 창업"보다 "팀 창업"을 우대하는 제도를 운영하고 있다. 이에 따라 실제 근무하지도 않는 친구나 지인을 팀원으로 등록하여 '유령 직원'을 추가하는 방식으로 지원금을 늘리는 사례가 증가하고 있다.

심지어 창업가들 사이에서는 "유령 직원 안 쓰면 바보"라는 말까지 나올 정도로 정부 지원 제도를 악용하는 현상이 만연해 있다.

6) 학군을 이용한 위장전입

입학 학군 기준에 따라 취학 지역이 결정되자, 일부 학부모들은 지인의 주소지나 기숙사로 위장전입하여 학군이 좋은 지역으로 자녀를 입학시키는 편법을 사용하고 있다.

이러한 위장전입 행위는 국회 청문회 과정에서 장관, 대법관 등 고위공직자들도 연루되었음이 드러났다. 사회 지도층조차 법을 위반하며 자신의 자녀에게만 유리한 편법을 쓰는 이기적인 행태에 국민은 실망하고 있다.

위에서 열거한 사례들 외에도 법을 악용하는 사례는 끝이 없다. 특히, 법을 잘 아는 변호사, 법조인, 법학 교수, 행정 관료들이 제도를 악용하는 파렴치한 행태는 더욱 개탄스럽다.

아무리 법망을 촘촘히 만들어도 이를 교묘히 빠져나가는 법꾸라지들은 막을 방법이 없다. 예로부터 "지킬 사람 열이 도둑 하나를 못 당한다"(十人守之 一賊不能當)는 말이 있듯이, 제도를 악용하는 일부의 행태가 사회 전체를 병들게 하고 있다.

2. 집단 '떼법'이 통하는 나라

우리 사회에서 법 적용을 무시하고 집단적으로 억지를 부리는 행위나, 불법시위를 통해 원하는 것을 얻으려는 행태를 '떼법'이라고 부른다. 이는 사전에 없는 신조어로, 집단의 힘에 의존해 민원을 해결하려는 사회적 현상을 빗댄 표현이다.

'떼법'의 대표적인 사례로는 처벌 대상이 되지 않는 특정인의 행동을 법적으로 처벌하려는 여론 조성이나, 반대로 처벌받아야 할 행위를 감싸서 법적 책임을 면제하려는 경우 등이 있다. 이러한 행태는 법의 준엄함을 훼손하는 동시에, "헌법 위에 떼법이 있다"는 말이 나올 정도로 감정이 실정법을 앞서는 현상을 초래한다.

물론, 시대 변화에 따라 일부 떼법은 사라졌지만, 여전히 집단 이기주의와 법질서 무시의 사례가 다수 존재한다. 시위와 불법 점거가 일상화되면서 "을의 반격인가, 떼법의 시대인가"라는 논란도 발생하고 있다. 이익단체들은 약자라는 감성을 앞세워 법과 원칙보다 숫자로 문제를 해결하려는 경향을 보이고 있다.

1) 법 위에 군림하려는 노조의 불법 시위와 파업

한국 사회의 노사 문제는 여전히 대화와 타협보다는 대립과 강경 투쟁에 의해 해결되는 경우가 많다. 근로자의 권익 보호는 헌법이 보장한 정당한 권리이며, 노동조합의 결성과 파업은 민주주의의 중요한 요소다. 그러나 일부 노조는 이 같은 권리를 빌미로 법적 절차와 사회적 책임을 무시한 채, 불법 점거, 불법 파업, 업무방해, 심지어는 폭력적인 시위까지 감행하며 사회적 갈등을 유발하고 있다.

정상적인 노사 문화는 기업과 노동자 간의 대화를 통해 임금과 근로 조건을 조정하고, 상호 존중 속에서 문제를 해결하는 것이다. 하지만 일부 강성 노조는 협상 과정 없이 일방적인 요구를 관철하려 하며, 이를 관철하기 위해 공장을 점거하거나 도로, 공공시설을 불법적으로 차단하는 등의 극단적인 방식에 의존하는 경우가 반복되고 있다. 이로 인해 국민들은 출퇴근과 일상생활에 직접적인 불편을 겪고, 기업 활동 역시 중단되어 큰 피해를 입는다.

더 큰 문제는 이러한 행위들이 법 위반임에도 불구하고 법적 제재가 미비하거나 느슨하다는 점이다. 노조의 불법 파업과 시위에 대해 경찰과 정부는 정치적 부담을 의식해 단호한 대응을 하지 못하는 경우가 많고, 이로 인해 법치가 흔들리고 있다는 국민의 우려도 커지고 있다.

노동자의 권리 보호는 당연히 중요하지만, 권리는 책임과 균형을 전제로 해야 한다. 기업이 있어야 노동자도 존재할 수 있고, 노동자가 있어야 기업도 지속 가능하다는 상호 의존의 원칙을 망각한 채, 일방적인 투쟁으로만 문제를 해결하려는 태도는 사회 전체에 부담을 줄 수밖에 없다.

해마다 반복되는 불법 파업과 시위는 국민들에게 피로감과 불신을 안기며, 정당한 노조 활동마저도 부정적으로 보이게 만든다. 이제는 노사 모두가 법과 원칙 안에서 소통하고, 사회 전체의 이익을 고려하는 성숙한 협력 문화를 만들어가야 한다.

2) 합법적 인허가도 주민 떼법에 밀린다

정당한 법적 절차를 거쳐 유관기관의 심의를 받고 인허가를 받은 사업조차도 주민들의 집단적인 반대 시위와 민원 제기로 무산되는 사례가 많다.

허가청은 합법적으로 허가를 내줬음에도 불구하고 주민들의 반발이 심하면 허가권을 보장하지 못하고 사업 진행을 중단시키는 우유부단한 태도를 보이고 있다.

이는 "떼를 쓰면 원하는 것을 얻을 수 있다"는 학습 효과를 조장하며, 더 많은 사람들이 떼법을 악용하는 사례로 이어지고 있다.

3) 사법 판단에도 떼법을 적용하려는 시도

최근에는 법원의 판단마저도 여론몰이를 통해 바꾸려는 행태가 나타나고 있다.

구속영장 심사를 앞둔 법원 앞에서 구속 촉구 시위를 벌이거나, 재판 과정에서 특정인에게 강한 처벌을 요구하며 법관을 압박하는 시위를 벌이는 사례가 증가하고 있다.

또한, 법원이 무죄 판결을 내리거나 구속영장을 기각하면 즉시 해당 판사를 향해 비난 여론을 조성하는 행태도 문제로 지적된다. 이는 사법부의 독립성을 훼손하고, 군중의 힘으로 판결을 좌우하려는 후진적 행태로, 결코 바람직한 문화가 아니다.

4) 공무원 사회에도 확산되는 떼법 문화

소위 '떼법'이라 불리는 집단적 투쟁 문화가 이제는 민간 영역을 넘어 공무원 사회에도 확산되고 있다. 최근 전국공무원노동조합이 임금 인상 이나 처우 개선 등을 요구하며 집단행동에 나서는 사례가 잇따르면서, 국가공무원법 제55조에 명시된 헌법과 법령 준수, 국민에 대한 봉사 의무가 과연 제대로 이행되고 있는지에 대한 우려의 목소리가 커지고 있다.

공무원은 법적으로 정치적 중립성과 공공성을 요구받는 위치에 있으 며, 국민 전체에 대한 봉사자로서 공정하고 일관된 행정을 수행할 책무를 지닌다. 그럼에도 불구하고 일부 공무원 단체가 조직적인 힘을 통해 자신들의 집단적 이익을 관철하려는 태도를 보이는 것은 본연의 공직윤 리를 훼손하는 중대한 문제로 지적된다.

특히 행정의 중립성과 국민 전체에 대한 봉사의 원칙이 훼손될 경우, 이는 단순한 내부 갈등을 넘어 사회 전체의 신뢰 기반을 약화시키는 결과를 초래할 수 있다. 공무원 집단의 집단행동이 법적 경계를 넘어서게 되면, 그 자체로 공공질서와 행정의 신뢰성에 심각한 영향을 줄 수 있다는 점에서 엄정한 기준과 자성이 요구된다.

5) 국회에서도 떼법이 만들어진다

입법기관인 국회조차도 여론몰이나 특정 집단의 압력에 따라 법을 제정하는 사례가 적지 않다. 정치권은 유권자의 표심을 의식해 선심성 법안, 이른바 '포퓰리즘 법안'을 무분별하게 발의하고 있으며, 이러한 흐름은 결국 법의 원칙과 형평성을 훼손하는 결과로 이어지고 있다.

특히, 국민 정서에 기대어 만들어진 법안들 중 상당수는 법체계의 일관성과 공정성을 잃고, 특정 계층이나 집단의 이익만을 대변하는 경우가 많다. 이는 법이 사회 전체의 질서를 유지하고 공동체의 이익을 보호하기 위한 공적 수단이라는 본래의 기능을 약화시키는 현상이다.

이러한 '떼법' 양산은 법치주의의 근간을 흔드는 심각한 문제로, 감정과 여론이 법을 지배하게 될 경우, 법은 사회 통합의 기준이 아니라 분열과 갈등의 도구가 될 위험이 크다. 법은 특정 순간의 감정이나 이익에 좌우되지 않고, 보편적 가치와 장기적 안목에 기반해야 한다.

결국, 법과 원칙이 아니라 여론과 정서에 의해 움직이는 입법기관은 선진 입법을 기대하기 어렵고, 그러한 환경에서는 국가의 지속 가능한 발전 또한 요원할 수밖에 없다. 법치주의의 확립은 선진사회를 위한 최소한의 조건이며, 그 출발점은 바로 국회의 책임 있는 입법 활동에서 시작되어야 한다.

6) 임대차 분쟁과 참사 보상에도 떼법이 개입

상가 임대차 분쟁과 참사 피해 보상 과정에서 비상식적인 압박 방식이 문제가 되고 있다. 일부 임차인들은 임대인의 집 앞에서 초상집 분위기의 시위를 벌이며 압박하는데, 이는 감정에 호소하는 방식으로 여론을 유도하려는 의도가 엿보인다.

참사 피해자 단체의 경우, 정부의 책임을 강조하며 장기간 추모 공간을 유지하거나, 보상과 추모 요구를 넘어 정치적 논쟁으로 이끌기도 한다.

물론 피해자들의 아픔과 추모의 필요성은 존중되어야 하지만, 이를 이유로 공공의 공간과 사회적 합의의 한계를 넘어서면 오히려 사회 갈등만 증폭시킬 수 있다.

정당한 권리를 주장하는 일과, 그것을 사회적 공감 속에서 풀어나가는 일은 분리되어야 한다. 감정적 충돌보다는 합리적인 절차와 소통이 우선되어야 하고, 특정 집단의 목소리가 모든 시민의 상식과 인내를 시험하는 방식으로 이어져서는 안 된다.

7) 마을발전기금 명목으로 금품 요구

충남 부여, 단양, 제천 등지에서는 마을 주민들이 장의차를 가로막고 마을발전기금 명목으로 통행료를 요구하는 사례가 발생했다.

부여의 경우, 처음에는 유가족에게 300만 원을 요구했다가 시간이 지나면서 실랑이가 계속되자 500만 원까지 금액을 올렸다. 결국 경찰이 개입하고 주민들이 공갈·협박 혐의로 조사를 받은 후 울며 겨자 먹기로 받은 350만 원을 반환했으며, 해당 지역 군수가 나서 대국민 사과까지 했지만, 여전히 법보다 '떼법'이 우선시되는 사회적 분위기를 보여준 사건이었다.

현재도 공장 건설 시 소음, 먼지, 악취 등을 핑계로 마을발전기금을 요구하는 사례가 지속되고 있다. 이러한 행위는 '관행'이라는 이유로 정당화되고 있으며, 불법적인 행위라는 인식조차 없는 것이 현실이다.

8) 참사도 감성팔이로 정부 책임을 부각시키는 사례

일부 단체들은 참사 이후 지나치게 오랜 기간 추모 분향소를 유지하며 정부 보상을 요구하는 경향이 있다. 국민은 슬픔 앞에 비판하기 어려운 분위기 때문에 침묵하는 사이에 이러한 요구가 쉽게 받아들여지는 경향이 있지만, 실제로는 일부 단체들이 이를 이용해 장기간 활동을 지속하며 정부에 대한 압박 수단으로 삼고 있다는 비판도 있다.

특히, 희생자의 책임 사유도 많은 참사마저도 모든 책임을 정부에 돌리고 보상을 요구하는 경우가 있으며, 몇 년씩 투쟁하며 보상이 끝난 후에야 분향소를 철거하는 사례도 있다.

이는 결국 국민의 혈세가 낭비되는 결과를 초래하며, '떼법'이 정당한 권리구제보다 더 큰 영향을 미치는 문제를 야기한다.

3. 모든 국민이 법 앞에 평등하지 않은 나라

1) 强弱 弱强, 강자에게 약하고, 약자에게 강한 법

"법은 강한 자에게 약하고, 약한 자에게 강하다"는 말은 여전히 현실이다. 법을 집행하는 판검사들이 법 앞의 평등을 침해하고 있기 때문이다. 제 식구 감싸기, 권력에 아부, 가진 자들에게 유리한 판결, 법조 카르텔, 전관예우, 재판 거래 등으로 인해 헌법 제11조 1항 '모든 국민은 법 앞에 평등하다'는 원칙이 사문화되고 있다.

한 현직 부장검사는 "검찰은 귀족 사회였다"며 "검찰 무죄, 귀족 무죄는 현실이며, 대한민국 법 체계는 참혹한 비극"이라고 밝혔다.

실제로 검찰 내부에서는 조직 보호를 위해 이중잣대를 적용하는 사례가 적지 않다. 서울남부지검 A 검사는 회식 후 동료 여검사를 성폭행했다는 혐의가 있었으나, 조용히 사표 처리를 하며 무죄로 끝났다. 부산지검 B 검사는 고소장을 분실하고 이를 조작·위조했으나, 사표를 내고 빠져나갔다. 시민단체가 고발한 후에야 기소되었다.

만약 그들이 귀족검사가 아니었다면, 경찰이나 야당 인사였다면 검찰 수뇌부에서 거짓 해명을 하면서까지 감싸며 조용히 사표 수리만 했을까?

검찰이 조직 보호를 위해 이중잣대로 수사권을 남용하고 법무부 역시 이를 제대로 지휘하지 못한다면 무소불위의 검찰은 자정 작동이 되지 않을 것이다. 일반 서민의 사건은 법대로 대가를 치르는 것이 필연적일 것이며 법 앞의 평등은 같이 향유할 수 없는 법문이 되고 마는 것이다.

검찰이 조직 보호를 위해 특권층에는 관대하고, 일반 국민에게는 엄격한 법 적용을 한다면, 법 앞의 평등은 영원히 실현될 수 없다.

2) 전관예우, 법조계의 특권 카르텔

전관 변호사를 선임한 소송 당사자가 재판에서 특혜를 받거나 유리한 판결을 받는 현상을 전관예우 또는 전관비리라고 한다.

이재용 삼성 부회장은 초호화 전관 변호사 9명을 선임했고, 김기춘 전 대통령 비서실장도 전관 변호사 8명 이상을 선임했다. 대기업 총수나 권력자들은 고위직 판·검사 출신 변호사를 선임해 거액의 수임료를 지불하고, 판결에서 유리한 결과를 얻는다.

정권 교체기마다 대기업 회장의 송사를 맡은 고위직 전관 변호인들은 100억 원대 수익을 올린다는 소문까지 나올 정도다. 이러한 전관예우가 가능한 이유는 전직 판·검사들이 현직 판·검사들과의 인맥을 활용해 판결에 영향을 미치기 때문이다.

전관예우는 상대 소송 당사자에게 불이익을 주는 명백한 범죄 행위이며, 사법정의의 적폐다. 재판을 담당하는 판사가 변호사에 따라 판결을 다르게 내린다면, 이는 법관으로서 본분을 망각한 것이며, 법을 이용한 속임수나 사기와 다를 바 없다.

3) 법적 판단이 미덥지 않다(대통령과 야당 대표 배우자의 의혹)

최근 몇 년간 정치권에서 공직자의 배우자들이 법인카드 사용, 주가조작, 부정한 금품 수수 등의 의혹으로 사회적 논란의 중심에 섰다. 김혜경 여사와 김건희 여사의 사례는 각기 다른 정당과 상황 속에서 발생했지만, 검찰의 대응과 재판부의 판결에 특정 진영이 아닌 일반 국민의 시선은 곱지 않고 석연치 않게 생각한다.

대한민국 헌법은 모든 국민이 법 앞에 평등하다고 규정하고 있다. 공직자 본인은 물론이고, 그 가족도 예외일 수 없다. 권력의 그림자 안에서 책임은 흐려지고, 책임자와 공범 사이의 경계가 흐려질 경우, 그것은 사회 전체의 신뢰를 흔들게 된다. 반대로, 정치적 이유로 당사자의 권리를 과도하게 침해해서도 안 된다.

윤석열 전 대통령과 이재명 대표 배우자의 사례

항목	김혜경 여사	김건희 여사
주요 의혹	법인카드 유용, 공직선거법 위반	도이치모터스 주가조작, 명품 가방 수수
수사/재판 결과	기소유예, 벌금 150만 원 선고 (공직선거법 위반)	도이치모터스: 불기소 / 명품 수수: 수사심의위 불기소 권고
당사자 입장	고의 없고 실무자 일탈 주장	직무 관련성 없고 대가성 없다는 입장

대한민국 사회에서 대통령과 야당 대표의 배우자에 대한 각종 의혹은

단순한 개인의 일탈을 넘어, 정치권력과 사법 시스템에 대한 국민의 신뢰를 흔드는 중대한 문제로 받아들여지고 있다.

김혜경 여사(이재명 대표의 배우자)는 법인카드 유용과 공직선거법 위반 의혹에 휩싸였고, 결국 일부 혐의는 기소유예 처리되었으며, 공직선거법 위반 혐의로는 벌금 150만 원을 선고받았다.

김건희 여사(윤석열 전 대통령의 배우자)는 도이치모터스 주가조작 연루 의혹과 명품 가방 수수 논란에 휘말렸지만, 전자는 불기소, 후자는 수사심의위원회에서 불기소를 권고받았다.

두 사람 모두 책임을 회피하거나 축소하는 입장을 보였다. 김혜경 여사는 고의성이 없었고 실무자의 일탈이었다고 해명했고, 김건희 여사는 명품 수수는 직무 관련성이나 대가성이 없었다는 입장을 고수했다. 그러나 국민의 시선은 이보다 훨씬 냉정하다. 권력자의 배우자라는 이유로 수사와 처벌의 기준이 느슨해졌다는 인식이 널리 퍼져 있으며, 일반 국민이라면 결코 쉽게 넘어갈 수 없었을 문제들이 '정치적 민감성'이라는 이름으로 처리되었다고 생각한다.

국민들은 이 두 사례를 통해 '정의는 누구에게나 평등한가'라는 질문을 다시 던지고 있다. 수사 과정에서 보인 정치권의 행태와 법적 판단은, 여야가 서로의 배우자를 공격하고 방어하는 정쟁의 도구로만 삼았다는 인상을 남겼고, 이는 오히려 정치 혐오와 무관심을 증폭시키는 결과를 낳았다.

결국 국민이 바라는 것은 특정 인물의 유·무죄를 따지는 것을 넘어, 권력의 유무에 상관없이 법이 공정하게 적용된다는 최소한의 신뢰 회복이다. 지금처럼 권력자의 가족은 보호받고, 일반 국민은 법의 엄격한 잣대를 감당해야 하는 현실이 계속된다면, 국민의 법감정과 정치에 대한 신뢰는 더욱 무너질 수밖에 없다.

4) 돈 있는 사람만 법망을 빠져나간다는 국민 인식

국민 사이에는 오래전부터 '돈이 있으면 죄를 지어도 빠져나간다'는 씁쓸한 인식이 자리 잡고 있다. 특히 재력가나 고위층 인사들이 전관 출신 변호사를 선임해 감형이나 무죄 판결을 받아내는 사례가 반복되면서, 이러한 인식은 단순한 느낌이 아니라 사실에 가까운 사회적 현실로 받아들여지고 있다.

이러한 불신은 단지 한두 건의 사례에서 비롯된 것이 아니다. 사회적으로 파장을 일으킨 많은 사건에서, 서민은 엄격한 법의 잣대를 적용받는 반면, 권력과 돈을 가진 이들은 법망을 교묘히 빠져나가거나 솜방망이 처벌에 그치는 모습을 국민은 수없이 목격해왔다. 그 결과, 법의 형평성과 공정성에 대한 국민의 신뢰는 갈수록 무너지고 있다.

헌법 제11조 1항은 "모든 국민은 법 앞에 평등하다"고 명시하고 있다. 그러나 현실에서는 이 문장이 법률 교과서 속 문구에 불과하다는 냉소적인 시선이 많다. 국민은 같은 잘못을 해도 '누구냐에 따라' 결과가 달라지는 사회, 돈이 있으면 죄가 죄가 아니게 되는 사회에 분노하고 있다.

법은 약자에게만 강하고, 강자에게는 유해서는 안 된다. 법 앞의 진정한 평등은 민주주의의 핵심 가치이며, 국민이 국가를 신뢰할 수 있는 최소한의 조건이다. 지금 이 순간에도 법 앞의 공정함을 요구하는 국민의 목소리는 계속되고 있으며, 그 싸움은 우리 사회가 진정한 정의에 다가설 수 있을 때까지 멈추지 않을 것이다.

5) 법 앞의 평등을 방해하는 주범은 경찰, 검찰, 판사

법 앞의 평등을 가장 심각하게 위협하는 건 경찰, 검찰, 사법부의 구조적인 불공정이다. 이들 기관은 정치 권력에 종속됐다는 비판을 받고 있으며, 일부 판사는 '판례기'라는 조롱까지 받는다.

첫째, 정권 실세가 연루된 사건은 수사와 재판이 반복적으로 지연되거나 흐지부지된다.

둘째, 법조계 내부의 인맥과 카르텔은 사건을 축소하거나 불기소 처분으로 마무리한다.

셋째, 유명인이나 대기업 경영진, 정치인이 연루된 비리나 선거법 위반 사건은 재판이 늦춰지고, 구속 없이 특혜를 받는 경우가 많다.

이처럼 법의 적용이 권력자와 일반인에게 다르게 나타나는 현실은 헌법이 보장한 평등 원칙을 정면으로 위배한다. 정치적 성향을 떠나, 법의 공정성과 신뢰 회복이 절실하다.

4. 돈에 공직의 영혼까지 팔고 있다

최승호 시인의 시집 『방부제가 썩는 나라』에서는 "돈에 공직의 영혼까지 팔고 있는 나라"라고 한국 사회의 부패 문제를 신랄하게 지적하고 있다. 썩으면 안 되는 기관까지 썩고 있는 현실을 비판하며, 돈이 모든 가치의 기준이 되어버린 사회의 부조리를 꼬집고 있다.

1) 공직부패(公職腐敗)는 직권을 사익에 남용하는 것

공직부패란 공무원이 직권과 행정적 영향력을 개인의 사리사욕을 위해 부당하게 행사하는 행위를 말한다. 공무원이 직권이나 행정수단, 관리 자원을 사적으로 이용하는 것 또한 부패에 해당한다. 이는 비리(非理) 또는 독직(瀆職)이라고도 하며, 부정한 돈을 받거나 특정 개인이나 단체를 위해 부정한 압력을 행사하는 행위 등을 포함한다.

부정부패는 공정한 경쟁을 방해하며, 기회를 선점하려는 편법과 공짜 심리를 조장한다. 이러한 부패가 만연하면 사회 전반에서 준법정신이 약화되고, 결국 국가는 비효율적인 시스템 속에서 쇠퇴할 수밖에 없다.

2) 한국의 부패지수 순위는?

세계 반부패운동 단체인 국제투명성기구(TI)는 2023년도 국가별 부패인식지수(CPI)를 발표했다. 한국은 100점 만점에 62점을 기록하며 180

개국 중 32위에 올랐다. 또한 경제협력개발기구(OECD) 38개국 중에서는 22위를 차지하며, 여전히 부패 청산이 미흡한 국가로 평가받았다.

클린 코리아는 아직 멀었다. OECD 사무국은 '뇌물 척결' 보고서에서 "부패는 민간부문의 생산성을 낮추고, 공공 투자를 왜곡하며, 공공 재원을 잠식한다"라고 분석했다. 즉, 부패는 단순한 도덕적 문제가 아니라 국가 경제에도 직접적인 악영향을 미치는 심각한 문제다.

3) 부패지수에 관심을 가져야 하는 이유

우리 국민은 불공정한 처사나 정의 문제에 민감하게 반응하는 경향이 있다. 이런 사회에서 부정부패는 강력한 사회 갈등의 촉매제가 된다.

부패는 공정성을 훼손하며, 사회적 갈등을 심화시킨다. 특히 소위 '갑질'로 대표되는 불공정성 문제는 한국 사회에서 휘발성이 높은 이슈로 작용하고 있으며, 이는 계층 간 갈등을 더욱 증폭시키고 있다.

정보가 실시간으로 소통되는 현대사회에서 부패가 적발되면 엄청난 파장이 일어난다. 또한, 불공정한 사회에서는 경제발전도 더디다. 정당한 노력의 대가를 보장받지 못하는 사회는 장기적으로 구성원들의 삶의 질을 떨어뜨릴 수밖에 없다.

따라서 우리는 부패지수 개선을 위해 적극적으로 노력해야 하며, 공직 윤리를 확립하고, 공정한 사회를 만들기 위한 시스템을 강화해야 한다.

4) 공직의 엄중한 사명을 사적 이익을 위해 저버린 사건들

공직부패는 국가와 국민을 위해 봉사해야 할 공무원들이 직권을 사리

사욕을 위해 남용하는 행위를 뜻한다. 군인의 군납 비리, 정치인의 청탁 비리, 교육 지도자의 인사권을 이용한 뇌물수수, 교사의 학부모에게 촌지를 받고 성적 평가를 조작하는 행위, 세관원의 밀수 방조 및 마약 유통 묵인, 세무원의 세무사를 통한 국세청 공무원 뇌물 전달, 교도관의 외부 반입 및 편의 제공, 독방 거래, 경찰과 검찰의 범죄자에게 돈을 받고 사건을 무마하거나 수사 정보를 유출하는 행위, 판사의 뇌물수수 후 재판 거래, 소방공무원의 시설 점검 시 금품 및 향응 수수 등 다양한 형태로 공직자의 부패가 발생하고 있다.

자신의 이득을 위해 국가와 국민에 충실해야 할 공직의 사명감을 잊고 직의 영혼까지 팔고 있는 자가 늘어나고 있는 것이다.

5) 대표적인 공직 부패 사건들

(1) 국군 정보사령부 군무원의 군사기밀 유출

국군 정보사령부 군무원 A 씨는 7년간 중국 정보요원에 포섭되어 군의 비밀문건을 유출하고, 차명계좌를 통해 1억 6,000만 원을 수수했다. 그는 중국 측에 총 40회에 걸쳐 4억 원을 요구하며, 더 많은 돈을 주면 추가 기밀을 넘기겠다고 흥정까지 했다.

국가안보를 위협하는 중대한 범죄로, 나라의 안전을 무시한 역적 행위라 할 수 있다.

(2) 대형 로펌 취업을 위한 군사기밀 유출 사건

전역 후 대형 로펌에 취업하려던 공군 중령이 군사기밀을 유출한 사건이 발생했다. 그는 법질서를 확립해야 할 본분을 망각하고, 군인의 청렴성을 훼손하여 결국 징역형을 선고받았다. 군사기밀 유출은 단순한 개인 비리가 아니라 국가안보를 심각하게 위협하는 범죄로, 강력한 처벌이 필요한 사안이다.

(3) 세금 감액 대가로 뇌물수수

일부 세무 공무원들이 기업이나 개인에게 세금 감면 혜택을 제공하는 대가로 뇌물을 수수하는 사례가 꾸준히 발생하고 있다. 이는 단순한 비리가 아니라, 조세 정의를 심각하게 훼손하고 국가 재정에 직접적인 손실을 초래하는 중대한 범죄다. 국민의 신뢰를 무너뜨리고 세금 제도의 공정성을 해치는 이러한 행위에 대해서는 강력한 처벌과 제도적 차단 장치가 필요하다.

(4) 관세 포탈 및 밀수 방조 후 뇌물수수

일부 세관 공무원들이 기업이나 수입업체의 관세 포탈 행위를 묵인하고, 불법 물품의 밀수를 사실상 방조한 뒤, 그 대가로 금품이나 향응을 수수하는 사건이 지속적으로 발생하고 있다.

이러한 행위는 단순한 개인 비리를 넘어, 관세 행정의 신뢰를 무너뜨리고, 정상적인 국제 무역 질서를 어지럽히는 심각한 부정부패에 해당한다. 나아가 밀수입 품목에 따라 국내 산업 보호에도 악영향을 미치고, 국가 경제 전반에 손실을 초래할 수 있는 위험 요인이다.

이러한 범죄를 근절하기 위해서는 공직자 윤리 강화, 내부 감시체계

보완, 처벌 수위의 실효성 확보가 필수적이다.

(5) 단속 정보 사전 유출 및 뇌물수수

불법 게임장 업주로부터 현금 4,000만 원을 뇌물로 받은 경찰이 수시로 단속 정보를 넘겨준 사건이 있었다. 업자들은 단속 시간을 사전에 알고 피할 수 있었으며, 경찰은 이에 대한 대가로 거액을 챙겼다.

단속 정보를 흘리고 뒷돈을 받은 경찰이 최근 5년간 30명 이상 징계를 받은 것으로 나타났다. 일부 경찰들은 불법 도박, 보이스피싱 등 범죄 수사 중 압수한 현금을 빼돌리는 등 부패 행위를 지속하고 있다.

(6) 교육계 부패 - 교육감 뇌물수수 및 입시 문제 유출

교육감 직선제가 도입된 이후, 교육의 수장으로서 청렴성을 갖춰야 할 교육감들이 뇌물과 각종 비리에 연루되는 사건이 잇따르고 있다. 실제로 금품수수, 직권남용, 정치적 이권 개입 등으로 인해 감옥에 가거나 사퇴한 교육감만 14명에 이른다. 이는 교육 행정의 신뢰를 심각하게 훼손하는 일이다.

또한, 입시 시스템에서도 중대한 부정행위가 발생했다. 과거 수능 출제에 참여한 교사가 입시학원에 문제를 유출하고, 그 대가로 수억 원을 챙긴 사건은 입시의 공정성을 뿌리째 흔들었다. 이 사건은 단지 한 개인의 일탈이 아니라, 제도의 허점과 관리 부실이 낳은 구조적 문제로 평가된다.

이처럼 공정성과 투명성이 생명인 교육 시스템이 개인의 금전적 이익

앞에서 반복적으로 무너지고 있는 현실은 교육에 대한 국민의 신뢰를 무너뜨리고, 청소년에게도 잘못된 가치관을 심어줄 위험이 크다.

6) 대통령과 그 친인척의 부정부패,

한국의 대통령들은 부정부패를 척결하고 깨끗한 국가를 만들겠다고 다짐했지만, 정작 본인과 가족들이 비리에 연루되는 일이 끊이지 않았다. 미국에서는 독립 이후 단 한 명의 대통령도 부패 혐의로 처벌받은 적이 없지만, 한국에서는 역대 대통령과 그 친인척들이 잇따라 비리 사건에 연루되어 교도소를 드나들며 국민에게 실망을 안겨 왔다. 대통령 친인척 비리는 한국이 여전히 후진적인 정치문화를 벗어나지 못했다는 것을 보여주는 대표적인 사례다.

(1) 전두환 전 대통령 본인과 가족

전두환 전 대통령은 재벌들에게서 수천억 원대의 비자금을 조성한 혐의로 무기징역과 2,205억 원의 추징금을 선고받았으나, 이를 완납하지 않았다. 그의 가족들도 비리에 연루되었다. 맏형 전기환, 동생 전경환, 사촌 형 전순환, 사촌 동생 전우환, 처남 이창석까지 모두 뇌물수수 혐의로 구속되었으며, 전두환 정권은 '비리 공화국'이라 불릴 정도로 대통령 친인척 비리가 심각했던 시기였다.

(2) 노태우 전 대통령

당선 당시 "친인척의 이권개입을 막겠다"고 선언했으나, 정작 본인은 수천억 원의 비자금을 조성한 혐의로 징역 17년과 2,628억 원의 추징금을 선고받았다. 그의 친인척들도 각종 비리에 연루되었는데, 사촌 처남 박철원은 슬롯머신 업자로부터 6억 원을 수수한 혐의로 구속되었다.

(3) 김영삼 전 대통령

취임 당시 "대통령 친인척 비리는 엄단하겠다"고 선언했지만, 차남 김현철이 기업인들로부터 총 66억 5,000만 원을 수수하고, 이 중 32억 2,000만 원이 대가성이 인정되어 알선수재 혐의로 구속되었다. 그는 자금 세탁을 위해 100개의 차명계좌를 이용하여 조세포탈을 시도했으며, 결국 재판을 받았다. 군사정권을 끝내고 문민정부를 출범시킨 김영삼 대통령이었지만, 재임 중 아들이 구속되는 불명예를 안았다.

(4) 김대중 전 대통령

친인척 비리에서 자유롭지 못했다. 그의 세 아들은 모두 비리에 연루되어 '홍삼 트리오'라는 불명예스러운 별명을 얻었다.

장남 김홍일은 나라종합금융 불법 대출 사건으로 유죄 판결을 받았고, 차남 김홍업은 이용호 게이트조사 중 수십억 원의 금품을 받은 혐의로 징역 2년, 벌금 4억 원, 추징금 2억 6천만 원을 선고받았다. 삼남 김홍걸은 최규선 게이트(불법 뇌물수수) 사건에 연루되어 알선수재 혐의로 구속 기소되었으며, 결국 징역 1년 6개월, 집행유예 2년, 추징금 1억 6천만 원을 선고받았다. 김대중 대통령은 임기 말 "내 평생 많은 어려움을 겪었지만, 이렇게 참담한 일은 예상하지 못했다"며 국민 앞에 고개를

숙였다.

(5) 노무현 전 대통령의 친인척 비리

노무현 대통령은 청렴함을 내세워 당선되었으며, "이권이나 인사 청탁을 하다가 걸리면 패가망신한다"고 선언했다. 그러나 부인 권양숙 여사가 박연차 태광실업 회장과 정상문 청와대 총무비서관을 통해 3억 원을 수수한 혐의가 불거졌다. 이 사건은 노무현 대통령이 봉하산 부엉이 바위에서 투신자살하면서 권양숙 여사의 입건이 유예되었고, 결국 사건 은 종결되었다.

형 노건평도 여러 사건에 연루되어 금품을 수수한 혐의로 실형을 살았다. 판결문에서는 그에 대해 "대통령의 형이라는 이유로 로열패밀리 가 되었지만, 노블레스 오블리주(지도층의 도덕적 의무)에는 관심이 없었다"며 질타했다. 또한, "동생을 대통령으로 만들었다고 자랑했지만, 결국 동생이 스스로 생을 마감했고, 지금은 초라한 시골 늙은이로 전락했 다"고 비판받았다. 그는 청탁에 연루되며 '봉하대군'이라는 별명까지 얻었다.

(6) 이명박 대통령과 측근 비리

취임 당시 "권력형 비리를 척결하고 특별검사 상설화를 추진하겠다"고 공약했으나, 정작 본인과 측근들의 비리가 잇따라 드러났다. 그는 "전 재산을 사회에 환원하고 월급도 기부하며 깨끗한 정치를 하겠다고 다짐 했지만, 가까운 사람들의 비리로 인해 실망을 금치 못하며 모든 것이

내 불찰"이라고 사과했다.

그의 형 이상득은 솔로몬저축은행과 미래저축은행 회장들로부터 6억 원을 수수한 혐의로 징역 1년 2개월을 선고받고 복역 후 출소했다. 그는 포스코 비리와 관련해 금품을 수수한 혐의, 국정원 특수활동비 상납 혐의 등으로도 논란이 되었으며, 대통령의 친형으로서 '상왕'처럼 군림하며 '영일대군', '만사형통(萬事兄通)'이라는 별명까지 얻었다.

대통령 부인 김윤옥 여사의 사촌오빠 김재홍과 사촌언니 김옥희도 금품수수에 연루되어 구속되었다.

7) 뇌물로 신뢰를 잃은 검찰

검찰은 법과 정의를 수호해야 할 기관이지만, 일부 검사들은 뇌물을 받아 명예를 더럽혔다.

(1) 건국 이래 최대 규모인 4조 원대 다단계 사기범 조희팔에게 10억 원의 뇌물을 받은 K 부장검사

(2) 친구 N 회사의 주식 1만 주와 금품을 수수하여 구속된 J 검사장

(3) 현직 여검사가 부장검사 출신 최 모 변호사에게 사건 청탁과 함께 벤츠 승용차 등 5,500만 원 상당의 금품을 받은 사건

(4) 건설업자로부터 고소 사건을 잘 처리해 달라는 부탁을 받고 후배 검사에게 사건을 넘겨주는 대가로 그랜저 승용차와 4,600만 원을 수수한 J 부장검사

8) 사법 정의를 배신하고 직의 영혼을 판 판사들

대한민국 판사는 "헌법과 법률에 의하여 양심에 따라 공정하게 심판하

고 법관윤리강령을 준수하며, 국민에게 봉사하는 마음가짐으로 직무를 성실히 수행할 것"을 선서하고 재판업무를 수행한다. 그러나 일부 판사들은 이러한 선서를 저버리고, 사법부의 신뢰를 땅에 떨어뜨리는 '재판 거래', '뇌물수수' 등의 부패 행위를 저질러 국민에게 충격을 안겼다.

(1) 법조 브로커와 재판 청탁 사건

고등법원 J 부장판사는 법조 브로커 K 씨로부터 3년간 이태리제 수입가구, 이란산 카펫 등을 받은 혐의로 구속되었다. 이는 재판 청탁을 목적으로 한 알선수재 사건으로, 현직 고위법관이 구속된 최초의 사건이었으며, 법조계에 큰 충격을 주었다.

(2) 명동 사채왕과 2억 6천여만 원 뇌물 사건

수원지방법원 C 판사는 검사 시절 '명동 사채왕으로 불리는 최씨에게 2억 6천 8백여만 원의 뒷돈을 받은 혐의로 체포되었으며, 현직 판사 신분으로 구속되었다. 이후 파기환송심에서 징역 3년과 추징금 2억 6천 864만 원을 선고받고 형이 확정되었다.

(3) N사 대표 뇌물수수 사건

인천지방법원 K 부장판사는 화장품 브랜드 N사의 전 대표 정○○로부터 뇌물을 받고 유리한 판결을 내려준 사실이 밝혀져 구속되었다. 이는 기업과 법원이 결탁한 전형적인 '재판 거래' 사례로, 사법부의 공정성에 큰 타격을 입힌 사건이었다.

사법부는 국민이 준 권력을 이용해 사리사욕에 빠지고, 본분을 저버리며, 부정부패로 직의 영혼을 팔아넘기는 공직자들이 넘쳐나고 있다. 이러한 사법부의 타락은 단순한 개인의 부패를 넘어 국가의 존망을 위협하는 심각한 문제로 이어질 수밖에 없다.

과거부터 현재까지 부정부패로 인해 무너진 나라들은 많지만, 부정부패로도 살아남은 국가는 단 한 나라도 없다.

5. 표현의 자유라는 미명(美名)으로 하는 인격 살인

1) 표현의 자유와 그 한계

표현의 자유는 자신의 생각과 의견을 표현할 수 있는 권리를 의미한다. 우리 헌법에는 직접적으로 '표현의 자유'라는 단어는 없지만, 헌법 제21조 1항에서 "모든 국민은 언론·출판의 자유와 집회·결사의 자유를 가진다"고 명시되어 있다.

이 조항은 개인의 표현의 자유뿐만 아니라 집단적 표현의 자유와 예술 창작의 자유도 포함한다. 하지만 표현의 자유는 무한정 보장되는 것이 아니며, 그 한계에 대한 논쟁이 첨예하다.

헌법 제21조 4항에서는 "언론·출판은 타인의 명예나 권리 또는 공중도덕이나 사회윤리를 침해해서는 안 된다"라고 규정하고 있으며, 이를 위반하면 피해자는 손해배상을 청구할 수 있다. 즉, 표현의 자유가 헌법상 보장된 권리이지만 무책임한 표현까지 보호되는 것은 아니다.

2) 표현의 자유에도 책임이 따른다

언론·출판의 자유는 절대적인 것이 아니다. 예를 들어, 식품을 의약품처럼 허위 광고하거나, 부작용을 숨기는 표현은 범죄 행위다. 인터넷에서 유포되는 악성 댓글이나 혐오 표현도 헌법 정신에 따라 피해자가 피해구제를 청구할 수 있다.

음란물에 대한 표현의 자유도 논란이 많다. 음란한 표현은 어떨까? 그것도 표현의 자유에 의해 보장되는 것일까? 헌법재판소는 "음란하다는 이유만으로 표현의 자유를 제한할 수 없다"고 하면서도, 인터넷 음란물은 청소년 보호를 위해 법적으로 제한할 수 있다고 판결했다.

3) 표현의 자유를 빙자한 인격 모독과 정치적 악용

고 마광수 교수의 '즐거운 사라' 외설 논란, 정비석의 '자유부인' 퇴폐성 논란처럼, 표현의 자유를 둘러싼 필화 사건은 계속되어 왔다. 국회의사당에 전시된 '잠자는 비너스'를 패러디한 '더러운 잠'은 박근혜 전 대통령의 나체 사진을 부착해 국격 훼손, 여성 혐오, 성적 비하 논란을 일으켰고, 이를 주최한 표○원 의원은 6개월 직무 정지를 당했다. 예술이라는 미명 아래 여성 대통령의 나체 사진을 전시한 것은 인격 말살이자 저질 정치 공세였다. 결국, 표 의원의 부인 나체 사진도 등장하는 코미디 같은 상황이 연출되었다.

4) 예술의 이름으로 포장된 정치 선동

민중화가 홍성담은 광주 비엔날레 특별전에 박근혜 대통령을 조종당하는 꼭두각시로 묘사한 '세월오월'을 출품했다. 허수아비 모양을 한 박근혜 대통령 뒤로 군복을 입고 선글라스를 낀 박정희 전 대통령과 김기춘 전 비서실장이 박 잔 대통령을 조정하는 듯한 묘사를 했고, 또 옆에는 이건희 전 삼성그룹 회장과 윤창중 잔 대변인, 문창극 잔 총리 지명자 등이 웃고 있는 모습이 담겨있었다. 왜 이렇게 이 지역 화가가 정치적으로 이념이 다르면 악마화 하는지 걱정스럽다.

또한, 평화박물관 전시 '유신의 초상'에서 박근혜가 박정희와 닮은 아이를 출산하고, 놀란 집도의가 거수경례를 하는 모습이 그려졌다. 이 작품은 여성 정치인에 대한 성적 모욕과 인륜을 넘어 천륜까지 거스르는 저급한 표현이라는 비판을 받았다.

5) 표현의 자유를 악용한 인격 말살과 체제 흔들기

헌법이 보장한 표현의 자유는 민주주의의 핵심 가치 중 하나로, 언론·방송·출판 등 다양한 영역에서 자유로운 의사 표현을 가능하게 하는 중요한 권리다. 그러나 이 소중한 권리가 타인의 인격을 말살하거나, 허위 사실 유포를 통해 명예를 훼손하고, 심지어는 국가의 법질서와 체제 자체를 흔드는 수단으로 악용되는 사례가 끊임없이 발생하고 있다.

특히 온라인 공간과 SNS가 확산되면서, 무책임한 발언과 자극적인 콘텐츠가 여론을 왜곡하거나 특정 개인·집단을 무차별적으로 공격하는 일이 일상화되고 있다. 이런 현상이 반복되면 개인의 삶은 파괴되고, 사회 전체의 신뢰와 공동체 의식도 흔들릴 수밖에 없다.

자유민주주의 사회에서 표현의 자유는 절대적으로 보장돼야 할 권리이지만, 그 자유가 타인의 권리를 침해하고 사회적 질서를 해치는 수준에 이르렀다면, 이는 더 이상 '자유'가 아니라 '방종'이다. 표현의 자유가 성숙한 자유로 자리 잡기 위해서는, 자유에는 반드시 책임이 따른다는 인식이 사회 전반에 뿌리내려야 하며, 악의적 왜곡이나 인격 살인을 방지하기 위한 최소한의 법적 장치도 함께 마련되어야 한다.

6. 쓰레기도 제자리에 못 버리는 시민 정신

그 나라의 국민 문화 수준은 쓰레기 관리 상태를 보면 알 수 있다고 한다. 이는 시민 정신의 기본 덕목이기 때문이다.

우리 국민의 문화 수준은 먹고 노는 데서는 우수하지만, 놀다 간 장소는 빵점이다. 잘 먹고 잘 버리고 가는 저속한 문화가 만연해 있다. 행사장과 공공장소마다 쓰레기가 산더미처럼 쌓여 몸살을 앓고 있다. 언제쯤 이런 후진성을 자각할 수 있을지 기대해 본다.

1) 한강공원에 한 달 쓰레기 600톤

여의도, 뚝섬, 반포 한강공원의 심야 청소인력을 14명에서 34명으로 늘려도 부족하다. 쓰레기 무단투기로 과태료 10만 원을 부과하지만, 너무 많은 사람이 버려 단속이 불가능하다. 한강공원에는 연간 7천만 명이 방문하는데, 시민의 자발적 주인의식을 기대하기 어렵다.

여의도 봄꽃축제에서도 음식물 쓰레기가 산더미처럼 쌓인다. 시청 앞 광화문 광장, 젊음의 거리 홍대 앞도 쓰레기 천국이다. 지방 축제도 마찬가지다. 울진 대게축제 등에서도 쓰레기 더미가 축제의 성과를 반감시키고 있다.

2) 명절마다 역·터미널·휴게소는 쓰레기로 몸살

고속도로 휴게소에는 집에서 가져온 생활 쓰레기, 고향에서 싸온 음식물을 마구 버리는 불량 시민들로 인해 분리수거가 어렵다. 열차와 지하철역에는 먹다 남은 커피와 라면 국물, 플라스틱 용기 속 장아찌, 김치가 가득하다. 휴게소에는 심지어 침대 매트리스와 여행용 캐리어까지 버리고 간다. 문화 시민 정신을 기대하기에는 아직 먼 이야기다.

3) 일본에서 배우자

러시아 월드컵 당시 일본 대표팀은 락커룸을 완벽하게 정리하고 떠나면서 "감사합니다"라는 메모까지 남겼다. 일본 팬들도 16강전에서 역전패한 후 눈물범벅이 된 얼굴로 경기장 곳곳을 돌며 쓰레기를 줍는 모습이 세계 축구 팬들에게 찬사를 받았다. 쓰레기 산도 의지만 있으면 꽃동산으로 변할 수 있다.

상암동 하늘공원이 그 예다. 강경 발효젓갈축제 등에서도 시민의식만 발동하면 깨끗한 축제장으로 바뀔 수 있다. 쓰레기 문제 해결은 일본인만이 할 수 있는 일이 아니다.

4) 꽁초 천국 된 도심 거리, 청소비만 한 해 80억

담배는 세계에서 매일 150억 개비가 팔리는데, 이 3분의 2가 땅바닥에 버려진다는 것이다. 서울 시내 곳곳이 무단투기로 미관이 망가지고 있다. 각 자치구는 단속원 부족으로 대응에 어려움을 겪고 있다. 꽁초 무단투기에 5만 원의 벌금을 부과하지만 효과를 보지 못하고 있다.

금연구역 표시가 있어도 골목길에는 꽁초가 수두룩하다.

서울시에는 약 55만 개의 빗물받이가 있는데, 배수로의 쓰레기 중 70%가 담배꽁초라고 한다. 이를 청소하는 데만 한 해 80억 원이 소요된다. 경기도 구리시는 시민이 꽁초를 주워오면 개비당 10원씩 보상하는 캠페인을 벌이고 있다. 이처럼 쓰레기 문제 해결을 위해서는 시민들의 의식 변화가 절실하다.

외국에서는 꽁초 투기에 강력한 처벌을 적용하고 있다. 미국 일부 주와 싱가포르는 꽁초를 버리다 적발되면 우리 돈 약 200만 원의 벌금을 부과한다. 일본은 처음에는 1만 원 정도의 벌금을 물리지만, 반복 시 최대 1억 원 이하 벌금이나 5년 이하 징역형을 선고한다. 일본 사회에서는 '꽁초는 아무 데나 버리지 않는다'는 생활 태도가 뿌리내린 결과다. 일본에서는 1인용 휴대용 꽁초통이 시중에 널리 팔리고 있다.

한국인의 꽁초 무단투기 습관이 나라 망신을 시킨 사례도 있다. 일본 쓰시마 섬의 한 신사가 한국 관광객의 출입을 금지했다. 일본 신사에서는 담배를 피우는 것이 금지되어 있지만, 일부 한국인 관광객이 이를 무시하고 꽁초를 버리고 침을 뱉었다. 여러 차례 지적했음에도 고쳐지지 않자 결국 출입금지 푯말을 붙였다. 일본 곳곳에서 일부 한국인의 꽁초 투기 행태가 손가락질받은 지 오래다. 이런 행동들이 한국인의 시민의식이 아직 미흡하다는 평가를 받게 만든다.

7. 절차의 정당성을 잘 잊는 사회

어떤 결과를 얻기 위해 노력하는 것은 동서양을 불문하고 공통적인 현상이지만, 한국 사회는 결과를 너무 중시하는 경향이 강하다. "빨리빨리 문화" 속에서 절차의 중요성보다는 빠른 성과를 내는 것이 미덕처럼 여겨진다. "모로 가도 서울만 가면 된다"는 속담처럼, 과정의 정당성을 따지기보다 결과만 좋으면 된다는 사고방식이 깊이 뿌리내려 있다.

저기에 정답이 보이는데 절차를 밟자니 기회를 놓칠 수도 있고, 시간이 너무 걸려 마음의 조급성에 현혹되어 절차를 무시하고 편법의 유혹에 절차를 무시하는 결과를 택하려 한다. 즉 process 보다 result enjoy에 익숙해져 있음을 알 수 있다.

이는 법과 제도의 절차를 무시하고 편법과 꼼수를 동원하는 행태로 이어지며, 공직사회에서도 인사 채용, 승진, 징계, 상벌, 공사 입찰 등에서 편법이 난무하는 원인이 되고 있다. 특히 법 집행에 있어서는 적법한 절차에 따르지 않으면 처벌할 수 있다는 원칙이 있지만, 현실에서는 이 원칙이 종종 무시되기도 한다.

1) 절차를 무시한 대법원 판결 사례

헌법재판소뿐만 아니라 대법원조차도 때때로 절차적 정당성을 훼손하는 판결을 내리는 일이 발생하고 있다. 그 대표적인 사례가, 선거 출마 후보자가 TV 토론 중 허위 사실을 말해도 처벌할 수 없다는 대법원의 판결이다. 이는 후보자들이 선거 과정에서 국민에게 제공해야 할 정보의 진실성과 신뢰를 무너뜨릴 수 있는 결정이었다.

선거는 유권자가 올바른 판단을 내릴 수 있도록 정확하고 진실한 정보가 보장되어야 하는 민주주의의 핵심 절차다. 그런데 공적인 토론의 장에서조차 허위 사실이 묵인된다면, 국민은 거짓 정보에 기반해 투표를 하게 되고, 이는 결과적으로 대표성의 왜곡을 초래할 수 있다. 이러한 판결은 거짓말을 제재하기는커녕, 정치적 수단으로 허위 발언을 정당화할 수 있는 위험한 선례가 된다.

2) 절차가 무너진 사회는 후진국으로 전락한다

아무리 경제 규모가 세계 10위권에 들고, 첨단 기술과 산업 경쟁력을 자랑하더라도, 국가의 법적·제도적 시스템이 절차적 정당성을 잃게 되면 선진국이라 할 수 없다. 절차는 단지 형식적인 절차나 관행이 아닌, 민주주의의 기본 원칙이며 사회적 신뢰와 공정성을 지탱하는 핵심적인 장치다.

그럼에도 불구하고 한국 사회는 종종 절차보다 결과를 우선시하는 모습을 보여왔다. "좋은 결과만 있으면 과정은 중요하지 않다"는 태도는 일시적인 편의는 줄 수 있어도, 장기적으로는 법에 대한 신뢰를 무너뜨리고 사회 전반에 불신을 퍼뜨리게 된다. 법과 제도가 정치적 이해관계나 여론에 따라 흔들린다면, 사회는 공정성과 예측 가능성을 잃게 되고, 그 피해는 고스란히 국민에게 돌아간다.

절차가 무너지면 공정도, 정의도 함께 무너진다. 국민이 믿을 수 있는 사회, 정의가 작동하는 나라를 만들기 위해서는 결과 못지않게 과정을 중요하게 여기는 문화와 법적 기준이 반드시 지켜져야 한다. 결국, 절차를 존중하는 태도야말로 성숙한 민주주의와 선진사회를 향한 가장 기본적인 출발점이다.

8. 공(公)과 사(私)의 구별을 잘 못한다

한국인의 단점 중 하나로 자주 언급되는 것이 공과 사를 구별하지 못하는 점이다. 우리 사회에는 공적인 것과 사적인 것을 엄격히 구별하는 원칙을 지키지 않는 경우가 많다. 공적이란 국가나 사회, 국민 전체에 관련된 것이고, 사적이란 개인에게 속하거나 관계된 것을 의미한다.

조직 생활 속에서 공과 사를 완벽히 구분하기 어려운 경우도 있다. 때로는 상식에 어긋나지 않는 범위에서 융통성을 발휘해야 할 때도 있지만, 공사 구별이 도를 넘어서는 경우도 적지 않다.

특히 부하 직원을 개인 심부름에 동원하거나, 군부대의 상사가 공관병에게 자식의 숙제를 시키거나, 관용차를 가족을 위해 사용하는 등의 사례는 갑질에 가까운 행위로 공사를 구별하지 못한 대표적인 사례다.

국회에서는 홍 모 의원이 원내총무 시절 특수활동비를 생활비로 사용했다고 고백했고, 신 모 의원 역시 일부를 자녀 유학비로 사용했다고 밝혔다. 국회의 특수활동비뿐만 아니라 국정원, 국방부, 경찰청 등 정부 기관의 특수활동비 역시 영수증 없이 사용 내역을 공개하지 않아 공금이 사적으로 쓰일 가능성이 크다.

국민 세금으로 지급되는 국가기관의 법인카드를 사적으로 사용하며 마치 자기 카드인 양 쓰는 사람들을 쉽게 찾아볼 수 있다.

사례로 공익제보자 조○현 씨가 쓴 '한 번도 경험해보지 못한 법카'라는 책에는 K지사 부인 '김○○' 씨가 사용한 비서실 법카 사용 사례를 싣고 있다. 법인카드로 소고기, 초밥, 과일, 제사음식, 일제 샴푸 등을 구입한 것으로 밝히고 있다.

이○○ 방통위원장은 대전MBC 사장 시절 법인카드를 자택 인근 음식점·마트, 주말 골프장, 유흥업소 등에서 사용해 사적 유용 의혹이 제기됐다. 특히 사임 당일 제과점 고액 결제, 상품권 구매 사실 은폐 등이 문제가 됐으며, 현재 경찰 수사가 진행 중이다.

전직 C 법무부 장관도 정치자금(후원금) 카드를 불법 사용한 혐의로 고발된 사건에서, 본인은 군부대 방문 중이었으나 아들은 충남 논산 육군훈련소 수료식 날 인근 음식점과 주유소에서 정치자금 카드로 결제한 사실이 드러났다. 또한 첫째 딸이 운영하는 식당에서 21차례나 정치자금 카드로 결제해 불법 사용이 적발되었으며, 이에 따라 법원은 벌금 50만 원의 약식명령을 내렸다.

김 모 대법원장은 며느리 회사 직원들의 회식을 대법원장 공관에서 열었고, 심지어 결혼한 자녀까지 공관에서 함께 생활하게 해 질타를 받았다. 이후 후임인 조 모 대법원장은 공관에 입주하면서 미혼의 아들조차 데려오지 않고 부부만 입주해, 당연한 처신이 오히려 미담이 되는 현실을 만들었다.

어떤 청와대 대변인은 청와대 관사에서 가족과 함께 1년 이상 생활했으며, 심지어 결혼한 대통령의 딸이 자신의 집을 팔고 청와대에서 거주한 일도 있었다. 이는 국민 세금으로 지출되는 비용인데도 너무나 자연스럽게 받아들여진 것이다. 또한 대통령이 퇴임하면서 청와대 관저의 집기나 용품을 무단으로 가져가 사저에서 사용하는 일도 있었다. 국민 세금으로 구입한 공적 기물을 사적으로 사용한 것은 공사를 구별하지 못한 행태로, 비판받아 마땅하다.

또한 공무원이나 회사원들이 근무시간에 사적인 전화나 문자 작업을 하는 것도 흔한 광경이다. 심지어 국회의 김○○ 의원은 국회 회의 중에 가상화폐 투자를 수백 차례 한 사실이 드러나 여론의 뭇매를 맞았다. 근무 중 증권투자 역시 흔하다.

기업의 중역들이 법인카드로 친구 모임이나 가족 회식비를 결제하는 것도 문제다. 기업 경영주들이 법인의 자산인 차량을 가정용으로 사용하거나, 개인적인 회식비를 법인카드로 처리하는 사례 역시 공사 구별을 제대로 하지 못하는 대표적인 사례다. 이런 행태가 만연한 이유는 "그 정도는 할 수도 있다"는 안일한 생각이 사회에 퍼져 있기 때문이다. 이는 한국 사회에 깊이 뿌리박힌 잘못된 관행이자 한국병이라 할만하다.

기업인이 회사 공금과 재산을 사적으로 이용하는 것은 주주에 대한 배임 행위이며, 이는 공직 정신과 기업 윤리가 확립되지 않은 사회적 문제의 단면이다. 공적 비용을 사적으로 사용하는 것은 도덕성과 직결되는 문제이므로, 사용자의 양심과 직무에 대한 사명감이 뒷받침되어야만 해결될 수 있다.

특히 공직자는 공과 사를 명확히 구분하여 직무를 수행해야 하며, 이는 국가공무원법에 규정된 기본 원칙이다. 공금의 사적 사용은 공금유용이며, 공적 시설의 사적 사용은 국가 재산을 사적으로 이용하는 것이다. 그러나 여전히 일부 공직자들은 "이 정도는 괜찮겠지"라는 안일한 사고를 가지고 있으며, 이는 심각한 문제다.

더욱이 국가 지도자급 인사들이 공사 구분에 둔감한 것은 권력을 쥐면 "이 정도는 해도 된다"는 특권 의식 때문이며, 이러한 태도는 반드시 근절되어야 한다.

제4장 | 의식과 행동이 병든 나라

1. 가짜와 괴담(怪談)에 부화뇌동(附和雷同)하는 국민

인간 사회는 끊임없는 소통 속에서 유지된다. 그러나 이러한 소통이 원활하게 이루어지지 못하고 왜곡된 메시지가 전달되는 경우가 많다. 괴담과 루머는 이러한 왜곡된 정보가 확산되는 과정에서 증폭되며, 이는 지금 우리 사회의 단면을 그대로 보여준다.

전문가들은 실체 없는 괴담이 성행하는 이유를 사회적 불안감과 불신에서 찾는다. 사회의 가장 중요한 자원인 '신뢰'가 무너진 상태에서는 괴담이 해소 방법처럼 작용하는 것이다. 한 전문가는 "최근 괴담이 성행하는 이유는 정부가 권위와 신뢰를 잃었고, 국민은 넘쳐나는 정보 속에서 스스로 판단할 능력을 잃었기 때문"이라고 분석했다.

우리 사회에서 괴담의 진원지는 단연 인터넷이다. 인터넷이 없던 시절에는 괴담이 공론화되기까지 상당한 시간이 걸렸다. 그러나 인터넷은 전파 속도가 빠르고 익명성이 보장되기 때문에 괴담이 확산되기 좋은 환경이다. 또한, 신분 노출이 되지 않는 익명성을 이용해 무책임한 발언을 쏟아내고, 범죄의식조차 약하기 때문에 사회적 문제가 더욱 심각해지고 있다.

대표적인 예로, 건국 이래 최대의 다단계 사기꾼 조희팔이 중국에서 사망했다는 경찰 발표가 있었음에도, 여전히 "조희팔은 죽지 않았다. 중국에서 성형수술을 하고 잘살고 있다"는 주장이 떠돈다.

세월호 참사 당시, 사실상 선사 대표였던 유병언의 시신이 본인이 아닐 것이라며, "그는 동남아에서 숨어 살고 있다"는 괴담이 퍼졌다. 국과수가 부검 결과를 발표했음에도 불구하고, 많은 사람은 믿지 않으려 한다.

이러한 불신은 과거 경찰과 검찰에 대한 국민적 신뢰 부족에서 비롯된 것이기도 하다. 사회가 혼란스럽고 정보의 출처가 불투명해질수록 사람들의 불안 심리는 증폭되며, 추측성 괴담이 확산되기 쉬운 환경이 조성된다.

1) 실체 없는 광우병 괴담에 미쳐 날뛴 촛불 시위, 세계적 망신

광화문 광장을 중심으로 서울 도심은 주말마다 촛불 집회로 몸살을 앓았다. 2008년 4월 18일, 이명박 정부가 미국과 소고기 수입 재개 협상을 타결한 직후, 4월 29일 MBC 〈PD수첩〉은 "미국산 소고기, 과연 광우병에서 안전한가?"라는 프로그램을 방송했다. 이 방송은 "미국산 소고기를 먹으면 뇌에 송송 구멍이 난다"는 내용으로 국민의 공포심을 극대화했다.

이후 밝혀진 바에 따르면, 〈PD수첩〉의 방송 내용은 상당 부분 의도적 왜곡과 조작이 포함된 함량 미달의 프로그램이었다. 하지만 이 방송은 국민의 불안감을 확산시키는 데 결정적인 역할을 했으며, 실체 없는 괴담이 촛불 시위로 번지는 계기가 되었다.

당시 시위대는 황당한 구호를 외치며 광장에 모였다.

광우병 주동세력에 휘말려 어린 십대들 조차 "나는 아직 죽기 싫어요", "미국산 소고기는 미친 소", "그걸 먹느니 차라리 아가리에 청산가리를 처넣는 게 낫겠다"라고 외쳤다.

결과적으로, 광우병 괴담은 허구였음이 밝혀졌고, 지금은 미국산 소고기가 외국산 수입 소고기 중 가장 많이 팔리는 상황이다. 실체 없는 괴담을 방송국이 터트리고, 수도 한복판을 촛불로 뒤덮어 106일간 시위를 벌인 나라, 그것이 한국이었다.

전 국토를 뒤집어 놓은 시위는 얼마나 우리 국민이 진중하지 못하고 경박하기 짝이 없는 국민임을 보여주기 충분했다. 세계인이 마음 놓고 먹는 소고기를 외국인들은 한국의 미친 광기를 보고 뭐라 하겠는가?

2) 천안함 폭침을 북한 소행이 아니라고 주장하는 괴담 세력

2010년 3월 26일 밤, 천안함이 침몰했다. 장병 46명이 전사, 구조 작업 중이던 한 명도 순직했다. 하지만 괴담 세력은 "천안함은 좌초했다", "미군 군함과 충돌했다"는 근거 없는 주장을 퍼뜨리며 혼란을 조장했다.

천안함 함장 최원일 대령은 "꽝 하는 폭발음과 함께 배가 오른쪽으로 90도 기울었다"고 증언했으며, 국제 조사단은 북한 소행임을 명확히 밝혔다. 하지만 일부 세력은 "화약 성분이 나왔음에도 미군 군함과 충돌했다"는 주장을 지속하며 괴담을 사실처럼 유포했다.

북한의 소행이 명백히 밝혀졌음에도 불구하고, 여전히 "북한의 공격이 아니다"라는 괴담을 퍼뜨리는 사람들이 있다. 심지어 건국대 윤○룡 교수는 "만약 북한에 억울한 누명을 씌운 것이 밝혀지면, 남한이 북한에 사과해야 한다"고 주장하며 논란을 일으켰다.

3) 세월호 외부 잠수함 충돌설 괴담을 퍼뜨리는 사람들

세월호 참사와 관련해 일부에서는 '외부 잠수함과의 충돌'이라는 음모론을 제기해 왔다. 하지만 이 주장은 과학적 근거도, 사실적 정황도 부족한 채, 대중의 불안을 자극하며 괴담처럼 유포되었다. 세월호에는 사고 당시 해군 출신의 의무경찰 등 병역 복무 중이던 수병들이 승선해 있었고, 그들 중 상당수는 이미 전역해 사회에 나와 있는 상태다. 만일 실제로 군사적 충돌이나 외부 요인이 있었다면, 시간이 흐른 지금쯤 양심선언이나 내부 폭로가 있었을 법하다. 그러나 지금까지 단 한 건의 구체적 증언조차 나오지 않았다는 것은, 해당 주장이 얼마나 근거 없는 것인지를 보여준다.

일부 유튜버나 자칭 전문가들이 방송이나 온라인 커뮤니티에서 '전문가 코스프레'를 하며 이런 주장을 반복하고, 심지어 상업적으로 이용하는 모습까지 보였다. 유가족과 국민에게 깊은 상처를 안긴 사건을 근거 없는 이야기로 왜곡하고 소비하는 행위는 결코 표현의 자유로 정당화될 수 없다.

4) 인천 신공항 활주로 지반 침하설과 환경 괴담

인천 신공항 건설 당시, 일부 환경단체와 반대 세력들은 "지반 침하가 발생할 것이다", "철새가 많아 항공 참사가 날 것이다", "해일의 위험이 크다"는 주장을 내세우며 공사를 반대했다.

대표적인 반대론자인 서울대 환경대학원 김정욱 교수는, "전체 공항 부지 5,619만 8,347㎡ 중 4,628만 991㎡의 갯벌을 매립하여 공항을 건설하면 지반이 장기간 침하될 것이다"라고 주장했다.

그러나 이러한 반대에도 불구하고, 인천공항은 2001년 3월 29일 개항했고, 24년이 지난 지금까지 환경 파괴도, 지반 침하도, 철새 충돌 사고도 거의 발생하지 않았다. 괴담을 퍼뜨리며 혼란을 부추겼던 사례로 남을 뿐이다. 국가 정책 사업이 진행될 때마다 근거 없는 반대 주장이 괴담처럼 횡행하고 있다.

5) 부산 천성산 고속철도 터널 공사 괴담

부산 천성산 고속철도 터널 공사 당시, 일부 시민단체와 한 승려는 "이곳 늪지에 도롱뇽이 집단 서식하고 있는데, 터널 공사로 인해 늪지의 물이 빠져 고사할 것이다"라며 강력 반대했다. 심지어 승려는 6개월간 단식투쟁을 벌였고, 결국 공사가 중단되면서 수천억 원의 손실이 발생했다.

그러나 공사가 완공된 후에도 습지는 보존되었고, 도롱뇽도 여전히 서식하고 있었다. 근거 없는 괴담으로 인해 발생한 사회적 갈등과 경제적 손실만 남았다.

6) 성주 사드(THAAD) 배치 괴담

2016년, 경북 성주에 사드(THAAD) 배치가 결정되자, "전자파 때문에 주민들이 암에 걸릴 것이다", "인근 농산물이 씨가 마를 것이다"라는 괴담이 퍼졌다. 반대 집회에서는 "강력한 전자파 밑에서 내 몸이 튀겨질 것 같다"는 노래까지 등장했다.

그러나 실제로는 주민 피해도 없었고, 성주의 대표 농산물인 참외 수출도 해마다 증가했다. 반대 단체들은 결국 6년 만에 철수했지만, 근거 없는 괴담이 퍼뜨린 혼란은 오랫동안 남았다.

가짜 정보에 휘둘리는 사회, 어떻게 바로잡을 것인가

최근에는 인터넷과 매스컴을 통해 근거 없는 괴담이 생성되어 사람들을 혼란에 빠뜨리는 사례가 더욱 많아지고 있다. 가상 공간에서 사실 확인도 없이 각종 오보와 괴담이 무분별하게 유포되는 것이다.

'삼인성호(三人成虎)'라는 말처럼, 실체 없는 괴담이 반복되다 보면 결국 모두가 믿게 되고, 국가는 혼돈에 빠진다. 이는 국민이 얼마나 이성적이지 못하고 감성적인 말에 쉽게 휘둘리는지를 보여주는 사례이다.

특히, 괴담을 정치적으로 이용하여 국가적 참사를 전략적으로 활용하려는 세력이 있다는 점에서, 국민은 더욱 경계해야 한다.

이런 현상이 지속되는 이유는 국민 의식 수준이 낮고, 기본적인 상식이 부족하며, 선전·선동에 쉽게 휘둘리는 경향이 있기 때문이다. 이는 세계인 앞에서 부끄러운 일이다.

"괴담의 천국이 대한민국인가?"

"과학도, 진실도 괴담에 밀리는 나라"라는 오명을 벗어나기 위해서는, 국민 개개인이 이성적이고 비판적인 사고를 기르는 것이 무엇보다 중요하다.

홍루몽(紅樓夢)의 敍事 '時空間'에 나오는 한 귀절이 떠오른다.

假作眞時 眞亦假 가짜가 진짜로 될 때는 진짜 또한 가짜요,

無爲有處 有還無 없는 것이 있는 곳으로 되는 곳에는 있는 것 또한 없는 것으로 된다.

우리는 전시라는 만약의 상황에 괴담과 가짜 정보에 대비해야 한다

북한의 도발로 인해 전시 상황이 발생할 경우, 개전 초기부터 사이버 해킹 부대와 국내 고정간첩, 반국가 세력 등을 총동원하여 각종 가짜 뉴스와 괴담을 퍼뜨려 국민에게 공포와 불안감을 조성하고 내부 혼란을 일으킬 가능성이 충분히 있다. 이에 대비하는 철저한 준비 태세가 필요하다.

예를 들어, "전방에서 우리 군이 전멸했다", "대통령과 군 지휘부가 후방으로 도주했다", "중국이 북한에 지원군을 보냈다" 등의 가짜 정보가 퍼질 가능성을 충분히 예상할 수 있다. 이런 상황에서 초기에 신속히 대응하지 못하면, 순식간에 가짜 정보가 확산되어 대혼란을 초래할 수 있다. 북한은 이미 7,000여 명의 해킹 부대를 보유하고 있으며, 각종 매체를 통해 댓글 심리전까지 펼칠 것이다.

특히 우리 사회는 가짜 뉴스와 괴담에 유독 약한 편이다. 대통령과

법무부 장관이 시내 한복판에서 밤새 술판을 벌였다는 허위 주장이 나왔을 때도, 가짜라는 사실이 밝혀졌음에도 불구하고 여전히 믿는 시민들이 많았다. 하기야, 제정신 나간 국회의원이 터뜨린 소리이니 더욱 믿으려 했을 것이다.

무엇보다 중요한 것은 국민 개개인이 가짜 정보와 괴담에 휘말리지 않도록 경각심을 갖고, 냉철한 판단력을 기르는 것이다.

2. 내로남불 하면서 부끄러운 줄 모른다

"내로남불"이라는 말은 "내가 하면 로맨스, 남이 하면 불륜"이라는 뜻으로, 자신이 할 때는 합리화하면서도 남이 같은 행동을 하면 비난하는 이중적인 태도를 가리킨다.

내가 땅을 사면 투자이고, 남이 땅을 사면 투기라는 말처럼, 내게는 너그럽고 남에게는 가혹한 태도를 보이는 사람들에게 쓰이는 말이다. 영어로는 'double standard'(이중 잣대)라고 표현할 수 있으며, 한자 성어로는 '아시타비(我是他非)', 즉 '나는 옳고 다른 이는 그르다'라는 뜻과 맥락이 닿아 있다.

이 표현이 처음 등장한 것은 1990년대 정치권으로, 박희태 전 국회의장이 처음 사용했다고도 한다. 본질적으로 이는 자기방어를 위한 자기합리화의 극단적인 형태다.

정치권에서 가장 흔히 볼 수 있는 내로남불 행태는 바로 낙하산 인사다. 야당 시절에는 반대하며 거세게 비판하던 인사 행태를 정권을 잡고 나면 아무렇지도 않게 반복하는 모습이 대표적이다. 한때 논문 표절 문제로 교육부총리를 비판했던 인물이, 정작 본인이 논문 표절 논란에 휩싸인 후에도 교육부총리에 지명된 사례는 내로남불의 대표적인 예다. 남에게는 엄격하면서도 자신에게는 한없이 관대한 이중적인 태도는 그야말로 뻔뻔함의 극치라 할 수 있다.

　지식인과 정치인들의 위선도 내로남불의 전형적인 사례다. 평소에는 공정한 경쟁과 특혜 반대에 대해 열을 올리면서도 정작 자신의 자녀들은 위장전입, 특목고 입학, 조기유학, 미국 시민권 취득 등의 특혜를 받게 하려 애쓴다. 말로는 특목고 폐지를 주장하면서도 자기 자식들은 자사고, 외고에 보냈고, 결국 이러한 모순이 학부모들에게 상대적 박탈감을 안겨주었다. 이들은 "너희 자식은 일반고, 내 자식은 특목고"라는 태도를 보이며, 자신들이 비판하던 적폐를 그대로 답습하는 모습을 유감없이 보여주었다.

　이뿐만 아니라, 과거 국회의원 시절 "국민 세금으로 외유성 해외 출장을 다녀오는 것은 절대 용납할 수 없다"고 비판했던 김○식 전 금융감독원장이 정작 본인은 피감기관의 지원을 받아 수차례 해외 출장을 다녀온 사실이 밝혀지면서 내로남불 논란이 불거졌다. 그는 또한 후원금 5,000만 원을 자신이 속한 단체에 기부하는 등 논란 끝에 결국 사퇴했다.

　정치권뿐만 아니라 정부 고위 관계자들 역시 내로남불의 전형적인 모습을 보였다. 대법원장도 마찬가지였다. 임명 당시 했던 말과 실제로 행한 정책이 다르다 보니, 국민은 국가의 최고 지도자들조차 내로남불을 일삼고 있음을 확인하고 실망감을 감추지 못했다.

　이러한 내로남불 행태는 단순한 말과 행동의 불일치를 넘어 사회 정의와 공정성을 훼손하는 심각한 문제다. 지도층이 모범을 보이지 않으면서 국민에게만 도덕적 잣대를 들이대는 것은 위선의 극치이며, 이는 국민의 불신과 정치 혐오를 더욱 부추기고 있다.

정의와 공정성이 사라지고 "일구이언(一口二言)", 즉 말이 두 개로 바뀌는 내로남불이 반복된다면, 국민은 더 이상 지도층을 신뢰할 수 없게 된다. 결국, "내로남불"은 단순한 비판을 넘어, 이 사회가 얼마나 도덕적 기준을 상실하고 있는지를 보여주는 중요한 지표가 되고 있다.

3. 종교 지도자들의 일탈과 사이비 신앙에 잘 빠지는 국민

1) 종교지도자들의 사명감 일탈

한국 교회는 외형적으로 번영했으나 내면적으로 타락하고 부패했다. 종교지도자들의 타락, 종교로 치장한 위선, 도덕적 해이, 종교의 탈을 쓴 불의, 하나님의 이름을 도용해 자신의 죄를 정당화하며 종교를 이용해 돈벌이를 하는 자들이 많아졌다. 교회와 경제는 성장했으나, 번영은 타락과 부패를 동반했다.

하나님께 영광을 돌려야 할 교회가 하나님은 안중에도 없이 종교를 이용해 자신들의 영광을 쌓고 있다. 대형교회는 세습을 일삼아 사회적 조롱거리가 되었고, 목회자 성폭행 사건, 이단 논란, 금권 선거, 교단 내부 갈등을 법정 싸움으로까지 끌고 가며 수십 년간 사회적 비판의 대상이 되어 왔다.

특히 대형교회의 재정 비리, 헌금 횡령과 재정 투명성 문제, 목회자들의 도덕성 문제로 인해 크고 작은 분쟁들이 끊이지 않고 있다. 이러한 문제들은 교회가 사회로부터 신뢰를 잃게 만들었으며, 종교가 사회에 부정적인 이미지를 각인시키는 결과를 초래했다.

한국 교회의 분열과 내부 갈등은 종교지도자들의 비윤리적 행동에서 비롯된다고 볼 수 있다. 일부 목회자들은 젊었을 때는 하나님을 바르게 섬기려는 열정으로 사역을 시작했으나, 교회가 성장하고 재정적으로 넉넉해지면서 욕심과 탐욕에 휩싸였다. 명예와 돈, 세습과 타락을 좇으며 세속적인 길을 따라가게 된 것이다.

신도들의 영혼을 달래고 사회의 도덕성을 회복하며 바른 세상을 만들어야 할 종교지도자들이 자기 탐욕에 빠져 도리어 병든 사회를 만들고, 있는 것이다.

범죄 증가, 사기, 묻지마 폭행, 자살, 사이비 종교의 확산 등 사회적 문제는 심화되는데, 종교단체와 종교인이 수천만 명에 달한다는 통계에도 불구하고 종교를 통한 사회 정화 기능은 전혀 작동하지 않고 있다. 교회는 더 이상 사회의 도덕적 면역체 역할을 하지 못하고 있으며, 신앙을 가진 사람들의 범죄율도 증가하고 있다.

부처님과 하나님의 가르침을 듣고도 교회나 법당을 나서는 순간 모두 잊어버리는 신앙인들이 많아졌다. 탐욕에 찌든 종교 사업가들은 예수님과 부처님을 팔아 돈을 벌고 있으며, 고달픈 중생의 삶과 고뇌를 위로해야 할 목회자들이 돈만 밝히니 신도들은 교회와 절을 떠나고 있다.

요즘 불자들은 "스님을 보러 절에 가는 것이 아니라, 부처님만 보고 간다"라고 말한다. 한 스님의 칼럼이 떠오른다. "달을 가리키는 때 묻은 손은 보지 말고, 달만 보라." 그러나 신도들은 더 이상 타락한 종교지도자들을 신뢰하지 않는다. 신앙은 그대로 남아 있지만, 타락한 목회자들은 점점 신도들로부터 멀어지고 있다.

2) 사이비 신앙에 잘 빠지는 국민

사이비(似而非)란 겉으로는 비슷해(似) 보이나(而) 실제로는 전혀 다르거(非)나 아닌 것을 의미한다. 즉, 종교처럼 보이지만 종교가 아닌 것을 말하며, 종교의 외형을 갖추고 사기 및 범죄를 저지르는 집단을 '사이비 종교'라고 한다.

일반적으로 사이비 종교는 종교적 의식을 빙자하여 여신도를 성적으로 착취하고, 금품을 갈취하며, 사기 등의 범죄와 밀접한 관련이 있다. 또한 교주를 신격화하고, 맹신을 이용해 노동력을 착취하며, 탈퇴자를 협박하고, 집단생활을 강요하는 등 가정을 파괴하거나 강력 범죄를 유발하는 사례도 많다.

국내에서 확인된 사이비 및 이단 교회는 기계교, 백백교, 영생교, 구원파, 동방교, 몰몬교, 만민중앙교회, 아가동산 등 약 수백 개 교단으로 파악되지만, 실제로는 더 많을 것으로 추정된다. 아직도 많은 사람들이 사이비 신앙에 빠져 헤어나지 못하고 있으며, 주변에서 아무리 비판해도 맹신에 사로잡혀 있기 때문에 아랑곳하지 않는다.

한국의 일부 교회는 종교를 이용하여 사기를 치고, 돈벌이에만 급급한 불량한 교회들이 널려 있다. 성경의 말씀을 왜곡하여 자신의 주머니를 채우는 목회자들, 종교인의 탈을 쓴 사이비 종교인들이 저지르는 피해는 실로 심각한 사회적 문제로 이어지고 있다.

이러한 사이비 종교의 번성은 헌법상 보장된 '종교의 자유'를 악용하여 사회악의 근원이 되고 있다. 우리 헌법 제20조는 ① 모든 국민은 종교의 자유를 가진다. ② 국교는 인정되지 아니하며, 종교와 정치는 분리된다고 명시하고 있다. 하지만 종교의 자유를 빙자하여 시한부 종말론을 퍼뜨리거나, 신도들의 재산을 갈취하고, 성적 착취를 일삼는 파렴치한 전도 행위가 넘쳐나고 있다.

관련 기관 및 전문가 단체들의 추정과 보고서에 따르면 2,000~2,500개에 이른다고 한다. 또한 이단들은 전국적으로 지부 교회를 설립하며 무차별적인 포교 활동을 벌이고 있어, 이에 대한 각별한 주의가 필요하다고 경고하고 있다. 이단들은 주로 서울과 경기 지역에 집중되어 있으나 전국적으로 분포되어 있으며, 특히 기존 전통 교단인 기독교예수교장로회, 침례회, 감리회, 선교회 등 기존 전통교회의 교단 명이나 단체명을 사용하고, 겉으로는 이단인지 구별하기 어렵도록 하고 있다.

3) 불안한 미래를 기대는 미신

우리 민족은 사이비나 이단 종교를 믿는 자들뿐만 아니라, 토착 신앙이나 무속 신앙을 믿는 사람들도 많다. 즉, 앞날의 길흉화복을 미리 알고 싶어 하거나, 미래에 대한 불안 심리를 해소하고자 하는 욕구로 인해 무당, 만신, 점집, 사주점, 타로점 등 온갖 잡신을 섬기는 사례가 많다.

특히 대통령, 국회의원, 지자체장, 지방의원 선거 당선, 입시 합격, 취업, 승진, 영전, 득남 기원, 사주팔자 풀이 등을 위해 점을 보는 사람들이 많아 무속 신앙이 여전히 성업 중이다.

북한에서도 같은 민족이기 때문에 '점'이나 '사주풀이'를 하는 집이 있으며, 숨어서 미신을 믿는 사람들이 많다고 한다. 북한에서는 미신 행위를 마약, 성매매, 도박, 밀수와 함께 5대 범죄로 규정하며, 형법상 사회주의 공동생활 질서 침해 범죄로 처벌하고 있다. 그럼에도 불구하고, 승진, 보직 이동 등에 대한 불안감으로 인해 미신에 의존하고 부적을 붙이거나 액땜을 하는 사례가 있다는 것을 탈북한 태영호 전 북한 외교관이 증언하기도 했다.

4. 은혜와 고마움을 잘 잊는다

우리 속담에 "은혜는 돌에 새기고 원수는 물에 새겨라", "명산 잡아 쓰지 말고 배은망덕하지 말라" 등 은혜를 배반해서는 안 된다는 좋은 교훈들이 많다.

은혜를 잊는 것은 '기른 개에 손을 물린다'는 행위로 보아 인면수심(人面獸心)이라 할 것이다. 즉 큰 은혜는 잊고(亡人大恩), 남의 작은 허물은 기억해 둔다(記人小過)라고나 할까?

백 번을 잘해줘도 한 번의 실수를 기억하고, 단 한 번의 서운함에 오해하고 실망하며 관계가 틀어지는 경우가 많다. 서운함보다 함께한 좋은 기억을 먼저 떠올릴 줄 아는 현명한 사람이 되지 못한다. 이는 은혜를 받고도 그 대가를 지불하지 못하면서, 신세를 진 것을 열등의식으로 받아들이고 이를 극복하기 위해 오히려 은혜를 배신하는 것이다.

1) 정치판에서의 '배은망덕' – 사라진 의리, 흔들리는 신뢰

한국 정치권에서는 '배은망덕'이라는 말이 더 이상 낯설지 않을 정도로 흔하게 목격된다. 정치적 초년기에 자신을 국회로 이끌어준 대통령이나 당 대표에게 충성심을 보이며, '공천'이라는 정치 생명을 얻고 세력을 키운 정치인들이 정작 그 지도자의 인기가 하락하거나 권력이 약해지면, 언제 그랬냐는 듯 등을 돌리는 일이 비일비재하다.

과거 자신에게 정치적 기회를 준 지도자에 대한 최소한의 예의나 의리조차 지키지 않고, 여론에 따라 자신만의 정치적 생존 전략에 따라 거침없이 말을 바꾸고 행동을 뒤집는다.

이러한 모습은 단지 개인의 배신을 넘어서, 한국 정치 전반의 신뢰를 무너뜨리는 원인이 되고 있다. 유권자들은 분명한 정치적 기준과 소신을 바탕으로 후보를 선택하고 지지하지만, 일부 정치인들은 득이 안 된다고 판단되면 언제든 자신이 속한 진영과 정당, 심지어 자신을 키워준 정치 지도자까지 버리고 새로운 세력에 편승한다. 국민 입장에서는 이들이 마치 "우물에 침 뱉는 사람"처럼 보일 수밖에 없다.

더 큰 문제는 이런 배신의 행태가 일종의 생존 전략처럼 정치권에 만연해 있다는 점이다. 총선을 앞두고 유리한 당으로 옮겨 다니는 '철새 정치인', 자신의 이익을 위해 단기간 내 여러 당을 전전하는 '메뚜기 정치인'은 어느 정당에나 존재한다. 이러한 인물들은 대중 앞에서는 '민심을 따랐다'고 말하지만, 실제로는 개인의 권력 유지와 재선 전략을 위한 계산에 불과한 경우가 많다.

정치가 신뢰를 잃고 '배신과 이합집산'의 반복이 되풀이될 때, 가장 큰 피해자는 결국 국민이다. 정당과 정치인은 유권자의 기대와 신뢰 위에 서야 한다. 그러나 신념보다 유불리를 따지는 정치는 정체성을 잃고, 정치에 대한 환멸과 무관심만 키우게 된다.

진정한 정치는 '정치적 의리'와 '책임 있는 태도' 위에 세워져야 한다.

2) 사랑을 배신한 배은망덕한 사람들

젊은 시절 가난 속에서도 큰 꿈을 이루기 위해 고등고시를 준비하며 산사에서 열정을 불태울 때, 사랑했던 애인이 학비와 하숙비까지 뒷바라지하며 헌신한 은혜를 잊고, 고시에 합격하여 출세의 길이 열리자 함께 맹세했던 사랑의 약속을 저버리고 재벌가나 권력자의 여성과 결혼한 자들이 많았다.

그래서 사랑에 속고 돈에 울게 했던 배신자를 그린 비정한 신파 영화들이 한 시대를 풍미했다. 눈물 없이는 볼 수 없는 신파극 무성영화 '이수일과 심순애'가 대표적인 작품이었다. 극 중 심순애는 사랑하던 경성제국대학 이학부 학생인 이수일을 버리고, 돈 많은 장안의 갑부 김중배와 결혼했다. 이수일은 "김중배의 다이아몬드가 그렇게 좋더냐?"라며 한탄했고, 결국 심순애는 그 집에서 쫓겨나 자결하게 된다. 이수일은 가슴에 칼을 꽂은 심순애를 품에 안고 오열하는데, 이 이야기는 당시 많은 대중에게 깊은 인상을 남겼다.

3) 은혜를 저버리지 않은 지도자, 노무현

배신이 난무하는 세태 속에서도, 사랑의 은혜를 저버리지 않고 약속을 지킨 사나이가 있었다. 그는 바로 노무현 전 대통령이다. 그는 금성사 여공으로 주경야독하며 야학을 다녔던 고교 중퇴자이자, 초등학교 친구였던 권양숙 씨와 끝내 약속을 지켰다.

권양숙 씨의 부친은 경남 창원시 진전면 오서리 면사무소 서기로 재직했으며, 6.25 전쟁 당시 창원군 북한 노동당 부위원장 겸 반동조사위원회 부위원장으로 활동하다 전후 마산교도소에 수감 중 옥사한 미전향 장기수였다. 대통령 선거 당시, 장인의 북한 공산당 전력을 문제 삼아 공격이 심했지만, 노무현 대통령은 "장인의 전력 때문에 이혼하라는 것인가?"라며 부인을 감쌌다.

출세 후 배신하는 사람들이 많았던 현실 속에서, 이런 배신의 형태를 비웃는 영화들이 인기를 끌었던 것도 우연이 아니었다.

4) 미국의 은혜를 모르는 국민이 많은 나라

북한군에게 나라를 빼앗긴 위기에서 인천상륙작전으로 대한민국을 구해준 전쟁 영웅 맥아더 장군의 인천 자유공원 동상에 불을 지른 자는 과연 어느 나라 국민인가? 그는 북한에서 온 사람인가? '물에 빠진 사람을 구해줬더니 왜 살렸냐고 따지는 격'이 아닌가?

6.25 전쟁을 막지 못하고 북한의 김씨 세습 왕조 독재 정권 아래에서 살았을 가능성을 생각하면 치가 떨린다. 그런데도 일부 세력은 주한미군 철수를 주장하는데, 철수 후의 대책은 무엇인가? 북한 독재 정권과 연방제를 하자는 것인가? 그렇지 않다면 공산주의자들에게 나라를 통째로 넘기자는 것인가?

맥아더 장군 동상에 불을 지른 사람들이 목사 2명이라고 한다. 그들은 공산화된 나라에서는 진정한 교회도, 목사직도 존재할 수 없다는 사실을 알고나 있는 것인가? 6.25 전쟁 당시 공산주의자들의 잔혹한 만행을 경험해보지 못한 자들이 이런 경거망동한 행동을 하고 있다.

면사무소 서기가 갑자기 인민위원장이 되어 반동분자라며 면장을 처형하는 꼴, 머슴에게 빨간 완장을 채워 집주인을 '반동분자'라며 숙청하게 하는 꼴, "아버지 동무 반동이 쟁이요"라고 고발하던 공포의 시대를 경험해 보았더라면, 나라를 구해준 고마움을 결코 잊지 않을 것이다.

6.25 전쟁 당시, 북한군이 서울을 점령하고 불과 3일 만에 3만여 명을 학살했다. 미군이 중심이 된 연합군이 아니었다면, 지금 우리는 어떤 세상에서 살고 있을까? 죽어봐야 그때 가서 후회할 것인가?

먹고 입을 것도 없고 전쟁 무기도 없는 나라를 되찾아주었더니 적당한 핑계로 배신하려는 민족을 계속 떠받혀주고만 있을 나라가 어디 있겠는가.

미국은 왜 우리를 도왔는가?

6.25 전쟁에서 미군 5만 4,246명이 목숨을 잃었다. 이들이 지구상에 코리아가 어디 붙어 있는지도 몰랐던 낯선 나라에 와서 싸운 이유는 공산주의 확산을 막기 위해서였다. 그런데도 한국에서 미군 철수를 외치고, 맥아더 장군 동상에 불을 지르고, "미국군 고홈"을 외치는 것이 가당치나 한 일인가?

은혜를 모르는 나라가 되지 말자. 위에는 과거 우리를 속국으로 삼았던 중국, 앞에는 한때 식민지배를 했던 일본이 있다. 강대국에 둘러싸여 있는 우리가 주한미군을 철수시키고, 북한의 핵을 믿고 맡기자는 것인가?

"평화는 공짜가 아니다." 안보는 한 번 잃으면 끝장이라는 사실을 잊지 말고, 우리는 주변 강대국의 위협을 혼자 힘으로 감당할 수 없는 나라임을 인식해야 한다. 지난 수백 년간 내부 분열로 인해 망했던 역사를 되풀이하지 말자.

5) 젊은 세대가 부모의 은혜를 생각하고, 어른을 공경하게 해야 한다

부모는 자식이 태어나면 키워주고 대학까지 공부시켜주며, 결혼할 때는 살 곳까지 마련해 준다. 직장을 빨리 구하지 못하면 구할 때까지 먹여 살려주고, 직장이 없고 결혼도 못 하면 평생 함께 살아주는 부모도 있다. 부유한 부모는 자식이 평생 놀면서도 살 수 있도록 유산까지 물려준다.

그런데도 이런 부모의 은혜를 모르고 요양병원에 부모를 맡겨놓고 3년 동안 연락 한 번 하지 않는 자식들이 있다. 부모가 남긴 유산을 더 많이 차지하려고 형제끼리 소송을 벌이고, 원수가 되어버린 가정도 있다.

부모는 영생하지 않는다. 곧 떠난다. "있을 때 잘해야 한다."

최근 젊은이들의 어른에 대한 무례한 태도가 두드러지고 있다. 존댓말을 제대로 하지 않거나 공공장소에서 기본적인 예의를 지키지 않는 모습도 자주 목격된다.

이러한 현상은 단순한 세대 차이를 넘어서, 기본적인 공경심과 예절 교육의 부재를 보여주는 신호로 볼 수 있다. 아무리 시대가 변해도, 세대 간 존중과 예의는 공동체를 유지하는 기본이라는 점에서 우려가 크다.

어른에 대한 무례함은 결국 자신이 나이 들어 받게 될 대우의 거울이라는 점을 젊은 세대가 되새길 필요가 있다.

5. 이기적이라 양보와 배려심이 없다

사람과 사람 사이에는 '선(善)'이라는 것이 있다. 따뜻한 배려심과 양보심, 이런 것을 바로 정(情)이라고 할 수 있다. 약자에 대한 배려, 힘들어하는 자에게 양보하는 것, 이것이 사람 냄새 나는 자세이자 훈기일 것이다. 이런 양보와 배려는 손해라고 생각해서는 안 될 일이다.

배려와 양보심은 하루아침에 하고 싶다고 되는 것이 아니며, 어느 정도 인성이 갖춰져야 가식이 아닌 진실성 있는 양보와 배려가 자연스럽게 나올 수 있다. 어떤 상황에서도 상대방에게 불편을 끼치지 않겠다는 마음을 갖는 것이 기본이 된다.

내가 더 피곤하고 손해 본다는 생각보다는, 나의 도움이 필요할 때 언제든지 다가갈 수 있는 따뜻한 마음만 있으면 그리 어렵지 않다는 생각이다.

우리 사회는 경제 규모가 비슷한 나라들과 비교했을 때나 소득 수준이 낮은 국가들과 비교해도 배려와 양보가 부족한 나라로 평가받고 있다. 겉모습은 화려하지만, 양보와 배려의 결핍으로 마음은 메말라가고, 사회는 점점 험악한 모습으로 변해가고 있다.

배려심이 있는 사회는 상호 신뢰가 있는 사회이다. 배려가 통하지 않는 사회는 일방만 배려하고, 나머지는 그 배려를 받아먹는 사회이다.

우리는 그들에게 배려를 계속하는 것이 과연 미덕일까? 종교에서는 그렇다고 할 수도 있겠지만, 배려를 이용하는 사람은 그 자신이 배려 없는 사람인 것을 모르고 있기 때문이다.

1) 배려와 양보가 없는 욕심이 가득 찬 현장

운전대만 잡으면 순한 사람도 난폭해지고, 양보할 줄 모르며, 차머리를 무리하게 끼워 넣고, 신호만 바뀌면 재촉하며 크락션을 울리고, 보행자 뒤에서도 비키라며 빵빵거려 놀라게 한다. 이런 무례한 운전은 보복 운전의 악순환을 불러일으킨다.

2020년 보복 운전 범죄는 5500여 건, 즉 하루에 15건이 발생한 셈이다. 이 수치는 사건화된 것일 뿐, 실제로 얼마나 자주 일어나는지는 짐작할 수 없다. 이러한 운전 범죄는 배려 없는 사회의 민낯을 보여준다.

장마철에는 빗물 고인 도로에서 빗물을 튕겨 다른 사람에게 물벼락을 주는 얌체 짓이 반복된다. 도로교통법 제49조(모든 운전자의 준수 사항 등)에 따르면, 고인 물을 튀기지 않도록 해야 한다고 명시되어 있지만, 이런 규정을 괘념치 않는 사람들이 많다.

교통사고 후에도 반말을 하며 감정싸움이 벌어지는 경우가 많다. "뭐 하자는 겁니까?", "당신은 몇 살인데?"라는 식의 말싸움은 배려하는 마음만 있으면 쉽게 풀릴 수 있는 일들을 키운다.

2) 배려 부족으로 생긴 사회적 문제들

지하철에서 배낭이나 팩백을 앞에 메도록 캠페인을 하고 있지만,

가슴 앞으로 메고 있는 사람이 드물다. 내가 배낭을 등에 지면, 내 뒤의 사람은 얼마나 불편할까 생각하며 배려하는 사람이 별로 없다.

대중식당에서는 친구 몇 명이 술을 마시며 고성을 지르고, 간혹 언쟁이 벌어지기도 한다. 남을 의식하지 않는 배려가 없는 행동을 보게 된다. 자기만족을 위해 굉음을 울리는 오토바이족이나 대중목욕탕에서 친구들끼리 떠들고 물을 뿌리며 장난치는 사람들도 많다. 탈의장에서 팬티를 터는 사람들도 여전히 존재한다.

층간 소음으로 살인까지 일어나는 나라가 되었고, 조금만 배려하고 아래층에 사는 사람을 생각했다면 이런 층간 분쟁은 없을 것이다. 배려 부족으로 칼부림까지 일어나는 사건이 벌어지고 있다.

아파트 내 애완동물 소음 문제도 이웃에 대한 배려 부족에서 생긴 분쟁으로, 소송까지 가는 사례가 흔히 있다. 서울의 유명한 음식점 골목인 광장시장에서는 몇몇 소문난 음식점 앞에 무질서하게 서 있는 대기 손님들 때문에 다른 상품을 파는 상인들이 영업을 제대로 할 수 없다고 하소연한다. 손님들이 일렬로 서서 기다려주기만 해도 좋겠지만, 그렇지 않다는 것이다. 특히 좁은 골목길의 음식점은 대기 줄이 골목길을 막고 이웃집 대문 앞까지 늘어서면서 출입을 방해하는 일이 다반사다. 이런 상황이 하루 이틀이 아니라 매일 반복되니 이웃들의 불만이 클 수밖에 없다. 간단히 담벼락에 붙어 서기만 해도 해결될 일인데, 그조차 지켜지지 않는 것이다.

출퇴근 시간 광역버스 정류장의 줄서기 전쟁도 마찬가지다. 통행로만 열어주면 모두가 편할 텐데, 그렇지 않다. 바쁜 출퇴근길, 보행로를 헤쳐나가며 맞은편 사람과 부딪쳐도 미안한 표정조차 없이 태연하게 지나가는 모습도 흔히 볼 수 있다. 배려심이나 예절이 실종된 현실을 실감하게 한다.

3) 외국인의 시선에서 본 한국인의 배려 부족

여러 외국인이 한국인의 배려심과 예의 부족을 지적하면서, 다음과 같은 사례를 들었다.

- 버스나 지하철을 먼저 타려고 사람들을 밀치는 아주머니와 아저씨들
- 지하철에서 힘겹게 손잡이를 잡고 서 있는 할머니, 할아버지를 보고도 태연히 앉아 있는 중·고등학생들
- 버스를 타자마자 엄마 손을 놓고 빈자리로 먼저 달려가 앉는 어린아이
- 기차역 대합실에서 여자친구를 위해 빈자리에 음료수 병을 올려놓고 자리 맡아두는 청년
- 노인복지관에서 친구 자리까지 차지하려고 몇 자리를 막아두는 모습

이런 장면을 본 외국인들은 "한국에 가면 어른을 공경하고 예의가 밝아야 한다고 배웠는데, 현실은 다르다"고 말한다.

미국의 경제 전문 매체 '비즈니스 인사이더(Business Insider)'는 "일본인은 줄 서는 것을 미친 듯이(in-sanely) 잘한다"며 "군사작전처럼 보일 정도"라고 했다. 성균관대 구정우 교수는 "일본은 다른 사람에 대한

배려가 몸에 밴 사회지만, 한국은 '남보다 내가 먼저'라는 인식이 우세하다"고 분석했다.

배려와 양보 부족의 원인은 가난일까?, 6.25 전쟁의 폐허 속에서 시작된 가난이 원죄일까?

전쟁 이후, 농업 생산이 피폐해지고 식량이 극심하게 부족했던 시절, 남한과 월남 피난민들은 생존이 최우선이었고, 배려와 양보를 챙길 여유조차 없었다. 굴다리 밑에서 움막을 치고 살던 생활, 빗물 새는 하꼬방(판잣집: 箱+방) 생활, 신문팔이, 껌팔이, 미군 부대 철조망에 붙어 "초콜릿 기브 미(Give me chocolate)"를 외치던 어린이들, 미군 부대 하우스보이로 끼니를 해결하던 젊은이들, 배급 식량이 부족해 선착순으로만 배급을 받던 시절, 교통편 부족으로 한 번 놓치면 귀가할 수 없던 절박한 상황에서의 새치기, 일용직 근로자의 한정된 일자리를 차지하기 위해 새치기가 만연, 이렇듯 "순서를 놓치면 안 된다"는 절박한 환경 속에서 몸에 밴 생존 본능이 지금도 배려와 양보가 부족한 원인으로 작용하는 것은 아닐까?

옛말에 "의식이 족해야 예절을 안다"는 말이 있다. 가난이 죄가 되어 배려와 양보심을 챙길 여유조차 없었던 시절의 습관이 아직도 남아 있는 것은 아닐까?

배려심이 부족하거나 정신적 여유가 없는 생활에 젖어 있으면, 사소한 일에도 감정이 메말라지고 순간적인 폭발로 충돌이 잘 일어난다. 한적한 산골길에서 마주쳐도 "안녕하세요?"라고 인사 나누는 여유조차 없는 현실이다.

4) 목줄 없이 산책하는 개, 배려 없는 행동의 대표 사례

"우리 개는 물지 않아요.", "목줄이 필요 없어요." 이 말은 개 주인에게나 해당되는 이야기다. 남들에게는 공포감과 불안감을 주는 행동이다. 개를 키우는 사람에게는 가족 같은 반려견일지 몰라도, 남에게는 언제든 공격할 수 있는 위험 요소일 뿐이다.

소방청에 따르면, 최근 5년간 개에 물려 119로 병원에 이송된 피해자가 1만 6000여 명에 달한다. 즉, 하루 평균 6~7명이 개에 물려 다친다. 더욱이 매년 증가하는 추세다. 그럼에도 목줄 없이 개를 산책시키거나, 심지어 입마개도 하지 않는 반려견 주인들이 늘어나고 있다. 남의 불안감은 생각하지 않은 채, 자기 개만 귀엽게 생각하는 전형적인 이기주의적 태도다.

현행법상 애완견이 거리나 공원에서 목줄 없이 돌아다닐 경우, 개 주인에게 과태료 5만~50만 원이 부과되도록 규정되어 있다. 하지만 여전히 반려견 주인의 배려 부족과 몰상식한 행동은 줄어들지 않고 있다.

배려와 양보심은 마음만 먹으면 얼마든지 실천할 수 있는 행동양식이다. 양보와 배려는 보일 듯 말 듯하면서도 상대의 마음을 감싸주는 따뜻함과 한발 앞서 상대의 마음을 헤아려주는 아량과 이해심이 내포되어 있어야 한다. 단순히 마음만 먹는다고 되는 것이 아니라, 이를 꾸준히 실천하기 위해서는 기본적인 인성이 갖춰져야 한다.

이제는 가난에 허덕이던 절박한 시절도 지나고, 경제적으로 살만한 선진국으로 진입했다. 하지만 그에 걸맞은 국민적 행동과 의식이 따르지 못하는 것이 여전히 과제로 남는다.

상호 신뢰를 바탕으로 한 양보와 배려는 살기 좋은 사회를 만드는 핵심 요소다. 배려와 양보가 사라진 사회를 상상해 보면, 그것은 결국 험악하고 살벌한 세상으로 변할 수밖에 없다.

6. 한탕주의 사행심(射倖心)이 많다

정확히 언제부터 쓰이기 시작했는지는 알 수 없지만, 속된 말 중에 '한탕'이라는 말이 있다. 이는 엄정한 법 절차를 따르거나 상식·규범·예의를 지켜서는 뜻을 이룰 수 없고, 두 눈 딱 감고 법 같은 것은 무시한 채 한 번 질러버려야 이익을 챙길 수 있다는 오래된 사회적 심리 현상에서 비롯된 것이다.

이런 '한탕'의 이익 크기나 노리는 행위의 종류와 대상은 매우 다양하다. 사회가 매우 불안하고 법규나 상식을 무시하는 풍조가 만연할 때, '한탕주의'와 '사행심'이 더욱 유행한다. 사회가 안정을 되찾은 후에도 '한탕'의 짜릿한 맛에 대한 유혹은 쉽게 사라지지 않는다.

단번에 요행으로 힘들지 않고 일확천금의 재물을 손에 넣을 수 있다면 얼마나 좋겠는가. 누구나 한 번쯤은 이런 유혹에 솔깃해 본 적이 있을 것이다. 한국인은 옛날부터 한탕주의가 문제가 되어왔다. 피서철 바가지 요금, 민박집 숙박료 폭리, 여름철 계곡에서 평상을 놓고 일방적으로 부과하는 자릿세 같은 한철 장사 한탕주의는 피서객들의 눈살을 찌푸리게 한다.

그러나 무엇보다도 한탕주의와 사행심을 대표하는 것은 '도박'과 '매점매석(買占賣惜)'일 것이다.

1) 합법적 사행행위에 한탕주의

경마, 경륜, 경정, 로또, 스포츠복권, 카지노, 체육진흥 투표권, 소싸움 등 법적으로 허용된 사행성 산업이 존재한다. 특히 로또복권은 전체 복권판매액의 90%를 차지하며, 2017년 3조 7,974억 원에서 2023년 6조 7,507억 원으로 매년 증가하고 있다. 이는 세계적인 감소 추세와는 반대로 가는 현상이라고 한다.

경기 불황 속에서 "믿을 것은 로또뿐"이라며 한탕을 노리는 사람들이 늘어나지만, 결국 없는 자들의 주머니만 털리는 구조이다. 로또에 인생 역전을 걸어보지만, 당첨 확률은 낙타가 바늘구멍을 통과하는 것보다 어렵다. 하지만 사람들은 혹시나 하는 마음으로 한 주간의 꿈을 산다.

2) ELS, 금융투자

증권 투자, 펀드 투자, 주식 투자에 대한 대박 환상은 여전히 강하다. 친구 따라 강남 가듯 특정 종목이 대박이라는 말에 솔깃해 무작정 따라 샀다가 빈털터리가 되는 경우가 부지기수다.

특히, 호재를 퍼뜨려 관심과 돈을 끌어모으는 작전 세력에 휘말려 결국 '깡통 계좌'를 차게 되는 개미 투자자들이 많다. 주식을 투자로 접근하지 않고 투기로 바라보며, 적은 금액으로 많은 이익을 기대하는 한탕주의적인 심리로 인해 실패하는 경우가 대부분이다. 결국 재테크가 아니라 '대박의 꿈'을 좇다가 망하는 것이다.

3) 투기 사행심으로 한탕 잡은 사람을 보지 못했다.

큰 이익을 노리는 투기적 투자, 우연한 이익을 기대하는 요행, 단기적인 일확천금을 노리는 투기는 결국 대부분 실패로 끝난다. 땀 흘려 노력하여 돈을 벌 생각은 하지 않고 요행으로 인생 역전을 꿈꾸지만, 세상은 그렇게 쉽게 한몫 잡도록 만들어져 있지 않다. 결국 수업료를 지불하고 나서야 이를 깨닫게 된다.

한국인들은 가장 즉흥적이고, 가장 도박적인 성향을 보인다. 속된 말로 "못 먹어도 고!", 즉 한 번 시작하면 끝을 봐야 하는 성향이 강하다. 잃으면 신용카드를 긁고, 그래도 안 되면 아는 사람까지 동원해 돈을 끌어온다.

이를 보면 우리 민족성에도 도박적 기질과 강한 승부 근성이 존재하는 것 같다. 사람의 욕심은 끝이 없고, 잃은 자는 지나친 욕심의 결과를 그대로 맞이하게 된다.

결국, 어디에도 '한 방에 끝내주는 인생 역전'은 없다.

'노름은 본전에 망한다'는 말이 있다. 본전을 건지려다 끌려들어 결국 모든 것을 잃는다는 의미다. 낙타가 바늘구멍을 통과할 생각은 버리고, 성실히 노력하며 '진합태산(塵合泰山: 티끌 모아 태산)'이라는 평범한 진리를 따르는 것이 바람직할 뿐이다.

7. 개인은 똑똑한데 협동에는 약하다

한국인들은 개개인의 능력은 뛰어나지만, 모이면 협동심이 부족하고 단결력이 약하다는 평가를 자주 받는다. 둘, 셋만 모여도 서로 다투기 일쑤이며, 한국에서는 동업하는 사업이 성공하기 어렵다는 말도 있다.

예전 어른들은 "조선인들은 모래알과 같고, 일본인들은 찰흙과 같아서 조선인은 개개인으로 보면 일본인보다 더 뛰어나지만, 일본인은 비록 개개인의 능력이 부족하더라도 찰흙처럼 똘똘 뭉쳐 결국 조선을 이긴다" 라고 하곤 했다. 듣기 불편한 말이지만, 되새겨볼 가치가 있다. 물론 한국인이 항상 모래알처럼 분열했던 것은 아니다. 국난 극복을 위해 대동단결하여 큰일을 이루어낸 사례도 많았다. 모래알도 시멘트를 부으면 찰흙보다 몇백 배 강한 콘크리트가 되듯, 우리는 단결할 수 있는 민족이다.

한국인은 위기에 직면하면 불같이 단결하는 힘을 발휘한다. 예를 들어, 중국 축구 팬들은 한국 선수들의 조직력을 두려워하며, 한국을 상대로 한 경기를 앞두고 '공한증(恐韓症)'을 겪는다고 한다. 그러나 평소에는 협력과 단합이 부족한 모습을 보인다.

한국은 개인 경쟁에서는 강하지만, 협력이 필요한 단체전에서는 상대적으로 약한 모습을 보인다. 예를 들어, 세계기능올림픽에서 19번이나 종합우승을 차지했고, 여성 프로골프 선수들은 세계 무대를 석권하고 있으며, 올림픽 개인 종목에서도 많은 우승자를 배출했다. 하지만 팀워크가 중요한 단체전에서는 상대적으로 약한 모습을 보인다.

이는 모두가 자신이 최고라고 생각하여 협력의 시너지 효과를 살리지 못하는 탓이다. 좀 더 깊이 분석해 보면, 한국인은 자신의 능력을 집단의 이익을 위해 활용하고 절충하는 법을 모르며, 자신의 이해관계를 위해서는 집단을 희생하는 경향이 있다. 물론 모든 한국인이 그렇다고 단정할 수는 없지만, 집단의 성격과 상황에 따라 협동심이 강하기도 하고 약하기도 한 것이 사실이다.

"뭉치면 살고 흩어지면 죽는다." 이 평범한 지혜를 터득하지 못하는 민족인가? 이 말은 1948년 이승만 초대 대통령이 취임식에서 사용한 이후, 6.25 전쟁 당시 1950년 10월 27일 평양 탈환 환영 시민대회에서 강조한 말이다. 이승만 대통령은 역사적 교훈을 바탕으로 민족의 단결을 강조한 것이다.

이 표현의 원전은 이솝우화에서 비롯된 "뭉치면 서고 흩어지면 넘어진다(United we stand, divided we fall)"는 격언에서 나왔다. 또한 미국의 건국의 아버지 벤자민 프랭클린은 "뭉치지 않으면 죽는다(Join, or die)"라는 말을 남겼으며, 이는 미국 독립전쟁 당시 식민지 주민들의 자유를 위한 상징적인 구호가 되었다.

1) 한국인은 모래알 같은 민족인가?

모래알은 한 알 한 알 단단해서 잘 깨지지 않지만, 서로 잘 섞이지 않는다는 점에서 한국인을 '모래알 민족'이라 빗대어 부르기도 한다. 한국인들은 개개인의 재능이 뛰어나고 빛나는 모래알처럼 우수하지만, 하나로 뭉치지 못하고 서로 다투기 일쑤여서 집단으로서는 약하다는 평가를 받는다.

왜 이런 말을 듣는 것일까? 아마도 개인적 자질이 너무 뛰어나기 때문일 것이다. 그러다 보니 자신의 생각과 주장을 쉽게 굽히지 못하고, 이기적인 사고방식과 강한 자존심으로 인해 협동력이 약화되는 경향이 있다.

우리나라 정치나 선거판을 보면 이러한 모습이 더욱 두드러진다. 미국의 한 개 주보다 작은 한반도에서 남북이 갈라져 싸우더니, 이제는 동서로 나뉘어 서로 헐뜯고 있다. 앞으로 또 어떤 방식으로 분열될지 궁금할 정도다. 이제는 관용과 협력, 공생이라는 '시멘트'를 더해 모래알이 조화롭게 결합하여 거대한 빌딩을 세울 수 있는 지혜가 필요하다.

"뭉치면 살고 흩어지면 죽는다(團生死散)"는 말은 현재 한국 사회에 가장 필요한 금언(金言)일 것이다. 과거 "잘살아 보세, 잘살아 보세"라는 구호 아래 하나로 뭉쳐 한강의 기적을 이루었고, IMF 외환위기 당시 국민이 자발적으로 금을 모아 경제를 회생시켰으며, 월드컵 경기 때는 '붉은 악마'로 하나 되어 대한민국을 붉게 물들였다. 또한 3.1운동과 4.19 혁명처럼 위기 속에서 단결한 역사가 있다. 우리는 외국인들로부터 '모래알 민족'이라는 말을 듣지 않는 사회를 만들어야 한다.

감성적 외침에는 단결이 잘되지만, 이성적 판단이 필요한 순간에는 이유가 많아 쉽게 분열했던 우리의 약점을 반복하지 말아야 한다.

2) 협동 정신이 없고 갈등이 심해 동업을 못 하는 민족

우리나라 사람들은 개성이 강하고 독립적인 사고방식이 강하여 상호 협력 정신이 부족하다. 그래서 동업을 지속하기 어려워 오랜 기간 유지되는 동업 사업체가 많지 않다. 그러나 예외적인 사례도 있다. LG그룹과 GS그룹이 대표적인 사례로, 구씨 가문과 허씨 가문이 동업으로 시작해 3대에 걸쳐 지속적으로 사업을 이어왔고, 다툼 없이 조용히 사업을 분할하여 많은 이들의 찬사를 받았다.

우리나라에는 현대적인 기업 경영 형태로 여러 주주가 출자하여 운영하는 주식회사가 많지만, 실제로는 중소기업의 80% 이상이 1인 출자 형태의 법인으로 운영되고 있다. 즉, 형식적으로는 주식회사이지만 실질적으로는 1인 기업이나 가족 경영이 대부분이다.

이런 현상이 나타나는 이유는 '내 돈으로 내가 오너가 되어 의사결정권을 행사해야 성공할 수 있다'는 한국 특유의 개성 때문일 것이다. 여러 명이 주주로 참여하는 회사는 협의와 타협이 필요한데, 한국인의 국민성이 협력보다는 독립성을 중시하다 보니 분열과 갈등으로 사업이 파탄 나는 경우가 많았다. 실제로 공동 경영에서 갈등이 발생해 회사를 접는 사례는 비일비재하다. 반면, 1인 경영이나 가족 중심의 오너 경영은 강력한 추진력을 바탕으로 성공한 경우가 많다. 오너가 직접 경영에 참여하면 책임감과 집중력이 높아지고, 전문경영인이 운영하는 것보다

성과가 좋다는 인식이 있기 때문이다.

한국 기업인들은 이기적인 경향이 강하고, '내 사업은 내가 직접 운영해야 한다'는 소유 개념이 뿌리 깊다. 개인이 운영하는 작은 공장이나 식당에서도 주인이 직접 관리하지 않으면 종업원들이 나태해진다고 생각하기 때문에 자리를 비우기가 어렵다. 종업원에게 자율적으로 맡기면 능률이 떨어진다는 인식이 강해서, 대기업을 제외하고는 전문경영인에게 회사를 맡기는 경우가 거의 없다.

반면, 미국에서는 창업할 때 학교 친구나 직장동료들이 의기투합하여 기업을 설립하고, 공동 창업을 통해 대기업으로 성장하는 사례가 많다. 애플, 구글 등 수많은 글로벌 기업이 공동 창업으로 성공했다. 하지만 미국 내 한인 사업체를 보면, 동업을 시작했다가 얼마 지나지 않아 의견 충돌로 분열하고 갈라서는 경우가 많다.

중국인, 인도인, 중동인들은 동업을 통해 서로 협력하며 사업을 키워가는데, 한국인들은 동업을 하다 보면 다툼이 많아 결국 각자 따로 사업을 하게 된다. 이러한 협력 부족 문제는 한인 사회에서도 흔히 볼 수 있는 현상이다.

한국인은 왜 뭉치면 힘이 세어진다는 평범한 이치를 실천하지 못하는가? 협력의 중요성을 깊이 고민하고, 이를 극복할 방법을 찾아야 한다.

8. 못 말리는 빨리빨리 성정(性情)

1) 빨리빨리 한국병

한국사회병리연구소장 백상창 박사는 "빨리빨리 병"의 원인을 한국인들의 '살아남기 콤플렉스'에서 찾았다. 그는 한국인들이 평소에도 "무슨 일이 생길지 모른다. 일이 닥치면 도망가야 한다"는 불안감을 가지고 있으며, 6.25 전쟁의 참상이 이를 더욱 심화시켰다고 분석했다.

사실, 조선 시대의 한국인은 동작이 느린 것을 미덕으로 삼아 걸음도 천천히 걷고, 밥 먹는 것도 천천히 하라고 가르쳤다. 그러나 일제강점기와 6.25 전쟁을 겪으며, 어떻게든 살아남아야 한다는 강박적인 심리가 자리 잡았다.

전쟁 당시에도 한강을 일찍 건넌 사람은 남쪽으로 피난할 수 있었지만, 늦게 출발한 사람은 한강을 건너다 다리가 끊겨 죽거나, 피난을 가지 못해 인민군 총에 맞아 죽는 사례가 많았다. 그렇기 때문에 "소리만 나면 빨리 움직여야 산다"는 생각이 한국인의 의식에 깊이 박혔고, 이것이 "빨리빨리 병"으로 발전한 것으로 보인다.

또 한편으로 어떤 결과를 얻는데 너무 서두는 버릇이 있다. 무엇이든 결과를 얻는 데는 거쳐야 하는 과정이 필요한데 그 과정을 조금만 밟거나, 아에 날려버리거나, 새치기해서라도 기회만 있으면 빠른 결과물을 얻으려 한다. 매사에 빨리하는 것을 미덕으로 삼고, 선이며, 가치로 생각하는 사고가 문제다.

실증적 사례

운전대만 잡으면 경쟁자로 돌변해 신호가 바뀌자마자 크락션을 울려 앞차를 재촉하고, 민첩하지 않은 운전자에게는 조롱을 퍼붓는다. 공사현장에서는 정해진 기간보다 빨리 끝내려다 부실 공사가 발생하는 경우가 많다. 식당에서는 메뉴를 고르기도 전에 "빨리 되는 음식이 뭐냐"고 묻고, 음식을 주문하면 10분도 안 돼 후루룩 해치운다. 짜장면 한 그릇을 2분 만에 먹어치우는 문화 속에서, 유럽 사람들은 저녁 식사를 1~2시간 동안 여유롭게 즐긴다.

줄 서는 것도 힘들어 하며 조급증을 내는 '행렬 기피증'을 보이는데, 이는 공공질서를 지키는 데 큰 걸림돌이 된다. 유럽에서는 박물관이나 관광지를 방문할 때 몇 시간씩 줄을 서는 것이 일상적이지만, 한국인은 이를 견디지 못해 불평하기 일쑤다. 유럽을 여행하다 보면 보통 2~3시간 정도 기다려야 관람하는 곳이 많다. 필자도 바티칸 대성당을 관람하기 위하여 성당 담벼락에 붙어서 2시간 반 정도 기다렸는데 우리 일행은 무척 힘들어했다. 한국에 살면서 이렇게 오랜 시간 기다리고 살았던 적이 없기 때문이라 생각된다.

북한도 예외는 아니어서, '천리마 운동', '샛별보기 운동' 같은 구호를 외치며 속도전을 강조했다. 그러나 성과는 없고 노동자들만 지쳐갔다. 이처럼 남북한 모두 "빨리빨리"를 강조하는 문화가 자리 잡았지만, 정작 기다릴 줄 아는 문화와 여유로운 태도는 부족하다. 한국 사회가 진정한 선진국으로 나아가기 위해서는 속도 경쟁에서 벗어나, 과정의 중요성을 인식하고 인내심을 기르는 문화가 필요하다.

한국인의 "빨리빨리" 성향은 미국에서도 잘 알려져 있다. 미국 사람들은 한국인의 성급한 성정을 두고 여러 사례를 언급하는데, 그중 하나가 바로 줄서기를 견디지 못하는 모습이다. 미국에서는 기다리는 데 익숙한 반면, 망부석처럼 기다리다가 돌로 굳어 버릴 만큼 혼자 기다리는 데는 도사인데 여러 사람이 줄을 서서 기다리는 것은 참지 못한다고 한다.

오일쇼크 당시 로스앤젤레스에서 기름을 사기 위해 평균 10~15시간씩 줄을 서야 했던 '행렬전쟁'이 벌어졌을 때, 수많은 사람들이 가족이 번갈아 가며 줄을 섰지만, 그 대열 속에서 한국인을 본 사람이 없었다고 한다. 이에 대해 한 한국인 저명인사는 "한국 사람은 차라리 외출을 하지 않고 들어앉아 있을지언정 15시간씩 줄을 서 기다리지는 못한다"고 말했다.

미국 작가 존 스타인벡도 자신의 저서 미국인(The Americans)에서 "미국인들은 평생의 3분의 1을 줄 서 기다리는 데 낭비하는 바보들이다"라고 비꼬았다. 물론 과장된 표현이지만, 기다리는 것에 대한 민족적 차이가 분명히 존재한다고 김경근 고려대 명예교수는 말한다.

해방 직후, 관청에서 배급을 받으려 줄을 섰지만, 새치기 때문에 한 번도 차례가 오지 않았던 한 사람이 홧김에 칼을 들고 관청에 갔더니, 이미 그곳에서도 칼을 든 사람들이 장사진을 치고 있었다는 우스갯소리도 있다. 이는 한국인의 급한 성정을 단적으로 보여주는 사례다.

한국인의 빨리빨리 성향은 생활 곳곳에서 드러난다. 길을 걸으면서도 신문을 읽거나 휴대폰을 보며 일하고, 급한 성격 때문에 일이 빨리 끝나야 직성이 풀린다. 돈을 내는 일도 빨리해야 한다는 강박으로 식사 중에 미리 결제하는 습관이 있고, 병원에서는 2시간을 기다려도 진료는 2~3분 만에 끝난다. 이로 인해 환자들은 의사에게 충분히 상담을 받지 못하고, 꼭 물어보려던 것도 잊어버리고 나오게 된다.

법원에서도 피고인이 충분한 답변을 할 시간을 주지 않고 "예, 아니오"로만 답하라고 다그친다. 국회의 청문회에서도 증인을 불러놓고 마찬가지로 "예, 아니오"로만 답하라고 강요하는 모습이 흔하다.

음식을 주문할 때도 조금만 늦으면 "돼지 키워서 잡아 오나?", "왜 이렇게 더럽게 늦게 나오냐?"라며 조급증을 드러낸다. 지하철에서도 좌석이 보이면 내리는 사람을 기다리지 않고 밀치고 들어가며, 열차 문이 닫히는 순간에도 다음 차를 기다리지 못하고 끼어 타면서 안전사고를 유발한다.

교육에서도 남보다 먼저 배우게 하려고 선행학습을 강요하며, 학생들은 방과 후에도 학원과 개인 교습에 시달린다. 이렇게 한국인은 항상 바빠서 정작 '행복을 느낄 시간'이 부족하다.

군대 문화에서도 선착순 몇 명까지만 혜택을 주는 방식이 익숙하고, 6.25 전쟁 이후 부족한 식량 사정 속에서 늦게 온 사람은 배급을 받지 못했던 경험이 잠재적인 쫓기는 심리로 남아 있는 것은 아닐까? 빨리 움직여야 산다는 강박이 한국인의 일상 깊숙이 자리 잡아, 무의식적으로 항상 서두르고 있다.

이러한 성향 때문에 한국인은 남보다 먼저 가 있어야 마음이 편하고,

조금이라도 늦으면 불안감을 느끼며 무엇이든 빨리 끝내야만 안심하는 성격을 갖고 있다. 심지어 약을 선택할 때도 예방약보다는 '즉각적인 효과가 있는 약'만 잘 팔리는 경향이 있다.

2) 외국인이 본 한국인의 '빨리빨리' 습관

외국인들은 한국인의 빨리빨리 문화에 대해 흥미로운 관찰을 한다. 예를 들어, 자판기 커피를 받을 때 외국인은 커피가 다 나온 후 불이 꺼지면 컵을 꺼내지만, 한국인은 버튼을 누르자마자 컵을 잡고 커피가 나오는 동안 기다렸다가 빨리 뽑아 가려고 한다. 사탕을 먹는 방식도 다르다. 외국인은 사탕을 천천히 녹여 먹지만, 한국인은 그럴 시간이 없다며 깨물어 먹는다.

야구 경기에서도 차이가 있다. 외국인은 9회 말 2사 후에도 끝까지 자기 팀을 응원하지만, 한국인은 "다 끝났네, 보나 마나다"하며 미리 자리를 뜨는 경우가 많다. 그래서 9회 말 2사쯤 되면 관중석이 상당수 줄어든다.

마트에서 신용카드 결제할 때 가게 주인이 대신 사인하는 경우도 있으며, 고기가 다 익기도 전에 계속 뒤집어 보는 습관도 있다. 화장실에서 볼일을 보면서 양치질을 하고, 엘리베이터 닫힘 버튼을 연신 눌러댄다. 5~10초도 못 기다려서 조급하게 행동하는 것이다.

또한, 마트나 상점에서 계산하기 전에 음료수를 먼저 마시고 빈 병으로 계산하는 모습도 종종 보인다. 영화관에서도 엔딩 크레디트가 올라가기 전에 나가는 경우가 대부분이며, 3분 컵라면을 채 익기도 전에 휘휘 저어가며 마시듯 먹는다.

이제는 살만한 세상, 서두르지 말고 쉬엄쉬엄 살자.

한국인의 빨리빨리 성정이 잘못된 버릇으로 보이지만, 한편으로는 이 덕분에 다른 후진국보다 빠르게 경제성장을 이루며 한강의 기적을 가능하게 한 것도 사실이다. 하지만 빠른 발전의 이면에는 많은 부작용도 함께 감내해야 했다.

한국인은 바쁜 일상 속에서 끊임없이 서둘러 왔고, 그 과정에서 행복을 누릴 시간조차 부족했다. 이제는 조급함을 내려놓고, 삶 속에 '틈'을 만들어보자. 그 틈 속에서 비로소 삶의 의미를 되새기고, 행복을 찾을 수 있을 것이다.

9. 흥분 잘하고 쉽게 잊어버리는 냄비근성

1) 한국인의 냄비근성

한국인의 또 다른 특징으로는 냄비근성이 꼽힌다. 금방 흥분했다가도 돌아서면 금세 잊어버리는 성향을 의미하는데, 이는 냄비가 빠르게 끓어오르지만 금방 식어버리는 모습에서 유래한 표현이다.

눈물도 잘 흘리고 빨리 마르기도 하는 한국인의 국민성, 냄비의 순간적 열의 힘은 순간 응집력이 좋아 목표를 달성할 수 있으나 열정이 빨리 식는 냄비의 성질이 지속성이 없는 결함이 있다.

사회적 이슈나 대형 사건이 터지면 국민은 격렬하게 반응하며 대책 마련을 요구하지만, 시간이 지나면 언제 그랬냐는 듯 금방 잊고 다시 일상으로 돌아간다.

2) 스포츠 팬들의 냄비근성

이러한 냄비근성은 스포츠 경기에서도 잘 드러난다. 우리나라 대표팀이 좋은 성적을 내면 열광적인 지지를 보내지만, 조금만 부진하면 선수들에게 가혹한 비난과 악플이 쏟아진다. 승리를 위해 최선을 다하는 선수들에게 단 한 번의 실수만으로 "저 선수는 왜 대표팀에 뽑혔냐"는 식의 인신공격성 비난이 쏟아지는 것이 현실이다. 그러나 시간이 지나면 또다시 같은 선수를 응원하며 영웅으로 떠받드는 모순적인 태도를 반복한다.

3) 소비 트렌드와 냄비근성

냄비근성은 소비 트렌드에서도 쉽게 찾아볼 수 있다. 건강에 좋다고 알려지면 온 국민이 특정 제품을 사들이지만, 유행이 지나거나 부정적인 뉴스가 나오면 순식간에 외면한다. 다이어트 운동기구, 황토 제품, 게르마늄 팔찌, 녹즙기, 숯 제품 등이 대표적인 사례다.

특히, 황토팩 사건은 냄비근성이 기업에 어떤 영향을 미칠 수 있는지를 보여주는 대표적인 사례다. 한때 황토가 건강에 좋다는 소문이 퍼지며 관련 제품들이 불티나게 팔렸지만, 이후 황토에 쇳가루가 섞여 있다는 확인되지 않은 보도가 나오자 소비자들은 순식간에 등을 돌렸다. 뒤늦게 철분 함유가 자연스러운 현상이라는 사실이 밝혀졌지만, 이미 기업은 도산하고 말았다.

4) 정치, 공공사업의 냄비근성

정치에서도 냄비근성은 반복된다. 국민은 정치인의 실언이나 부정부패에 분노하며 "다시는 저 사람을 뽑지 않겠다!"고 다짐하지만, 시간이 지나면 잊어버리고 다시 지지하며 같은 인물을 당선시킨다. 이런 태도가 반복되다 보니 정치인들은 국민의 분노가 오래가지 않을 것이라는 점을 알고 무책임한 행동을 계속한다. 결국, 이러한 냄비근성이 정치 개혁을 가로막는 걸림돌이 되고 있다.

냄비근성은 공공사업에서도 자주 나타난다. 지자체나 공기업이 주민들의 문화생활을 위해 공연 무대, 촬영 시설, 지하철 역사 내외 공간 활용 프로젝트 등을 추진하지만, 처음 몇 번 운영하다가 결국 방치되는 경우가 많다. 초기에는 의욕적으로 진행하다가 시간이 지나면 흐지부지되는 것이다.

5) 재난 대응의 냄비근성

재난과 사고 대응에서도 같은 현상이 반복된다. 대형 사고가 발생하면 언론과 국민 모두가 떠들썩하게 반응하며 대책 마련을 요구하지만, 시간이 지나면 언제 그랬냐는 듯 다시 무관심해진다. 같은 문제로 비극이 반복되는 이유도 결국 국민 스스로가 냄비근성에서 벗어나지 못했기 때문이다.

이게 우리 민족의 좀처럼 못 고치는 고질적인 병이다. 언젠가는 성찰하여 사라지는 날을 기대하면서 빨리 식는 양철 냄비 버리고, 오래오래 식지 않는 우리 전통 식기 '뚝배기' 근성을 길러 보자.

10. 저질 문화, 가진 자의 갑질 사회

'갑질'이란 사회적으로 유리한 위치에 있는 사람이 자신의 지위를 이용해 상대방을 강제로 따르게 하는 행위를 의미한다. 이 단어는 계약 관계에서 우월한 지위에 있는 '갑(甲)'과 행동을 뜻하는 접미사 '질'이 결합된 용어로, 권력을 가진 갑이 약자인 을(乙)에게 부당한 행위를 하는 것을 통칭한다.

원래 '갑'과 '을'의 관계는 계약상 우위에 있는 자와 불리한 자를 구분하는 용어에서 비롯되었지만, 현실에서는 권력을 가진 자가 신분·지위·직급·재력 등의 우위를 이용해 상대를 함부로 대하는 행위를 지칭하는 말로 변질되었다. 오늘날 한국 사회에는 부(富)와 우월적 위치를 악용한 갑질 형태가 만연해 있으며, 이는 가진 자와 가지지 못한 자 사이의 심각한 차별을 더욱 심화시키고 있다.

얼마 전 D항공사의 가족 폭언 갑질 사건은 세습 자본주의의 천박한 민낯을 보여주는 대표적인 사례다. 우리가 살고 있는 사회는 정치적으로는 자유민주주의, 경제적으로는 자본주의를 표방하고 있다. 민주주의는 인간의 존엄성, 자유, 평등이라는 가치 위에 세워진 체제이고, 자본주의는 사유 재산을 인정하는 경제 체제다. 인간의 존엄성이란, 단지 사람이라는 이유만으로도 그 존재 자체에 가치가 있으며, 어떠한 차별 없이 존중받아야 한다는 것을 의미한다.

우리나라 헌법 제10조는 "모든 국민은 인간으로서의 존엄과 가치를 가지며, 행복을 추구할 권리를 가진다. 국가는 개인이 가지는 불가침의 기본적 인권을 확인하고 이를 보장할 의무를 가진다"라고 명시하고 있다.

그러나 현실에서는 이러한 헌법적 권리가 제대로 보장되지 못하고 있다. 특히 노동 현장에서는 사용자의 인권의식 부족으로 인해 갑질이 횡행하고 있으며, 노동자가 복종 관계로 전락하는 경우가 허다하다. 족벌 재벌의 갑질, "소비자는 왕"이라는 갑질, 군대 내 상급자의 갑질, 판매 체인본부의 갑질, 문화예술계 지도자의 갑질, 교수의 제자에 대한 갑질, 권력을 쥔 자들의 갑질 등, 우리 사회는 다양한 형태의 갑질이 난무하는 '갑질 공화국'이 되었다.

1) 족벌 기업의 천박한 갑질

기업 1세대는 갖은 고생 끝에 창업에 성공했고, 2세대는 부모의 경영을 보며 경영 수업을 받고 훈련을 거쳐 기업을 승계하는 경우가 많다. 그러나 3세대는 태어나 고생한 적도 없고, 기업 운영의 어려움도 체감하지 못하고, 경영 능력도 부족한 채 흥청망청 소비하며 종업원들에게 갑질을 일삼는 경우가 많아 사회적 문제가 되고 있다.

"부자 3대 못 간다(富不三代)"는 말이 있듯이, 아무리 막강한 권력이라 해도 "권불십년(權不十年)"이라는 말처럼 오래 유지되지 못하는 경우가 많다. 이는 선대가 힘들게 일군 기업을 후대가 변화하는 환경에 적응하지 못하고 제대로 운영하지 못하기 때문이다. 실제로 재벌 총수들 사이에서는 "창업보다 수성이 어렵다", "권력은 측근이 원수고, 재벌은 핏줄이 원수다"라는 말이 회자될 정도로, 후대의 기업 승계가 쉽지 않음을 보여준다.

왜 재벌 후세들은 갑질을 잘하는가?

어릴 때부터 원하는 것은 무엇이든 가질 수 있었고, 성인이 되어서도 풍족한 환경에서 살아왔기 때문에 오만불손한 태도가 몸에 밴 것이다. 부모의 지위를 그대로 세습 받아 경영권을 물려받다 보니 두려울 것이 없으며, 자연스럽게 타인을 함부로 대하는 태도가 형성된다. 기업가로서 상생과 인격을 갖추어야 할 사람들이 오히려 운전기사 같은 약한 사람들에게 폭언과 폭행을 일삼으며, 부하 직원들을 하대하는 모습은 참으로 한심한 작태다.

도대체 그들은 어떤 교육을 받았고, 어떤 성장 과정을 거쳤기에 사람을 직업으로 나누고 물건 취급하는 것인가? 인격 수양과 경영 능력이 부족한 채 막대한 기업과 부를 세습 받은 족벌 기업의 후계자들은 결국 사회적 문제가 되고 있다. "자식의 운명은 그를 낳은 부모에 의해 반쯤 결정된다"는 속담이 괜히 있는 것이 아니다.

부자들의 인성과 인격을 알 수 있는 기준

그 집 운전기사가 얼마나 오래 근무했는지를 보면 된다.

대부분의 창업주는 운전기사를 가족처럼 생각하며 20~30년 장기근속을 보장했고, 그들의 정년을 보장하며 사람을 귀하게 여겼다. 그러나 3세대 후계자들은 정반대의 태도를 보인다. 이들은 운전기사를 단순한 하인처럼 취급하며, 1년에 몇 번씩 교체하고, 폭언과 인격 모독을 일삼는다.

이와 달리 재벌 2세대는 부모와 함께 사업을 일구며, 고생하는 모습을 직접 경험했기에 비교적 사리를 아는 경우가 많다. 하지만 3세대는 선대 덕분에 고생 한 번 없이 자라나, 버릇없는 행동을 일삼는다.

이처럼 한국 족벌 기업 후세대들의 갑질은, 부의 세습 과정에서 발생한 대표적인 사회 문제 중 하나다.

2) 강성 노조의 고용 세습 갑질

일부 강성 귀족 노조는 조직의 힘을 이용해 과한 임금인상을 주장하고 파업을 하며 부당한 고용 세습을 일삼고 있다. 채용 과정에서 수천만 원을 받고 취업을 알선하거나, 정년퇴직 시 자녀에게 일자리를 넘기는 등의 행태는 명백한 갑질이며, 사회적 불공정을 초래하는 심각한 문제다. 청년들이 치열한 경쟁 속에서 취업난에 허덕이는 현실에서, 일부 노조 자녀가 아무런 경쟁 없이 일자리를 물려받는 것은 청년층에 큰 좌절과 박탈감을 안긴다.

이러한 고용 세습은 노동 시장의 공정한 경쟁을 저해할 뿐 아니라, 기업의 인사 운영과 생산성에도 악영향을 끼친다. 능력보다 혈연이 우선되는 구조는 조직의 효율성을 떨어뜨리고, 구성원 간 갈등과 불신을 키운다. 더 나아가 이는 계층 간 갈등을 심화시키고 사회 전반의 신뢰 기반을 흔들 수 있다.

이러한 노조의 도덕적 해이는 기업을 망하게 할 수도 있으며, 대기업 노조의 기득권 이기주의는 산업 경쟁력을 떨어뜨려 글로벌 시장에서 한국 기업이 뒤처지는 주요한 요인이 된다. 현재 한국의 노동 경쟁력은 세계 최하위 수준으로 평가되고 있다. 이런 상황을 두고 "노조가 죽어야 청년이 산다"는 어느 정치인의 말이 더욱 와닿는다.

고용 세습은 더 이상 묵과해서는 안 될 구조적 문제다. 정부와 사회는 불공정한 채용 관행을 근절하기 위한 제도적 대책과 감시체계를 강화해야 하며, 위법 행위에 대해서는 엄정한 처벌이 뒤따라야 한다. 공정한 기회와 정의로운 경쟁이 보장되는 노동시장이 청년 세대와 우리 사회의 지속가능한 미래를 위한 기본 토대가 되도록 해야 한다.

3) 국민이 국가의 주권자라는 갑질

공무원을 대상으로 한 고소·고발이 한 명에게 수백 건씩 제기되면서, 공직사회가 몸살을 앓고 있다. 악성 민원인들은 이제 법을 무기로 삼아 "일단 걸고 보자"는 식의 '소송왕' 행태를 보이고 있다.

우리 헌법 제1조 2항에는 "대한민국의 주권은 국민에게 있고, 모든 권력은 국민으로부터 나온다"라고 명시되어 있다. 그러나 일부 국민은 이를 잘못 해석해, 정당한 공무 집행을 방해해도 괜찮다는 착각에 빠져 있다. 공무원을 자신의 하인이나 머슴처럼 생각하며 민원을 빙자한 갑질을 일삼는 행태는 개선되어야 한다.

4) 대기업의 하도급 기술 탈취 및 중소기업 대상 갑질

대기업이 중소기업과 하도급 계약을 맺은 뒤, 기술을 탈취하거나 부당한 요구를 강요하는 행태는 오랫동안 반복되어 온 구조적인 문제다. 이러한 갑질은 단순한 계약상의 불공정을 넘어, 중소기업의 자생력과 성장 가능성을 심각하게 저해한다. 공정한 경쟁이 보장되어야 할 시장 질서를 왜곡시키며, 기술 혁신과 산업 생태계의 건강한 발전을 가로막는 요인이 되고 있다.

특히, 기술력을 바탕으로 경쟁력을 확보해온 중소기업 입장에서는 핵심 기술이 대기업에 유출되거나 탈취당할 경우, 존립 자체가 위협받을 수밖에 없다. 이는 결국 산업 전반의 경쟁력 약화로 이어지며, 장기적으로는 국가 경제에도 부정적인 영향을 끼친다. 이러한 불공정 행위를 근절하기 위해서는 제도적 감시와 처벌 강화는 물론, 대기업의 윤리의식 제고도 필요하다.

5) 공무원의 직책을 이용한 권력 갑질

공무원은 법과 규정에 따라 공정하고 성실하게 행정을 집행해야 할 의무가 있다. 그러나 일부 공무원들은 자신의 직책과 권한을 앞세워 국민을 하대하거나, 정당하지 않은 요구를 하는 등의 갑질 행태를 보이고 있다. 이런 행위는 단순한 불친절을 넘어, 권한을 남용한 부당한 처사로서 국민의 기본 권리를 침해하는 문제다.

공무원의 갑질은 국민과 행정기관 간의 신뢰를 무너뜨리는 대표적인 사례로, 공직사회 전반의 이미지에도 부정적인 영향을 미친다. 행정서비스는 국민을 위한 것이지, 공무원의 권력을 과시하기 위한 수단이 되어서는 안 된다. 이러한 권력 남용을 방지하기 위해서는 지속적인 감시체계와 함께, 공직자의 책임 의식을 높이는 교육과 제도적 장치가 병행되어야 한다.

6) 기능직 및 하급자에 대한 갑질 문화

수습 과정이나 견습공을 대상으로 혹독한 훈련과 비인간적인 대우가 당연시되는 문화가 여전히 존재한다.

- 숙련 기술자들은 견습생이 빠르게 배우지 못하면 욕설을 퍼붓거나 폭언을 일삼는다.
- 운동선수들은 비인간적인 기합과 폭력을 견뎌야 한다.
- 의사 수련 과정에서도 인턴과 레지던트가 극심한 스트레스를 감내해야 한다.
- 자동차 정비 공장에서는 견습생에게 공구를 던지거나 심한 욕설을 하는 경우가 많다.
- 군부대에서는 하급 병사에게 인격 모독과 심한 구타를 가하며, 이를 '추억'이라 포장한다.
- 연극계에서도 하급 단원들이 성적 수치심을 당하는 경우가 빈번하다.

"언덕은 내려봐도 사람은 내려보지 말라"고 전하고 싶다.

7) 소비자의 판매원 대상 갑질

'소비자는 왕'이라는 인식이 과도하게 자리 잡으면서, 일부 소비자들은 판매원을 향해 인격을 무시하는 언행이나 부당한 요구를 서슴지 않고 있다. 마트나 백화점, 식당 등 다양한 서비스 현장에서 판매원과 직원들에게 폭언을 퍼붓거나 무리한 서비스를 강요하는 사례는 여전히 빈번하게 발생하고 있다.

이러한 소비자의 갑질은 단순한 불만 표출을 넘어, 서비스 노동자들의 존엄성과 근무 환경을 심각하게 침해하는 행위다. 특히 감정노동에 종사하는 판매원들은 생계를 위해 감내할 수밖에 없는 처지에 놓이는 경우가 많아, 정신적 스트레스와 직업 회의감으로 이어지기도 한다.

건강한 소비문화는 상호 존중을 바탕으로 해야 하며, 소비자의 권리만큼 종사자의 인권도 존중받아야 한다. 판매원 대상 갑질은 개인의 일탈이 아니라 사회 전체가 함께 근절해 나가야 할 잘못된 문화다.

8) 아파트 주민의 경비원 대상 갑질

아파트 입주민들이 경비원들에게 과도한 노동을 강요하거나 폭언을 일삼는 행위는 대표적인 사회적 문제로 떠오르고 있다. 최근 뉴스에서도 입주민들의 갑질로 인해 경비원이 해고되거나 극단적인 선택을 하는 안타까운 사례가 계속 발생하고 있다.

경비원들은 제2의 인생을 살아보겠다는 마음으로 선택한 직업을 가졌을 뿐, 누구의 하인도 아니다. 그들 또한 누군가의 아버지이고 남편이다. 그러나 일부 입주민들은 자신보다 약한 사람에게만 강한 못된 버릇을 드러내며, 그들에게 인간적인 배려조차 하지 않는다. 이러한 갑질 행위는 반드시 근절되어야 할 사회적 병폐다.

9) 직장 내 갑질

낡은 직장 문화를 개선하기 위해 2019년 7월부터 '직장 내 괴롭힘 금지법'이 시행되었다. 상시 근로자 10인 이상의 모든 기업이 적용 대상이다.

직장 내 괴롭힘의 대표적인 사례로는 상사가 직원의 의사와 무관하게 음주나 흡연, 회식 참여를 강요하는 행위, 동료들 앞에서 모욕감을 주는 언행을 반복하는 행위, 특정 직원의 개인사에 대한 소문이나 뒷이야기를 퍼뜨리는 행위, 그리고 특정 근로자의 업무 수행이나 휴식 모습을 지나치게 감시하며 심리적 압박을 가하는 행위 등이 있다.

10) 프랜차이즈 본사의 가맹점 밀어내기 갑질

프랜차이즈 본사가 가맹점에 일정량 이상의 물품을 강제로 구매하도록 요구하는 '밀어내기 갑질'은 오랜 기간 반복되어 온 불공정 관행이다. 본사의 일방적인 공급 정책으로 인해 가맹점주들은 필요하지 않은 물품까지 떠안아야 하며, 재고 부담과 폐기 비용 등으로 경영에 큰 어려움을 겪고 있다.

특히 영세 자영업자일수록 피해는 더 커지고, 이는 소비자에게도 품질 저하나 가격 부담 등의 부정적 영향을 초래할 수 있다. 이러한 관행을 근절하기 위해서는 본사의 거래 강요에 대한 제재를 강화하고, 가맹점주의 자율성과 경영권을 보장하는 제도적 장치가 필요하다.

11) 상가 임대인의 갑질

상가 임대인이 임대료를 터무니없이 인상하거나, 계약 만료 후 기존 임차인을 쫓아내면서 권리금을 인정하지 않는 행태는 상가 시장에서 오랜 갑질 관행으로 자리 잡고 있다. 이런 행위는 임차인의 영업 안정성을 위협하고, 자영업자들의 생존권을 침해하는 심각한 문제다. 특히 오랜 시간 투자와 노력으로 가게를 키워온 임차인들이 어떤 보호도 받지 못한 채 쫓겨나는 현실은 상가 임대차 시장의 구조적 불공정을 단적으로 보여준다. 이를 방지하기 위한 제도적 보완과 실질적인 권리 보호가 절실하다.

12) 고학력 학부모가 교사를 하인 취급한다

한국 사회에서 갑질 문화는 다양한 형태로 나타나고 있다. 대표적인 예로, 일부 학부모들은 교사를 하인처럼 대하며 무리한 요구를 하고 폭언까지 일삼는다.

밤낮을 가리지 않고 전화를 걸어 "당신 얼마나 배웠어? 나는 카이스트 경영대학 MBA인데"와 같은 말로 교사를 무시하며, 심지어 이러한 갑질이 교사들의 극단적인 선택으로 이어지기도 한다.

13) 기업 구매자의 납품업체 갑질

대기업 등 기업 구매자가 중소기업 납품업체에 갑질을 행사하는 행태는 우리 경제의 불균형을 심화시키는 주요 요인 중 하나다. 납품 단가를 일방적으로 인하하거나, 납품 대금을 정해진 기한보다 늦게 지급하는 방식으로 중소기업을 압박하는 사례가 빈번하다.

이러한 거래 불공정은 중소기업의 경영 안정성을 위협하고, 기술

개발과 품질 향상을 위한 투자를 가로막는 결과를 초래한다. 공정한 거래 질서를 확립하기 위한 제도적 보완과 기업의 윤리의식 제고가 요구된다.

가진 자와 사회적 지위가 높은 자들이 자신의 우월한 위치를 이용해 을의 인격을 짓누르고 인권을 침해하는 이러한 천박한 행태는 직장, 공공기관, 프랜차이즈, 병원, 군대, 공사현장 등 사회 전반에 걸쳐 다양한 형태로 만연해 있다. 결국, 이는 단순한 개인의 도덕성 문제를 넘어 우리 사회가 얼마나 천민자본주의적 사고방식에 젖어 있는가를 보여주는 단적인 예다.

우리는 이러한 갑질 문화를 청산하고, 갑과 을이 보편적인 민주주의 사회에서 인간의 존엄성과 자유, 평등을 함께 누릴 수 있는 환경을 만들어야 한다.

11. 지식과 교양을 쌓는 책을 읽지 않는 국민
(책 안 읽기 세계 1위)

1) 국민 60%는 1년 동안 책 한 권도 안 읽는다

예전에는 취미가 무엇이냐는 질문에 독서라고 답하는 사람이 많았지만, 이제는 지하철 등에서 책을 읽는 풍경을 찾아보기 어렵다. 책을 읽는 것은 마음의 양식이자 정신적 성숙을 위한 필수 활동이며, 독서를 통해 지식을 얻고 교양을 쌓으며 논리와 정서를 형성할 수 있다. 또한 책은 개인의 철학을 체계적으로 정립하는 데 도움을 준다.

그러나 현대사회에서는 밸런타인데이, 화이트데이 등에 책보다 초콜릿이나 사탕 같은 선물을 주고받는 문화가 더 보편화되었고, 책은 실내 인테리어용 장식품이 되거나 소장용 상품으로 전락하고 있다. 대중교통을 이용할 때도 책을 읽는 사람은 드물고, 대부분의 사람들이 스마트폰을 들여다보는 모습만 보인다. 학교를 졸업하면 책과도 멀어진다는 인식이 팽배해 있으며, 지하철이나 버스에서 신문이나 책을 읽는 풍경은 거의 볼 수 없다.

2023년 문화체육관광부의 국민독서실태조사에 따르면, 성인 10명 중 6명은 1년에 단 한 권의 책도 읽지 않는 것으로 나타났으며, 이는 역대 최저 독서율이다. 교육열이 높고 문화 강국을 자처하는 한국의 현실로는 믿기 어려운 수치다. 독서를 기피하는 가장 큰 이유는 '일 때문에 시간이 없어서'이며, 그다음 이유로는 스마트폰, TV, 영화, 게임 등 다양한 미디어 콘텐츠가 책을 대체했기 때문이라고 분석된다.

2010년 이후 한국인의 독서량은 꾸준히 감소하여, 전 세계 192개국 중 166위 수준으로 아프리카 일부 국가보다도 낮은 수준이다. 독서량은 한 나라의 문화 수준을 가늠하는 중요한 척도라는 점에서, 한국의 미래가 걱정스럽기만 하다.

2) 책을 읽는 것은 자신을 발전시키는 출발점이다

책은 사람의 마음을 안정시키고 정신을 건강하게 만들어 주며, 독서를 통해 개인의 행동과 사고방식이 변화하면 결국 인생도 바뀔 수 있다. 독서는 인생을 살아가는 데 있어 중요한 가르침을 준다.

인류의 지식과 지혜는 책을 통해 기록되고 보존되며, 과거의 사상과 발견이 후대에 전달된다. 따라서 책 속에는 역사와 문명이 축적되어 있으며, 독서는 인생을 가장 오래 산 것과 다름없다고 할 수 있다. 그래서 옛사람들은 "책은 천년을 사귄 친구와 같다"고 표현했다.

1982년 런던 유네스코 세계도서회의 선언문에서도 "책은 인류 사회에서 지식, 교육, 문화 가치를 전달하는 우수한 매체이며, 개인의 삶을 풍요롭게 하고 국가 발전에도 이바지한다"고 강조한 바 있다. 일본이 근대화에 성공한 이유 중 하나도 바로 '독서의 힘'이었다.

일본인의 연간 1인당 평균 독서량은 약 53권에 이르며, 도쿄 지하철에서는 사람들이 붐비는 출퇴근 시간에도 작은 문고판 책을 손에서 놓지 않고 읽는 모습이 자주 목격된다. 독서는 문화와 사고의 깊이를 결정하는 중요한 요소다.

3) 독서를 권장하는 명언들

- "사람이 책을 만들고, 또한 책은 사람을 만든다."

책은 사람이 만든 것이지만, 결국 그 책이 다시 사람을 만든다. 책을 가까이하면 반드시 발전하고 진보된 사람으로 성장할 수 있다.

- 書中自由千鍾祿(서중자유천종록)- 《고문진보(古文眞寶)》

이는 학문을 깊이 연구하면 큰 재물이 생긴다는 뜻으로, 독서의 실용성을 강조하는 말이다.

- "오늘날의 나를 있게 한 것은 우리 동네 작은 도서관이었다. 하버드대학 졸업장보다 더 소중한 것이 독서하는 습관이다." - 빌 게이츠

- "學而時習之 不亦說乎(학이시습지 불역열호)" - 공자 《논어》

배우고 때때로 그것을 익히면 또한 기쁘지 아니한가?

고(故) 정주영 현대그룹 회장은 소학교(초등학교) 학력이 전부였지만, 그의 자서전에서 "오늘의 나를 만든 것은 매일 아침 읽었던 신문이었다"고 말했다.

- "지식이란 우리로 하여금 하늘을 날게 하는 날개와 같은 것이다."

- 셰익스피어

우리는 독서를 통해 부족한 지식을 습득할 뿐만 아니라, 자신과 가족,

사회, 그리고 모든 사물을 올바르게 바라보는 눈을 기를 수 있다. 책 읽기의 중요성을 다시 한번 인식하고, 우리 손에서 점점 멀어져 가는 책을 다시 붙잡는 노력과 기회를 가져보자.

4) 조간신문과 함께 아침을 열자!

세상 물정에 밝고 싶다면 종이신문을 읽어야 한다. 조간신문에는 국내에서 일어나는 정치, 경제, 사회, 교육, 문화, 예술, 스포츠, 종교, 역사, 국제적 이슈, 사건·사고 등에 대한 전문적인 기사들이 가득하다. 또한 각계각층의 저명한 인사들이 기고하는 논설과 칼럼을 통해 독자들의 판단력과 논리력 향상에도 크게 기여한다.

신문 구독료는 월 20,000원 정도인데, 이 비용으로 신문만큼 다양한 지식과 정보를 얻을 수 있는 매체는 거의 없다. 거리 가판대에서 신문 한 부를 1,000원에 살 수도 있으며, 이는 수백 명의 엘리트 기자와 전문가들이 동원되어 논리 정연하게 작성한 기사와 칼럼을 접할 수 있는 가장 경제적인 방법이다.

오늘날 TV, 스마트폰, 인터넷을 통한 디지털 뉴스가 대세가 되면서 종이신문의 영향력은 감소하고 있지만, 종이신문만이 가진 장점도 분명히 존재한다.

하루를 의미 있게 시작하고 싶다면, 따끈한 조간신문과 함께 아침을 열어보자.

12. 사소한 것에 목숨을 잘 건다

우리의 일상에는 사소한 일들이 넘쳐난다. 별 것 아닌 일로 가까운 사람과의 다툼, 시험성적이 떨어진 결과, 부부간의 사소한 언쟁, 명절 준비로 가족 간의 불화 등 우리는 사소한 일에 매달려 불필요한 감정 소모와 에너지를 낭비하고 있다.

주위를 둘러보면 별것도 아닌 일에 간섭하고 짜증을 내는 사람들을 자주 볼 수 있다. 특히 성질이 급하고 감정 기복이 심한 한국인들에게 이러한 경향이 두드러진다. 사소한 일에 여유롭게 대처하려면 상대의 행동을 이해하고 존중하는 마음과 습관을 가지는 것이 중요하다. 또한 긍정적인 사고를 생활화하는 것이 필요하다.

우리의 삶은 사소한 일들의 연속이다. 그러나 때때로 그 사소함이 전혀 사소하지 않은 문제로 커지기도 한다. 말끝 하나로 큰 싸움으로 번지고, 층간 소음으로 칼부림이 일어나며, 보행 중 부딪혔다고 시비가 붙어 싸움이 되고, 째려본다고 오해해 폭력이 발생하며, 친절한 응대를 하지 않았다는 이유로 민원창구에서 소란을 피우는 일도 종종 볼 수 있다. 우리는 순간적으로 사소한 일을 참지 못한 언행이 상대방에게 큰 상처를 주거나 불필요한 갈등을 초래할 수 있다는 점을 인식해야 한다.

한국인은 사소한 일에도 마치 엄청난 문제가 발생한 것처럼 행동하는 경우가 많다. 문제를 해결하려 우왕좌왕하지만, 오히려 문제를 더욱 복잡하게 만들어버리곤 한다. 이는 전통사회의 윤리적 기반이 붕괴되고, 개인주의적 성향이 강해지면서 사회적 공존의 기술이 충분히 축적되지 못한 결과라고 볼 수 있다.

1) 사소한 일이 부른 큰 전쟁의 역사

세계 전쟁사에서도 많은 전쟁이 사소한 일에서 시작되었다.

1. 제1차 세계대전은 1914년 6월 28일, 오스트리아-헝가리 제국의 황태자 프란츠 페르디난트 대공 부부가 보스니아 수도 사라예보에서 세르비아 민족주의 조직 '검은 손' 단원에게 암살당한 사건으로 촉발되었다. 이에 분노한 오스트리아-헝가리 제국이 세르비아 왕국에 선전포고하면서 전쟁이 시작되었고, 결국 900만 명의 전사자, 2300만 명의 부상자, 1900만 명의 민간인 사망자라는 엄청난 피해를 초래했다.

2. 제2차 세계대전도 히틀러와 스탈린의 야망, 유럽 각국의 방심이라는 사소한 요소들이 모여 전쟁으로 발전했다.

3. 영국과 미국의 독립전쟁은 단순히 영국이 관세를 높인다는 것에서 시작되었고,

4. 1739년 영국과 스페인의 전쟁은 스페인 경비대가 영국인 선장의 귀를 잘랐다는 이유로 발발했다. 사소한 사건 하나가 결국 전쟁이라는 엄청난 결과로 이어질 수 있음을 보여주는 사례들이다.

2) 사소한 일에 목숨 걸지 않고 사는 방법

1. 사소한 일에 연연해 화내지 말자.
2. 불완전한 상태를 받아들이자.
3. 스쳐 가는 일들에 마음을 쓰지 말자.
4. 지금 있는 자리에서 행복을 찾자.
5. 남을 탓하지 말자.
6. 다른 사람에게 영광을 돌리자.
7. 현재에 만족하는 습관을 기르자.
8. 분노를 조절하고 인내력을 기르자.
9. '인생은 공정하지 않다'는 사실을 받아들이자.
10. 지루함을 즐기자.
11. 먼저 이해하려고 노력하자.
12. 비판하고 싶은 충동을 떨쳐버리자.
13. 말하기 전에 숨을 한 번 들여마시자.
14. 상대방의 입장에서 생각해 보자.
15. 모든 사람에게 좋은 사람으로 인정받을 필요는 없다고 생각하자.

리처드 칼슨의 저서 『우리는 사소한 것에 목숨을 건다』에서는 다음과 같은 조언을 한다. "성공한 사람은 사소한 일에 목숨 걸지 않는다." 또한 "인내력이 없다면 인생은 당신을 극도로 좌절시킬 것이다. 인내력 부족은 쉽게 화를 내고, 모든 일을 귀찮아하며, 사소한 일에도 짜증을 내게 만든다. 반면, 인내력은 인생에 느긋함과 너그러움을 선물하며,

마음의 평화를 이루는 데 필수적인 요소이다."

"인내력을 갖는다는 것은 설사 마음에 들지 않더라도 현재의 순간에
마음의 문을 활짝 여는 것을 의미한다. 행복은 내 마음속에 있다. 행복은
환경이 아니라 마음의 상태이다. 그러므로 행복은 먼 곳에서 찾을 수
없는, 누구나 늘 경험할 수 있는 지극히 평화스러운 평상시의 감정이다.
그러나 찾고자 하면 찾을 수 없는 것이 행복이다.

왜냐하면 그렇게 생각하는 순간, 당신은 행복이 당신의 바깥에 존재하
는 것이라고 인정하는 것이 되기 때문이다. 행복은 당신의 외부에 있지
않다."

리쳐드 칼슨의 말이 오늘날 우리 생활에서 사소한 일로 벌어지는
갈등과 분쟁을 삭이는 데 큰 도움이 되리라 생각한다.

13. 고소·고발 세계 1위, 범죄자 천국인가?

1) 고소·고발 세계 1위, 그 원인은?

우리나라는 세계에서 가장 고소·고발이 많은 나라 중 하나로 꼽힌다. 서로 협의나 조정을 통해 문제를 해결하기보다는, 사소한 일에도 법적 대응을 우선하는 경향이 강하기 때문이다. 경찰서 수사과의 조사 사건 10건 중 7건이 사기 사건일 정도로, 사기범죄가 많은 것도 주요 원인이다.

2) 정치권에서도 남발되는 고소·고발

선거철마다 여야 정치인들이 너나없이 고소·고발장을 들고 검찰청을 찾는 광경이 반복된다. 결과가 어떻게 되든 일단 고발부터 해놓고 보는 '아니면 말고' 식의 행태가 만연해 있다. 시민단체들도 마찬가지로 고소·고발을 남발하는 경향이 강하다.

일반 국민도 분쟁이 발생하면 쉽게 "고소하겠다", "그래? 그럼 나도 맞고소하겠다"는 말을 습관처럼 내뱉는다. 이러한 문화가 결국 우리나라를 고소·고발이 가장 많은 나라로 만들었다.

고소·고발 자체는 법률 행위이므로 문제가 되지는 않는다. 그러나 남발될 경우 사회적 갈등을 조장하고 불필요한 법적 분쟁을 양산하며, 반목과 대립을 초래할 수 있다.

대한민국의 최신 고소 및 고발 건수는 다음과 같습니다:

고소 사건 접수:

2021년: 322,438건, 2022년: 357,612건, 2023년: 394,477건, 2024년: 478,372건이다.

이는 2021년부터 2024년까지 매년 증가하는 추세를 보이며, 특히 2024년에는 전년 대비 21.3% 증가하였다.

고발 사건 접수 :

2021년: 83,734건, 2022년: 106,325건, 2023년: 86,754건, 2024년: 89,605건이다.(한국경제신문 자료)

결국 많은 사건이 단순 감정싸움에서 비롯된 "일단 고소해보자"는 식의 행태라는 것을 알 수 있다.

우리나라는 위와 같이 '고소 왕국'이라 불릴 정도로 고소·고발이 빈번하게 이루어진다. 이러한 고소·고발 남발로 인해 피해자가 증가하고 있으며, 특히 허위로 타인을 범죄자로 만드는 '무고 범죄'가 심각한 문제로 대두되고 있다.

무고사범이 많은 원인으로는 한국 사회에 만연한 불신 풍조, 과도한 경쟁의식, 남이 잘되는 것을 시기하고 질투하는 심리, 음해와 반칙 문화 등이 '소송 만능주의'와 맞물려 있기 때문으로 생각된다.

무고사범의 유형을 살펴보면, 개인적인 악감정에서 비롯된 '감정보복

형', 경제적 이득을 노리는 '이득 취득형', 형사처분을 피하기 위해 책임을 전가하는 '책임 전가형' 등이 있다. 또한 유명인을 상대로 돈을 뜯어내기 위한 무고 사례도 빈번하다. 우리나라의 연간 고소·고발 건수가 56만 건에 이르러 수사기관이 정작 중요한 사건에 집중하지 못하는 경우가 많다고 한다.

문제는 민사소송으로도 해결할 수 있는 사건을 형사소송을 통해 상대를 압박하는 관행이 만연하다는 점이다. 또한, 고소인에게 지나치게 유리한 현행 형사소송법 체계와 미국이나 일본에 비해 상대적으로 고소·고발이 쉽게 이루어질 수 있는 사법 시스템도 문제로 지적된다. 따라서 이러한 점들을 개선할 필요성이 제기되고 있다.

3) 정치권의 고소, 고발 남발

정권이 바뀔 때마다 전 정권 인사들을 제거하기 위해 투서가 난무하고, 무고한 진정·고소·고발이 이어지면서 정치적 숙청이 무자비하게 자행되고 있다.

특히 정치권에서는 자체적으로 해결해야 할 문제를 사법부에 의존하는 경향이 높아지고 있는데, 이는 한국 국회의 극심한 정당 간 갈등을 보여주는 단면이자 후진적 정치 행태라고 볼 수 있다. 종교계 또한 마찬가지로, 교회나 종파 내 사소한 분쟁조차 고소·고발로 해결하려는 경향이 강해, 종교의 본질과는 동떨어진 부끄러운 모습이 나타나고 있다.

고소·고발의 남발은 막대한 사회적 비용을 초래한다. 변호사 비용은 물론이고, 소송 과정에서 일을 하지 못해 발생하는 경제적 손실도 상당하다. '법 좋아하다가 패가망신한다'는 말이 괜히 나온 것이 아님을 깨닫게 된다. 이제는 서로 협의하고 조정해 문제를 해결하려는 성숙한 시민의식을 길러야 할 때다.

14. 인성이 병들어 점점 막가는 세상으로

1) 막가는 무서운 세상

우리가 사는 사회가 점점 더 험악해지고 있다. 자식이 부모를 살해하고, 시골 마을에서 농약을 탄 술로 이웃을 죽이려 하며, 학생이 스승을 폭행하고, 학부모가 교사를 구타하는 일이 벌어진다. 사랑했던 연인도 헤어지자면 살인을 저지르고, 층간 소음 문제로 이웃을 살해하며, 일면식도 없는 사람을 흉기로 찌르는 이상 동기 범죄가 날로 증가하고 있고 돈 앞에서는 부모 형제도 없는 무서운 세상이 되어버린 것일까?

사회가 점점 더 조급해지고, 물질에 집착하며, 나만 생각하는 사고방식이 팽배해지면서 신뢰와 배려가 사라지고 있다. 모든 것을 자기중심적으로 판단하며, 여유와 따뜻한 정이 사라진 사회에서 우리는 점점 더 사람이 무서운 시대를 살고 있다. 그래도 살맛 나는 세상, 향기 나는 세상이 오기를 기다리며 살아가고 있지만, 현실은 등골이 오싹할 정도로 각박하다.

2) 막가는 패륜과 가족애 상실

하늘의 인연으로 맺어진 부모와 자식의 혈연적 관계에서 지켜야 할 도리를 우리는 천륜이라고 한다. 그러나 천륜을 저버리는 패륜 범죄가 빠르게 증가하고 있나.

2023년에 발생한 총 801건의 살인범죄 중 일반 살인범죄가 675건으로 84.3%를 차지하고 있으며, 존속살해는 60건으로 7.5%로 나타났다.

전문가들은 이러한 패륜 범죄의 증가 원인을 가족 해체, 물질만능주의, 그리고 사회 구조적 병폐에서 찾고 있다. 통계는 없지만, 전 세계에서 가장 많은 패륜 범죄가 벌어지는 나라가 한국일 것이라는 개탄의 목소리도 나오고 있다.

3) 막가는 청소년 세대

청소년 범죄가 점점 흉폭해지고 있다. 더 심각한 문제는 이들의 범죄가 점점 연령이 낮아지고 있으며, 죄의식을 느끼지 않는다는 점이다.

① 술, 담배를 산 뒤 업주를 협박하는 청소년들

미성년자에게 술이나 담배를 판매하면 형사처벌과 행정처분을 받게 되는 현행법을 악용하여, 일부 10대 청소년들이 편의점 점주들에게 돈을 뜯고 있다. 영업정지보다 수십만 원의 합의금을 주는 것이 손해가 덜하다는 점을 노린 범죄 수법이다.

② 가짜 주민등록증을 이용한 술집 사기

일부 학생들은 가짜 주민등록증을 이용해 술집에 들어가 술을 마신 후 업주에게 미성년자에게 술을 팔았다며 신고하겠다고 협박하여 공짜 술을 마시는 사례도 있다.

이러한 사례들은 우리 교육이 지식 교육에만 치중하고 인성 교육을 소홀히 한 결과라고 볼 수 있다. 자라나는 청소년들이 점점 잘못된 방향으로 빠져드는 현실에 대해 사회적 책임이 커지고 있다.

4) 돈 앞에서는 부모 형제도 원수로 변하는 세상

평생 근검절약하며 자수성가한 박모 씨는 폐암 말기 판정을 받은 후, 자신의 재산을 어떻게 나눌지 고민했다. 그의 재산은 30억 원 상당의 상가, 15억 원짜리 아파트, 5억 원 상당의 금융자산이 있었다

박 씨는 말기 폐암 진단 후 세 자녀에게 각각 상가, 아파트, 금융자산을 나누는 자필 유언장을 남겼다. 그러나 유언장에 날인이 없어 법적 효력이 불투명했고, 장남이 유언대로 나누자 차남과 딸이 반발하며 소송으로 이어졌다.

차남은 장남이 과거 경제적 지원까지 받았다고 주장했고, 딸은 성별에 따른 차별이라며 균등한 분배를 요구했다. 결국 법원은 3남매가 비슷한 비율로 재산을 나누도록 결정했다.

그러나 재판을 거치며 가족 관계는 완전히 틀어졌고, 형식 요건을 갖추지 못한 유언장은 무효가 되었다. 이는 상속 분쟁이 갈수록 격화되고, 전통적 가족 가치가 흔들리는 오늘날의 세태를 단적으로 보여주는 사례다.

유산 다툼은 단순한 재산 문제를 넘어서 가족 관계의 단절, 정서적 상처, 법적 소송으로 이어지며, 심한 경우 폭력이나 범죄로도 번질 수 있다.

5) 사랑하다가 "헤어지자면" 살해하는 세상

최근 데이트 폭력이 점점 흉악해지면서, 헤어지자는 말 한마디에 살인이 벌어지는 세상이 되었다. 한 남성은 수능 만점자로 유명 대학

의대에 재학 중이었으나, 연인이 헤어지자고 하자 사전에 흉기를 구매한 후 평소 자주 데이트했던 강남역 인근 15층 건물 옥상으로 그녀를 불러냈다. 결국, 그는 흉기를 휘둘러 연인을 살해했다.

과거에는 60대가 되면 '이순(耳順)', 즉 귀가 순해져서 감정을 절제하고 이성적으로 행동해야 한다고 했다. 그러나 현대사회에서는 60대도 감정을 억제하지 못하고 살인을 저지르는 사례가 늘고 있다. 60대 남성이 헤어지자는 50대 여성을 골프채로 무차별 폭행한 사건, 염산을 퍼붓거나 "죽여 버리겠다"는 폭언과 함께 협박하는 사건, 흉기로 연인을 살해한 사건, 4개월 동안 1600차례 협박 문자를 보낸 사례 등 헤어지자는 말에 분노해 극단적인 행동을 하는 경우가 계속 증가하고 있다.

2022년 기준 데이트 폭력 피의자는 20대가 3,631명(36.8%)으로 가장 많았지만, 60대도 404명(4.1%)에 달했다. 데이트 폭력 피의자는 2020년 8,951명에서 2023년 13,939명으로 급증했다. 연령과 관계없이 '안전하게 헤어질 자유'가 위협받고 있는 현실이다.

이런 사건이 계속되자 일부 부모들은 자녀들에게 '안전한 이별법'을 가르치기 시작했다. 이별 통보는 비대면으로 하라, 씻지 말고 더러운 냄새를 풍겨라, 집안이 망했다고 해라, 큰돈을 빌려달라고 하라 등 나름의 비책을 알려주는 부모도 있다고 한다. 얼마나 걱정이 많았으면 그랬을까 싶다.

사랑하던 사이가 헤어질 때는 폭력, 감금, 살인까지 이어지는 무서운 세상이 되어가고 있다. 데이트 폭력 피해자가 경찰에 신고해도, 경찰은 이를 단순한 '연인 간의 다툼'으로 치부하며 적극적으로 개입하지 않는 경우가 많다. 실제로 데이트 폭력이 해마다 증가하는데도 구속 수사를 받는 비율은 수년째 1~2%대에 불과하다. 전문가들은 데이트 폭력에 대한 처벌 강화가 필요하다고 강조하고 있다.

데이트 폭력과 이별 살인은 결국 '소유욕'에서 비롯된다. 상대방이 더 이상 자신을 원하지 않는다는 사실을 받아들이지 못하고, 강한 집착과 분노로 극단적인 선택을 한다.

언제쯤이면 만나기도, 헤어지기도 자유로운 세상이 올까? 많은 사람들이 간절히 바라는 질문이지만, 현실은 여전히 멀기만 하다.

6) 층간 소음 난다고 이웃을 살해

이웃끼리 층간 소음 문제로 갈등을 빚다가 살인 등 강력범죄로 이어지는 사건이 지난 10년간 55건 발생했다. 그중 22명이 목숨을 잃었으며, 살인 미수나 살인 예비 사건도 빈번하게 발생하고 있다. 현관문을 발로 차고, 소주병을 집어던지며, 현관문 앞에 인분을 바르거나 "조용히 하지 않으면 죽이겠다"며 협박하는 등, 가까이 지내야 할 이웃이 서로를 원수처럼 대하는 세상이 되었다. 결국, 참지 못한 갈등이 살인으로 이어지는 현실이 점점 두려워진다.

7) 교육 현장이 막가고 있다

교사들이 학생에게 폭행을 당하는 사건이 늘어나고 있으며, 한 학생이 20대 여교사를 성추행하는 사건도 발생했다. 한 학생은 교사의 뒷모습을 보고 "XX하고 싶다"라고 말하거나, 남성 성기 모양의 물건을 가져와

"흔들어 보세요"라며 조롱하고, 소셜미디어에 "선생님 가슴 만지고 싶다"는 글을 수차례 올리는 등 교사에 대한 패륜적인 행동이 증가하고 있다. 그 결과 사제 간 존엄성이 끝없이 추락하고 있다.

학부모들 역시 자녀의 말만 듣고 교사를 폭행하거나 협박하는 사례가 늘고 있으며, 결국 견디지 못한 교사가 극단적인 선택을 하는 일도 벌어졌다. 교권침해 사건이 빈번해지면서 교사들은 신변안전보험까지 들어야 하는 상황이 되었다. 스승이 제자와 학부모의 폭행에 대비해 보험을 들어야 하는 나라, 경제 대국으로 성장했지만 교육 현장은 무너지고 있다.

학교폭력, 금품 갈취, 마약, 도박에 빠진 학생들이 증가하면서 교육 현장의 과제는 더욱 시급해졌다. 이로 인해 2030 교사들은 점점 학교를 떠나고 있다.

한편, 수능과 모의고사를 출제한 교사가 입시학원에 문제를 팔아 수억 원을 챙긴 사건도 발생했다. 이제 교사도, 학생도 '막 살기로' 하는 분위기가 형성되고 있다. 교육 전문가와 연구 기관이 많지만, 정작 우리 교육의 방향은 어디로 가고 있는지 참담할 따름이다. 결국, 사람을 먼저 만들지 않고 지식을 먼저 주입하는 교육 방식이 이러한 결과를 초래한 것이 아닐까.

8) 점점 이해와 양보 없는 세상, 무서워진다

1. 이웃과 대화하고 사이좋게 지내던 '이웃사촌'이란 말은 옛말이 된

지 오래다. 서로 알고 지낼 필요성을 느끼지 않는다.

2. 옷깃만 스쳐도 싸울 태세를 갖춘다.

3. 잘못해도 예의를 갖추지 않고 무례하게 행동한다.

4. 상식적인 바른말을 해주는 것도 두려운 세상이 되었다.

5. 어른도, 선배도, 스승도 점점 사라져 간다.

6. 주위에서 도움이 필요한 사건이 있어도 괜히 끼어들었다가 피해를 볼까 봐 못 본 척하고 지나가는 것이 일상화되었다.

7. 쳐다본다고 폭행할 기세다.

8. 층간 소음이 심하다고 이웃을 칼로 찌르는 사건이 발생한다.

9. 개가 짖는다고 싸워서 원수처럼 지내는 이웃이 많아졌다.

10. 운전 중 뒤차가 경적을 울렸다고 트렁크에서 낫을 꺼내 위협하는 경우도 있다.

11. 정치적 의견이 다르면 토론이 아니라 싸움으로 끝난다.

하루가 멀다고 각종 범죄 사건이 터지고 있으며, 이러한 무질서한 분위기는 가정을 파괴하고 생명을 위협하는 수준까지 이르렀다. 사회적 규범과 윤리가 무너지고, 생명의 존엄성이 사라진 현실 속에서 성숙한 시민의식이 정착될 날이 올 수 있을까.

신뢰할 만한 지도자도, 믿을 만한 집단도 없는 사회에서, 사람들은 저마다 흩어져 개별적 이기주의 생존만을 추구한다. 국민은 국가로부터 보호받고 있다는 믿음을 갖지 못하고 있으며, 마치 황야에 버려진 느낌을 받는다. 왜냐하면 질서의 기본적인 가치인 도덕심이 사라졌기 때문이다.

선배를 존중하는 마음이 사라지고, 후배를 배려하는 마음도 사라졌다.

오로지 무서운 경쟁만 남았다. 인생이 "살 만하다"고 느끼게 해주는 가치가 타락한 것이다. 예의가 있고, 존경과 배려가 있어야 질서가 살아난다. 그 질서의 뿌리는 서로를 신뢰하며 양보하고 배려하는 심성을 되찾는 데 있다. 언제쯤이면 그런 세상을 만들 수 있을까?

9) 묻지 마 살해에 떠는 사회 (재수財數 없으면 죽는가?)

2025년 1월 서울 강남구에 있는 카페에서 한 남성이 무차별적으로 칼을 휘두르며 여러 사람을 다치게 하고, 결국 한 명이 사망하는 사건이 발생했다. 범인은 범행 후 현장에서 도주했으나, CCTV를 통해 추적되어 체포되었다는 뉴스가 보도된 적이 있다.

'묻지 마 살인'이란 일정한 대상 없이 무작위로, 무차별적으로 사람을 죽이는 행위를 뜻한다. 표면적으로는 이유가 없어 보이지만, 사실은 사회에 대한 극심한 스트레스와 내적 분노가 살인이라는 방식으로 표출된 것이다.

가해자의 정신이상으로 인해 환각이나 착각 상태에서 범죄를 저지르는 경우도 있지만, 그보다는 오히려 정신 병력이 없는 사람이 사회적 불만과 스트레스가 누적된 끝에 극단적인 복수심으로 살인을 저지르는 경우가 더 많다.

이러한 범죄는 예측이 불가능하기 때문에 더욱 무섭다. 겉으로 멀쩡해 보이던 사람이 갑자기 흉기를 들고 길 가는 사람을 공격하는 일이 점점 빈번해지고 있다. 피해자는 가해자와 아무런 관계도 없으며, 단지 '운이

나쁘게' 그 순간에 그곳에 있었을 뿐이다. 이 때문에 묻지 마 살인은 피해자나 유가족 입장에서는 정말 어처구니없는 날벼락과 같은 사건이 된다.

더욱 비열한 점은, 이 범죄가 자신과 아무런 관련이 없는 약자를 대상으로 한다는 것이다. 불특정 다수를 향한 공격은 단순한 범죄가 아니라, 사회 전체를 위협하는 테러 행위와도 같다.

10) 돈에 나라도 팔아먹을 매국노 같은 인간들

삼성전자와 SK하이닉스 반도체에서 고위임원을 지낸 최○석은 중국 쓰촨성 청두시와 합작해 반도체 제조업체 '청두가오전 하이테크놀로지'를 설립했다. 그는 국내 반도체 전문인력 200여 명을 영입하고, 삼성전자의 D램 메모리 반도체 제조 기술을 유출해 구속되었다.

또한, 삼성전자 기술팀 부장 김모 씨는 삼성전자의 18나노 D램 반도체 공정 정보를 무단으로 유출하여, 중국 기업 CXMT가 제품 개발에 사용하도록 한 혐의로 기소되었으며, 검찰은 징역 20년을 구형했다.

더 나아가, 삼성전자가 30여 년에 걸쳐 개발한 반도체 기술을 중국 기업에 넘기려는 시도가 검찰 수사로 드러난 사건도 있었다. 검찰은 삼성전자 자회사 세메스가 해당 기술을 개발하는 데 2,188억 원을 투입했으며, 해당 기술이 유출되어 국내 업체의 반도체 판매량이 1%만 줄어들어도 연간 1조 원 상당의 손실이 발생할 것이라고 추산했다.

국가 핵심 기술을 도용해 제작한 반도체 세정 장비를 중국 기업에 수출하려 한 삼성전자 출신 중국계 회사 운영자 A 씨와 설계팀장 B

씨도 구속 기소되었다. 반도체 제조 공정에서 웨이퍼(반도체 원재료인 얇은 원판)표면의 0.0001mm 크기 오염물을 정밀하게 제거하는 이 세정 기술은 반도체 제조 공정에서 핵심적인 기술로 꼽힌다.

　이처럼 국가의 최첨단 기술 유출은 경제와 안보에 중대한 위협을 초래하는 매국 행위이며, 돈에 눈이 멀어 기술을 유출하는 행태는 현재도 진행형이다.

15. 허세를 잘 부린다

허세(虛勢)란 실력이나 실속은 없으면서 겉으로만 뭔가 있어 보이거나 멋있어 보이려는 척하는 행위를 뜻한다. 이는 허장성세(虛張聲勢)에서 두 글자로 줄여진 말이다.

한국인의 과시욕과 허례허식은 타고난 유전자 때문일까? 아니면 체면 문화가 우리의 삶을 힘들게 만든 걸까? 없더라도 있는 척 행세를 해야 하는 사회가 이런 현상을 부추기는 것은 아닐까?

옛말에 "벗은 거지는 못 얻어먹어도 입은 거지는 얻어먹는다"고 했다. '의복이 날개'라는 말도 헛말이 아니다. 어른들은 병원이나 관공서에 갈 때 옷을 단정하게 입으라고 했다. 그래야 얕보이지 않는다고 믿었기 때문이다.

한국인들은 사람을 평가할 때 외관을 먼저 보는 경향이 강하다. 그래서 옷차림에 신경을 많이 쓴다. 짝퉁이라도 명품을 들고 싶어 하는 허세가 만연하다 보니, 루이비통 가방은 길거리에서 3초마다 볼 수 있어 '3초 가방'이라는 별명이 붙었다. 명품 브랜드 제품의 짝퉁이 시장에 넘쳐나는 것도, 허세 근성을 가진 수요자가 많기 때문이다.

유럽이나 일본에서는 명품 가방을 들고 다니는 여성을 보기 어렵다. 반면, 한국에서는 명품 과시욕이 강하다. 고급 외제차를 타면서 분수에 맞지 않게 사는 사람도 많다. 2024년 상반기 기준으로, 국내 수입차 시장에서 1억 원 이상 차량의 신규 등록 대수는 전체의 약 23%를 차지하였다고 한다.

독일, 영국, 프랑스, 일본 등 선진국 사람들은 생활이 편리한 경차를 많이 탄다. 우리도 이를 본받아야 하지만, '가오다시(顔出し, 폼 잡기)'를 중시하는 문화 때문에 쉽지 않다. 경차를 타고 기업체를 방문하면 경비가 꼬치꼬치 용건을 묻고 홀대하지만, 고급 외제차를 타고 가면 경례까지 붙이며 정중하게 대하는 현실이 허세 문화를 부추긴다.

자동차를 단순한 이동 수단으로 보는 것이 아니라, 남을 의식해 타는 과시용 수단으로 여기는 문화가 문제다. 자동차 시장의 주요 소비층인 30~40대의 수입차 구매는 꾸준히 증가하고 있으며, '기왕이면 외제차'를 원한다는 설문 결과가 이를 뒷받침한다.

최근에는 어린 학생들까지 명품 소비에 빠져들고 있다. 고등학생들조차 명품을 구입해 SNS에 '인증샷'을 올리며, 또래들에게 인정받으려 한다. 이런 과시욕은 청소년 과소비를 부추기고, 상대적 박탈감을 조장하는 부작용을 낳고 있다.

전문가들은 청소년들의 명품 사랑은 우리 사회의 병리적 현상을 반영하며, 사회 전반의 허영과 과시욕이 청소년층에까지 번지고 있다는 증거라고 진단한다.

1) 돈으로 만든 가짜 스펙 쌓기 허세

허세를 부리려 돈으로 가짜 스펙 쌓고, 표절 논문으로 석·박사 학위를 받고 교수나 장관이 되는 경우, 국회 청문회에서 위장전입, 가짜 학력으로 망신당하는 공직자들, 돈으로 해외 박사 학위를 사서 이력서에 학력으로 기재하는 사례, 호텔에서 박사 학위를 받고, 어느 학교인지 가보지도 않고 학력을 자랑하는 사람들, 특히 연사, 강사, 주례선생 허위 경력은 지금도 다반사로 있다.

한때, 미국에서 학위가 인정되지 않는 대학의 박사 학위를 받은 교수들이 퇴출된 사건도 있었다. 학위를 갖고 싶어 하는 허세꾼들이 많아지자, 세계 각국에서 '학위 장사'가 성행하는 지경에 이르렀다.

2) 삶의 본질보다 중요한 겉치레 문화

"몇 평짜리 아파트에 사느냐", "어디 동네에 사느냐", "몇 학번이냐"
이런 질문 자체가 허세를 부추긴다. 집의 크기보다 좋은 가정을 꾸리는 것이 더 중요하고, 오막살이라도 웃음과 노래가 있는 집이 훨씬 행복할 수 있다.

과거에는 새집을 지으면 집들이에서 "이건 이탈리아 가구, 저건 수입 주방세트"라며 허세를 부리는 경우도 많았다.

어디서 사는지 묻지 말자. 몇 평짜리 집인지 묻지 말자. 학번이 몇 년도인지 따지지 말자. 허세보다 중요한 것은 진실된 삶을 사는 것이다.

3) 선거철마다 등장하는 허풍 정치꾼들

선거철만 되면 뒷감당도 못 할 공약을 남발하며 유권자를 속이는 정치꾼들이 '각설이'처럼 등장한다. 특히 대통령선거 때만 되면 당선

가능성이 없는 인물들도 돋보이려는 욕심에 출마한다.

어차피 떨어질 걸 알면서도 후보 등록 기탁금 3억 원을 감당하고 얼굴을 알리려는 기질은 한국에서만 볼 수 있는 현상일 것이다. 아마도 후손들에게 "우리 할아버지가 대통령 후보였어"라며 벽보를 보관해 둘 심산일 것이다.

4) 외모 지상주의와 성형 천국, 한국

겉으로 포장하는 것을 좋아하는 한국인은 성형 의술을 통해 더 예뻐지고 싶어 하는 여성이 많은 '성형 천국'에서 살고 있다. 연예인은 물론, 이제 일반 여성들까지 성형을 보편적으로 받아들이고 있다. 그 덕분에 한국은 성형의학 기술 세계 1위를 차지하며, 화장품 산업 또한 급성장했다.

현대사회에서는 경쟁력이 중요하기 때문에 외모를 중시하지 않을 수 없다는 주장도 설득력이 있다. 영상 대중매체가 보급되면서 외모의 가치는 더욱 커졌고, 단순한 외모 하나만으로도 하루아침에 스타가 되는 일도 많아졌다.

5) 허세와 체면 문화

한국인은 곧 죽어도 있는 체하고 싶은 허풍 근성이 강하다.

이러한 허풍 기질은 재일동포, 연변 조선족, 재미동포들 사이에서도 공통적으로 나타난다. 그러다 결국 감당하지 못하고 무너지는 사례도 주변에서 종종 볼 수 있다.

사회적 공헌은 일절 하지 않으면서, 부부 둘이서 100평짜리 아파트에 사는 것도 허세가 아닐까?

　10년 전, 일본 경제인연합회(經團連) 회장은 23평짜리 집에서 산다는 이야기가 전해졌다. 이들의 근검절약 정신을 보며 우리 사회가 배워야 할 점이 많다는 생각이 든다.

　또한, 권력자들이 스스로 결재해 훈장을 받고, 수천만 원짜리 고급 메달을 걸치는 모습도 황당하다. 대통령까지 지낸 인물이 스스로 훈장을 받으며 자랑하는 모습을 보면 권력을 쥐었던 자들의 속물적 허세를 실감하게 된다.

　북한도 마찬가지다. 요직에 있는 간부들이 앞가슴을 꽉 채운 깡통 같은 훈장을 달고 나오는 모습을 보면, 역시 동족답게 허세 근성은 같구나 싶다.

　한국에는 '기마이(氣前:기마에, 기분과 체면)'라는 말이 있다.

　기분이 좋으면 돈을 아끼지 않고, 추켜세워주면 돈을 겁도 없이 쓴다. "외상이면 소도 잡아먹는다", "공짜라면 양잿물도 마신다" 이런 속담들이 괜히 나온 것이 아니다. 사람 심리가 그런 것이다. 우리는 거기에서 좀 더 나가 뽕짝만 맞고 기분만 맞춰주면 기름통을 지고 섶으로 뛰어들 수도 있는 기세다

　한국인은 기분에 따라 극단적으로 움직인다. 이런 다혈질적인 기질은 한국인의 역동성을 보여주는 동시에, 허세와 허풍의 원인이 되기도 한다. 기분이 좋으면 무조건적이다. 아무리 나한테 손해가 될지라도 선뜻 나선다. 기분이 안 좋으면 절대로 안 한다. 나한테 아무리 좋아도

가차 없이 거부한다.

6) 호화 묘지와 후손들의 허세

조상 묘를 호화롭게 조성해 사회적 위화감을 조성하고, 계열사 직원을 묘지 관리인으로 두거나 대형 경비업체에 맡겨 관리하는 사람들도 있다. 또한, 넓은 평수의 분묘는 국토를 잠식하고, 주변을 호화롭게 치장해 사회적 낭비를 초래한다. 망자는 알지도 못할 텐데, 후손들이 자신들의 부와 권력을 과시하려고 대형 묘지를 조성하는 행태가 이어지고 있다. 이러한 현상의 주요 원인은 "명당에 묘를 써야 자손이 잘 산다"는 음택풍수의 발복설 때문이다. 일부 풍수 전문가조차도 "자연에 순응해야 한다는 풍수의 가르침과 동떨어진 행태"라고 지적하고 있다.

7) 외국인의 시선: 한국인의 허세 문화

필리핀 매체 〈인콰이어러(Inquirer)〉는 한국인의 허세를 이렇게 묘사했다.

"돈 자랑하기 경쟁. 한국에선 왜 부유함을 뽐내는 것이 미덕일까?"

이 기사의 내용을 보면 낯이 뜨거워질 정도다.

"한국은 겉치레가 우선이다. 부자인 것처럼 보이는 것이 마치 황금률이라도 되는 듯하다. 명품 브랜드에 대한 강박관념은 기가 차서 말문이 막힐 정도다."

"명품 가방은 길거리에서 3초마다 볼 수 있다. 학부모 모임에서도 명품 옷, 가방, 장신구를 걸치고 외제차를 타고 온다. 마치 파리 패션쇼에

온 것 같은 착각이 들 정도다."

이러한 현상은 한국 속담에서도 찾아볼 수 있다. "사촌이 논을 사면 배가 아프다." 남이 잘되면 샘을 내는 심리, 다른 사람보다 뒤처지고 싶지 않다는 경쟁심이 허세를 부추긴다. 명품을 사고, 외제차를 몰고 다니면서 누구에게도 밀리지 않으려는 심리는, 부와 돈에 대한 끝없는 경쟁으로 이어진다.

우월감에 젖어 잘난 체하며 남을 무시한다거나 명품을 살 여유가 없는 사람은 가짜라도 들고 다닌다. 명품 가방을 사기 위해 신용카드 여러 장을 돌려가며 할부로 구입하고, 몇 달 동안 라면만 먹고 버티는 경우도 있다고 한다.

이렇게 허세를 부리다가 망가지는 한국인의 모습은 미끄러운 비탈길처럼 아슬아슬하다.

자신의 인격을 명품으로 만들기보다는, 내면의 빈 곳을 외형적으로 채우려 한다. 그래서 허세를 부리고, 겉치장에 금전적 부담을 감수한다. 언제쯤이면 이러한 허세 문화가 사라질까? 아직도 끝이 보이지 않는다.

제5장

나쁜 머리는
잘 굴린다

1. 사기가 판치는 나라, 사기꾼 천국

1) 사기꾼도 많고, 사기 피해도 크다

2023년 대한민국에서 발생한 사기범죄 건수는 34만 7,900여 건(경찰청 통계)으로, 하루 평균 950건에 달한다. 이는 OECD 회원국 중 사기범죄 1위라는 불명예스러운 기록이다. 또한, 세계보건기구(WHO)가 발표한 범죄 유형별 국가 순위에서도 한국은 사기범죄 발생률 1위를 기록했다. 그 뒤를 멕시코(2위)와 남아프리카공화국(3위)이 잇고 있다.

이미 선진국 반열에 오른 대한민국이 '사기 대국'이라는 오명을 쓰고 있다는 사실은 부끄러운 일이 아닐 수 없다.

사기범죄로 인한 연간 피해액은 약 8조 44억 원에 달하지만, 피해 금액 회수율은 고작 1% 수준(730억 원)에 불과하다. 결국 잠시 감옥에서 형기를 마치고 나오면 피해 금액의 대부분을 사기범이 그대로 챙길 수 있는 구조다.

한 사례로, 상품권 사기범이 1조 원대 사기를 저지른 후 징역 10년형을 선고받았다. 그러나 10년 후 출소하면 막대한 부를 손에 쥘 수 있는 상황이 된다. 반면, 미국에서는 유사한 피라미드 다단계 사기 사건의 가해자에게 징역 150년 형을 선고한 바 있다.

즉, 대한민국에서는 사기가 '남는 장사'가 되어버린 셈이다. 사기는 밑천 없이 '혀'만 잘 굴리면 되는 범죄라는 말까지 나온다.

사기범죄의 높은 재범률은 솜방망이 처벌이 원인이다. 현재 사기범죄의 재범률은 77%에 달한다. 이는 살인, 강도, 방화 등의 강력범죄보다 3배나 높은 수치다. 사기범들이 계속 범행을 저지르는 이유는 솜방망이 처벌 때문이다.

현행법상 사기죄의 최고형은 징역 10년 이하 또는 벌금 2,000만 원이다. 특히 사기 피해 금액이 1억 원 이하일 경우, 형량은 평균 징역 1년 6개월 정도에 불과하다.

또한, 보험사기의 경우 미국과 유럽에서는 중범죄로 분류되어 최고 20년형까지 선고될 수 있지만, 우리나라는 대부분 벌금형으로 끝난다. 설령 징역형이 선고되더라도 1~2년에 그치는 경우가 대다수라는 것이 업계의 설명이다.

결국, 솜방망이 처벌로 인해 사기범죄가 '돈 되는 장사'로 인식되고, 대한민국이 '사기꾼 천국'이라는 오명을 쓰게 된 것이다.

2) 부끄러운 세계 1위 사기꾼 나라

남을 속이는 범죄(사기, 횡령, 배임, 무고, 위증)의 심각성

과거 법무부 장관을 지낸 한 인사는 재직 시 조사한 결과, 3대 거짓말

범죄(사기, 무고, 위증)가 검찰 업무의 70%를 차지하고 있었다며, 거짓말 범죄 때문에 다른 업무를 제대로 수행할 수 없는 현실에 개탄을 금할 수 없다고 했다.

2003년 당시, 일본과 한국의 거짓말 범죄(사기, 무고, 위증) 건수를 비교해본 결과, 위증은 16배, 무고는 9배, 사기는 26배로 우리나라가 일본보다 압도적으로 많았다.

더욱이 일본의 인구가 한국보다 약 3배 많은 점을 고려하면, 한국인들은 거짓말을 밥 먹듯이 한다고 해도 과언이 아니다라고 지적했다. 이는 일반 국민뿐만 아니라 종교인조차 예외가 아니었다고 한다.

거짓말은 우리 사회를 황폐하게 만들고, 모든 사회악의 근원이 된다. 따라서 이를 범죄로 인식하고, 전 국민을 대상으로 윤리 교육을 강화해야 한다. 특히 공영방송에서 공공연히 사기 수법을 다루는 막장 드라마가 방영되는 것도 교육적으로 큰 폐해를 끼치고 있다. 남을 속이는 행위를 엄격하게 처벌하는 사회적 분위기를 조성해야 한다.

3) '하멜'은 왜 한국인 사기꾼을 똑똑하다고 했는가?

네덜란드 출신의 헨드릭 하멜은 13년 20일 동안 조선에 억류된 후 네덜란드로 돌아가, 당시의 경험을 기록한 『하멜 표류기』를 남겼다.

그는 책에서 "조선인은 물건을 훔치고, 거짓말하고, 속이는 경향이 강하다. 그들을 지나치게 믿어서는 안 된다. 또한, 남에게 해를 끼치고도 부끄러워하지 않으며, 오히려 그것을 영웅적인 행위라고 여긴다"라고 기록했다. 이러한 시각이 과장되거나 왜곡되었을 가능성도 있지만, 조선 시대에도 사기와 속임수가 사회적으로 만연했음을 보여주는 하나의 증거로 볼 수 있다.

이를 뒷받침하는 대표적인 사례가 '봉이 김선달' 이야기다. 김선달은 대동강 물을 팔아넘긴 사기 행각을 벌였음에도, 그는 단순한 사기꾼이 아니라 '머리 좋은 사람'으로 여겨지며 유쾌한 이야기로 전해져 왔다.

이는 사기를 '악'이 아니라 '재치'로 보는 왜곡된 사회적 인식을 반영하는 것이 아닐까? 남을 속이는 행위를 '능력'으로 평가하는 풍조는 반드시 개선되어야 한다.

4) 지난 수십 년간 대표적인 사기 유형

우리 사회에서 발생한 각종 사기범죄의 유형을 살펴보면, 사기범죄가 단순한 개인의 범법 행위를 넘어 사회 시스템을 악용하는 구조적인 문제로까지 확대되었음을 알 수 있다.

(1) 전통적 사기 수법

1. 계(契)돈 사기 – 오래된 전통적 사기 방식으로, 계원들의 돈을 가로채는 수법
2. 생명보험사기 – 허위 사고를 꾸며 보험금을 타내는 사기
3. 요양병원 보험사기 – 가짜 환자를 모집해 건강보험을 부당 청구하는 병원
4. 고용보험사기 – 정부의 고용·출산 장려 지원금을 부정 수급

(2) 금융 및 경제 관련 사기

1. 다단계 사기 - 대표적인 사례로, 조희팔의 4조 원대 다단계 금융 사기

2. 전화금융사기(보이스피싱) - 대출을 빙자한 금융사기가 전체 보이스피싱의 70% 차지

3. 대통령과 고위공직자를 사칭한 사기 - 권력을 이용한 신뢰를 악용하는 사기

4. 식품 사기 - 원산지를 속이거나 유통기한을 변조하는 범죄

5. 구권화폐 등록비용 사기 - 신권으로 교환하는 과정에서 등록비용을 속여 가로채는 사기

6. 인터넷 구매 사기 - 온라인 쇼핑몰을 악용한 금전 사기

7. 가상화폐 사기 - 가짜 코인 발행, 투자 사기 등의 신종 금융 사기

8. 결혼 빙자 사기 - 검사, 재벌 2세, 재미교포, 의사 등으로 행세하며 금품을 갈취

9. 학력 위조 및 논문 표절 사기 - 허위 학력 및 논문 도용으로 이득을 취하는 범죄

(3) 투자 및 재산 관련 사기

1. 떼인 돈을 되찾아 주겠다며 접근하는 사기
2. 농아인을 대상으로 한 고수익 미끼 투자 사기
3. 주가조작(株價 操作) 사기 - 시세 조작을 통한 부당 이득
4. 가짜 휘발유 제조·판매 사기 - 불법 유류 제조 및 판매

5. 수천억 대 재산 상속인을 사칭한 사기

   (4) 종교·심리적 약점을 이용한 사기

1. 사이비 종교 사기 - 종교를 가장하여 사기 및 범죄를 저지르는
   행위
2. 무속인 사기 - "굿을 하지 않으면 죽는다" 등의 협박을 하는 금전
   사기
3. 자선단체 사기 - 기부금을 모금한 뒤 횡령

   (5) 사회적 취약층을 노린 사기

1. 취업 사기 - 취업 희망자를 대상으로 금품을 요구하는 사기
2. 금융기관 임직원의 사기 및 횡령, 배임 - 도덕적 해이를 악용한
   금융 사기
3. 신용장 위조 무역 금융 사기 - 허위 서류나 위조된 신용장으로
   금융기기관으로부터 대금을 부정하게 편취
4. 어음 사기 - 허위 어음을 발행하거나 유통시켜 이득을 취하는 범죄
5. 위조수표 사기 - 수표 금액을 조작해 부당 인출하는 범죄
6. 노숙자 명의를 이용한 대출 사기 - 신용 불량자의 명의를 도용해
   대출받은 후 잠적

   (6) 대형 금융·부동산 사기

1. 바지사장을 내세워 금융기관에서 대출받은 후 삼석하는 사기

2. 남의 독립유공을 가로채 자기 조상을 독립유공자로 만드는 사기
3. 로또 당첨 예상 번호를 미리 알려주겠다며 돈을 요구하는 사기
4. 스포츠 승부 조작 사기 - 선수 및 관계자 매수를 통한 경기 조작
5. 온라인 도박 사기 - 연간 169조 원 규모의 도박 시장이 형성됨
6. 짜고 치는 도박판 사기 - 고의로 승패를 조작하는 불법 도박

(7) 정치 및 국가 차원의 사기

1. 여론 조작 및 선거 사기 - 허위 사실 유포 및 댓글 조작을 통한
   여론 조작
2. 자산 운용사를 가장한 펀드 사기 - 대표적 사례로 '라임 펀드' 사건
3. 탈북민 정착금을 가로채는 사기 - 탈북자를 대상으로 한 범죄
4. 국가 통계 조작 사기 - 정책 실패를 은폐하기 위해 데이터를 조작하는
   범죄

(8) 부동산 및 감정평가 관련 사기

감정평가사·공인중개사가 개입한 대형 전세 사기 - 조작된 감정평가와
허위 임대 계약서를 이용하여 피해자를 속이는 수법의 사기

5) 사기꾼의 심리와 사기당하는 사람의 심리

사기당한 사람은 결국 자신의 욕심에 속는다고 한다.
"다른 곳보다 월등한 이익을 볼 수 있다"는 욕심에 마음이 움직이는
순간, 사기는 시작된다.

어디에도 특별한 이익은 없다. 항상 의심하고 경계하는 것이 최선이다. 사기꾼은 가진 것 없는 사람, 불쌍한 사람, 약한 사람을 주로 노린다. "이렇게 어려운 나를, 이렇게 불쌍한 나를 설마 사기 치겠어?"라는 생각은 큰 착각이다. 반면, 재산이 많은 사람에게는 쉽게 접근하지 않는다.

따라서 잘 모르는 분야라면 아예 손대지 않는 것이 안전하다. 어설프게 아는 것이 완전히 모르는 것보다 더 위험할 수도 있다. "선무당이 사람 잡는다"는 말이 괜히 있는 것이 아니다. 사기는 기술이 아니라 심리전이다. 상대가 무엇을 원하는지, 상대가 무엇을 두려워하는지, 이 두 가지만 알면 사기꾼들에게는 게임이 끝난 것이나 다름없다.

사기꾼들의 단골 멘트 "고수익 올려드립니다!", "원금 보장해 드립니다!", "○○○씨도 억 소리 나게 벌었습니다!" 이런 말을 들으면 순간 혹할 수 있지만, 바로 그 순간이 사기의 시작이다.

사기꾼은 정직한 사람에게는 붙지 않는다. 스스로 노력하며 요행을 바라지 않는 사람은 사기에 쉽게 당하지 않는다. 사기는 단순한 돈 문제가 아니다.

2. 목적을 위해 수단과 방법을 가리지 않는다

목적을 이루기 위해 수단과 방법을 가리지 않고, 인정이나 도덕도 없이 모략과 중상을 포함한 온갖 수단을 동원하는 경우가 많다. 여기에는 원칙도, 선악도 존재하지 않으며, 필요에 따라 처신을 바꿔가며 행동한다. 특히 금전적인 이익을 얻을 수만 있다면 도덕과 윤리는 물론, 인권 문제조차 고려 대상이 되지 않는다. 오히려 이를 지적하는 사람들을 조롱하거나 비웃으며, 인간의 도리를 저버리는 행태를 서슴지 않는 경우도 많다.

권모술수에 능한 사람들은 부하의 도덕성 여부를 중요하게 여기지 않는다. 이들에게 중요한 것은 오직 자신에게 얼마나 충성하는지의 여부다. 이는 도덕과 원칙을 중시하는 사람은 마음대로 부릴 수 없기 때문이다.

권력이나 이권이 개입되는 일이라면, 대통령이나 영부인은 물론 형제, 자녀, 절친한 동창생, 권력 핵심 인물들에게 밤낮 가리지 않고 접근하는 일이 비일비재하다. 새벽 출근길을 붙잡거나, 대문 앞에서 퇴근을 기다리는 것은 물론이고, 집무실에서 버티거나, 사과 상자에 돈뭉치를 넣어 전달하는 방식도 흔히 사용된다. 만약 원하는 결과를 얻지 못하면 준 돈을 떠벌리거나, 수사기관에 뇌물 제공 메모나 수첩을 흘리는 등 다양한 방식으로 압박을 가한다. 심지어 자살을 하면서까지 유서에 누구에게 얼마를 주었는지를 기록하는 경우도 있다. 이러한 행태는 절차와 과정의 공정성을 무시한 채, 로비와 금전을 동원해 목적을 달성하려는 행위로, 여전히 우리 사회에서 반복되고 있다.

이러한 방식에 휘말린 집권자의 친인척이 결국 철창신세를 지게 되는 일도 대통령이 바뀔 때마다 반복되고 있다. 공자의 말처럼 "나무는 가만히 있으려 하지만, 바람이 가만두지 않는다(樹欲靜而風不止)"라고 했듯이, 권력자의 주변 친인척이 아무리 조용히 지내려고 해도 주변에서 끊임없이 접근하며 이권을 나누려 하니 가만히 있기가 어려운 것이다. 결국 이로 인해 소통령, 홍삼 트리오, 봉하대군, 영포대군 등 여러 인물들이 감옥에 가는 상황이 반복되었다.

정치인들 역시 권력을 잡을 가능성이 있다고 믿으면 수단과 방법을 가리지 않는다. 조상의 묘를 파서 전국의 명당을 찾아 옮기는 것은 물론이고, 상대 후보의 조상 묘에 쇠말뚝을 박는 주술 행위까지 한다. 이들에게는 결과만 좋다면 무엇이든 가능하다. 정치란 인간 본성만으로는 감당하기 어려운 영역인지도 모른다. 그렇다면 정치인은 참 인간답게 살아가기 어려운 직업이라는 결론에 도달하게 된다.

세금을 감면받기 위해 뇌물을 주고 세금 감면 혜택을 받거나, 부실 기업이 권력자의 힘을 빌려 거액의 대출을 받은 후 기업을 부도내고 그 책임을 회피하는 사례도 많다. 이런 방식으로 인해 백 년 역사의 은행들이 부실 대출로 인해 결국 문을 닫게 된 사례도 존재한다. 상업은행과 조흥은행 등이 대표적인 예다.

그뿐만이 아니다. 권력에 뇌물을 주고 허가 조건을 변경하여 인허가를 따내거나, 자식을 좋은 학교에 보내기 위해 시험지 답안을 빼돌려 성적을 조작하는 일도 벌어진다. 가짜 표창장을 만들어내거나, 가짜 인턴 수료증을 발급하고, 심지어 대학교수가 자신의 미성년 자녀를 학술논문의 공동 저자로 등록하는 일까지 벌어지고 있다. 이러한 행태는 특정 개인의 문제가 아니라, 우리 사회 전반에 걸쳐 깊이 뿌리내린 병폐라고 볼 수 있다.

이런 일이 한두 번 있는 것도 아니니, 억울하다고 말하는 사람들도 많다. "너도나도 다 그렇게 해왔는데, 왜 나만 처벌받느냐"고 항변하기도 한다. 그러나 법 앞에서는 평등이 존재하지 않는 것이 현실이다.

요즘은 단순한 생계형 위장 이혼이 아니라, 탈세를 목적으로 한 이익 추구형 위장 이혼이 증가하는 추세라고 한다. 특히 고액 체납자들이 부동산을 처분한 후 양도세 납부를 피하기 위해 이혼한 아내의 명의로 재산을 숨기는 사례가 늘어나고 있다. 또한, 자녀를 외국인 학교에 입학시키기 위해 부모가 위장 이혼을 한 뒤, 서류상으로 생면부지의 외국인과 결혼하는 사례도 적발되었다. 목적을 위해서라면 남편까지 바꿔치기하는 것이 현실이 되었다.

건설 관련 공사에서는 입찰 방식으로 시공사를 결정하는데, 자기 회사가 공사를 따내기 위해 계열사인 페이퍼 컴퍼니들을 '벌떼'처럼 입찰에 참여시키거나, 몇 개의 회사를 들러리로 세운 뒤 낙찰되면 들러리 업체에 '떡값'을 주고 낙찰받는 수법을 쓰는 경우가 흔하다. 이러한 방식은 정당한 입찰 절차를 방해하면서까지 꼼수를 동원하는 행태로,

업계에서 스스럼없이 이루어지고 있다.

　보험사기 역시 빈번하게 발생하고 있다. 교통사고로 상해를 입었을 경우, 통원 치료가 가능함에도 불구하고 입원을 선택하여 보상금을 더 타내는 방식이 대표적이다. 이른바 '나이롱 환자'라고 불리는 이들은 실제로는 경미한 부상임에도 불구하고 입원을 통해 보험금을 부풀려 받는다.

　'나이롱 환자'라는 표현은 합성섬유인 나일론의 신축성이 강한 특징에서 유래했으며, 증상이 심해졌다가 약해졌다가 하는 꾀병 환자와 비슷한 의미로 사용된다. 또한, 나일론이 천연 섬유가 아닌 인공 섬유이듯, '나이롱 환자'는 가짜 환자를 뜻하는 말로도 쓰인다.

　이러한 풍조는 성장기 학생들에게도 영향을 미치고 있다.

　얼마 전에는 고등학생들이 교사의 컴퓨터에 악성코드를 설치해 저장된 시험지와 답안지를 빼돌린 후 부정시험을 치른 사건이 발생하기도 했다. 어린 떡잎 때부터 수단 방법 안 가리고 못되게 살아가려 하는 풍조가 자리 잡고 있으니, 우리 사회가 어디서부터 바로잡아야 할지 앞이 캄캄할 지경이다.

3. 남 잘되는 것 못 본다 – 시기(猜忌), 질투(嫉妬), 모함(謀陷)

남이 잘되는 것을 못 보는 감정은 결국 시기와 질투로 나타난다. 이 두 감정은 모두 타인과 자신을 비교할 때 생겨나는 부정적인 감정이며, 겉으로는 비슷해 보이지만 그 속뜻은 다소 차이가 있다.

시기(猜忌)는 다른 사람과 자신을 비교하며, 자신이 가지지 못한 좋은 것을 타인이 가지고 있을 때 느끼는 미움과 슬픔이다. 반면 질투(嫉妬)는 자신보다 나은 사람을 시기하며, 미워하면서도 동시에 부러워하는 감정을 의미한다.

보통 '시기·질투'라는 표현을 하나의 개념처럼 사용하지만, 실질적으로 두 감정의 초점은 다르다. 질투는 '나 자신'에 집중하며, 이웃이 가진 것을 내가 가지지 못해 슬퍼하는 감정이다. 반면 시기는 '타인'에게 집중하여, 내가 가지지 못한 좋은 것을 타인이 가졌다는 사실 자체를 슬퍼하고 미워하는 감정이다.

질투는 긍정적인 방향으로 작용할 가능성이 있다. 내가 가지지 못한 것을 질투하게 되면, 그것을 목표로 삼아 더 노력하고 발전할 수 있기 때문이다. 그러나 시기심은 초점이 타인에게 있기 때문에, 스스로 조절할 수 없는 감정으로 변질되기 쉽다. 결국 남을 깎아내리거나, 스스로 좌절하는 방식으로 귀결될 가능성이 크다.

인간에게 보편적인 특성이 있다면, 그것은 성공한 사람에 대한 악의와 증오이다. 사회가 경쟁적으로 변하면서, 진급이나 승진, 인사 이동이 있을 때 시기와 질투로 인해 흠을 들추어 투서를 넣는 행위가 조직 사회나 군대 내부에서도 심각한 문제로 떠오르고 있다. 이런 투서에는 사실을 기반으로 한 경우도 있지만, 의혹이나 소문을 근거로 하거나 심지어 무고에 가까운 사례도 많아 문제가 더욱 심각해진다. 심사 기관 입장에서도 모든 투서를 전수 조사할 수 없기 때문에 곤혹스러운 상황에 처하게 된다. 일반적으로 무능하고 부족한 사람일수록 질투심이 강하다는 연구 결과도 있다.

시기 · 질투 · 모함의 뿌리

한국인의 질투와 시기는 농경 사회에서 평등한 삶이 강조되었던 전통과 깊은 관련이 있다.

오랜 농경 생활 속에서 사람들은 비교적 대동소이(大同小異)하게 살아왔기 때문에, 누군가 나보다 더 잘나거나 잘살게 되면 배 아프고 억울하다는 감정을 쉽게 갖게 되었다. 이런 문화적 배경은 한국 사회에 살아 있는 영웅이 없는 이유가 되기도 한다.

왜 한국에는 살아 있는 영웅이 없는가? 그 이유는 누군가 성공하고 빛나는 순간, 사람들은 그를 끌어내리려 하기 때문이다. 한국인은 뛰어난 사람을 인정하기보다는, 자신과 비슷한 수준으로 깎아내리는 데 능숙하다. 그래서 한국에서는 살아서 업적을 인정받기 어렵고, 오히려 죽어서야

비로소 빛을 보는 경우가 많다.

이러한 특성 때문에 한국의 무덤 문화와 비문(碑文)이 발달한 것도 우연이 아니다. 생전에 공적을 인정받기 어려운 만큼, 죽은 후에야 제대로 평가받고 칭송받을 기회가 주어지기 때문이다. 결국, 한국 사회에서 시기와 질투는 발전과 성장을 가로막는 장애물로 작용해왔다.

조선 시대 역시 단합하여 국력을 키우기보다 당파 싸움으로 서로 물고 뜯다가 함께 몰락하는 일이 반복되었고, 그로 인해 결국 국가의 멸망을 초래했다.

대표적인 사례로, 민족의 영웅 이순신 장군도 시기와 모함으로 인해 고초를 겪었고, 남이 장군 역시 유자광의 시기와 모함으로 인해 향년 26세에 억울하게 죽임을 당했다.

이처럼 한국 사회에서 시기와 질투는 단순한 개인의 감정을 넘어, 역사적으로도 국가적 발전을 저해하는 요인이 되어왔다.

"사촌이 논을 사면 배가 아프다" 또는 "배고픈 것은 참아도 배 아픈 것은 참을 수 없다"라는 속담은 단순한 말이 아니다. 이 표현은 가까운 친척이 잘되는 것을 기뻐해 주지 못하고, 오히려 질투하고 시기하는 한국 사회의 한 단면을 잘 보여준다.

다른 사람이 잘되는 것을 못 보는 지독한 이기주의에서 비롯된 말이기도 하다. 사촌은 남이 아니라 가장 가까운 친척임에도 불구하고, 자기 자신 외에는 모두 남으로 여기는 태도는 결국 자업자득이 되어 부메랑처럼 자신에게 돌아오게 된다. 이러한 모습은 우리 주변에서 쉽게 찾아볼 수 있다.

　정치판에서는 상대의 당선이 곧 나의 불행이 되고, 상대의 낙선이 나의 행복이 되는 구조에서 죽기 살기로 시기, 질투, 모함이 난무하는 일이 비일비재하다.

　해외 건설공사 입찰에서도 자국 기업들끼리 서로 시기하고 모략하는 바람에 기업 신뢰도가 떨어지고, 과당 경쟁 속에서 덤핑 수주를 감행해 손실을 보는 사례가 많았다. 이는 결국 "네가 따는 것은 못 보겠다"는 심리에서 비롯된 것이다.

　한국 사회에서는 남의 허물을 만들어내고, 거짓 프레임을 씌워 끌어내리는 기술이 도사급 수준이며, 세계에서 둘째가라면 서러울 정도로 흠집 내기에 능숙한 사람들이 많다. 특히 정치판에서는 나라 운영은 뒷전이고, 상대의 약점을 공격하는 데에만 혈안이 되어 있는 현실이다.
　이런 상황을 지켜보는 국민은 허탈감과 분노를 느낄 수밖에 없다. 결국, 이러한 사회 분위기가 우리의 발전을 가로막는 걸림돌이 되고 있음을 깊이 성찰해야 한다.

1) 조선 세조 때, 시기와 모함으로 희생된 남이 장군
　남이(南怡) 장군은 조선 세조 때 이시애의 난을 평정한 공으로 젊은 나이에 병조판서에 오른 명장이었다. 그러나 그가 지은 시(詩) '북정가(北

征歌)'가 화근이 되었다.

백두산 돌을 갈아 칼을 만들고(白頭山石磨刀盡)
두만강 물로 말을 먹이며 전진하리(豆滿江水飮馬無)
나이 스물에 나라를 평정하지 못한다면(男兒二十未平國)
후세에 누가 나를 대장부라 부르겠는가?(後世誰稱大丈夫)

이 시에서 '평국(平國)'이라는 표현이 문제가 되었다. 정적들은 '평(平)' 자를 '득(得)'으로 조작하여, '나라를 찬탈하려는 야심을 드러낸 것'이라며 반역 혐의를 씌웠다. 결국 국문(鞠問)을 받은 끝에, 27세의 젊은 나이에 억울하게 처형당했다.

단순한 괴담 하나가 한 장군의 목숨을 앗아간 대표적인 사례다.

2) 성웅 이순신 장군도 시기와 모함의 희생양이 되었다

이순신 장군은 조선을 구한 명장이었지만, 정치적 갈등과 시기심으로 인해 여러 차례 모함을 받았다. 특히 임진왜란 당시 연전연승을 거두며 조선을 방어하던 중, 원균을 비롯한 일부 세력의 질투로 인해 억울한 누명을 쓰게 되었다.

1597년 정유재란 초, 조정에서는 '일본군이 북상할 것'이라는 잘못된 정보를 바탕으로 출격 명령을 내렸다. 그러나 이순신 장군은 이를 신뢰할 수 없는 정보로 판단하고, 불필요한 전투를 피하기 위해 출동을 거부했다. 이에 선조와 조정은 이를 '왕명을 어긴 불충한 행동'으로 간주하여 그를 삼도수군통제사에서 해임하고 투옥시켰다.

결국 그는 곤장 30대를 맞고, 백의종군(白衣從軍, 평범한 병사 신분으로 복무)을 하게 되었다. 그러나 그는 백의종군 중에도 국가와 백성을 위해 전투를 준비하며 군사적 책임을 다했다. 결국, 그의 뛰어난 전략과 용맹이 다시 인정되어 삼도수군통제사로 복귀하게 되었고, 명량 해전에서 불리한 전황 속에서도 대승을 거두며 자신의 결백과 실력을 입증했다.

이순신 장군의 삶은 부당한 정치적 압력과 모함 속에서도, 국가와 백성을 지키겠다는 강한 책임감으로 흔들리지 않았다.

그가 남긴 "신에게는 아직 12척의 배가 있습니다"라는 말은, 절망적인 상황에서도 희망을 잃지 않는 정신을 상징하며, 그를 조선 최고의 명장으로 추앙하게 만들었다.

4. 목적을 위해 '감성팔이'를 잘한다

'감성팔이'란 듣는 사람이나 보는 사람의 감정을 자극하여, 물질적·정신적·제도적인 이익을 얻으려는 의도적인 행위를 의미한다.

우리 사회에는 여러 형태의 감성팔이가 연극처럼 노출되고 있다. 대표적인 사례들을 살펴보면 다음과 같다.

1) 국민팔이

정당이나 정치인들은 자신의 주장을 정당화하기 위해 '국민'이라는 명분을 내세우는 전략을 자주 사용한다. 그러나 정작 해당 사안에 대해 국민이 찬성하지도 않았음에도, 마치 모든 국민이 동의하는 것처럼 포장하는 행태가 빈번하다.

"국민이 어떻게 생각하겠나?"

"국민이 용서하지 않을 것이다."

"국민 눈높이에 맞춰야 한다."

"국민을 섬기는 자세로 임하겠다."

이처럼 정치적 입장이 애매할 때마다 '국민'을 앞세우며 자신의 논리를 합리화하는 발언들이 반복된다. 하지만 국민 개개인의 생각은 다양한데도, 이를 하나의 집단적 의견처럼 포장하는 것은 명백한 '국민팔이'에 불과하다. 심지어 정치적 입지가 흔들릴 때는 '국민만 바라보고 나가겠다'

며, 자신에게 동의하지 않는 국민까지도 '국민'이라는 이름으로 끌어들이려 한다.

그러나 국민은 더 이상 이러한 '국민팔이' 정치에 속아 넘어가지 않는다. 진정한 국민을 위하는 정치란, 국민을 정치적 도구로 이용하는 것이 아니라, 국민 개개인의 다양한 목소리를 존중하고 실질적인 정책을 펼치는 것이어야 한다.

2) '중병(重病)팔이' – 법정 출두 시 위장 연출

재판을 앞둔 사람들이 건강에 별다른 이상이 없음에도 불구하고 휠체어를 타고 법정에 출석하는 장면을 종종 볼 수 있다. 또는 눈에 안대를 착용하여 실명 위기의 중병을 앓고 있는 것처럼 연출하는 경우도 있다.

이러한 모습은 국민과 재판부에 동정심을 유발하기 위한 대표적인 감성팔이 수법이다.

법정에 출두할 때는 마치 중병을 앓고 있는 듯한 모습을 보이지만, 출소 후에는 멀쩡히 사회활동을 하는 모습을 보면 참으로 연출력이 대단하다는 생각이 들 정도다.

어쩌면 "인생은 연극"이라는 말이 가장 잘 들어맞는 사례인지도 모른다.

3) '서민 코스프레' – 감성팔이 정치의 대표적인 수법

선거철이 되면, 정치인들은 재래시장을 돌며 어묵을 먹고, 국밥을 함께 먹으며 '서민 코스프레'를 하는 장면을 연출한다.

마치 서민들의 고생을 함께 나누는 후보인 것처럼 보이려 애쓰지만, 선거가 끝나면 이들의 모습은 찾아보기 어려워진다. 특히 정치인들은 서민 코스프레의 '선수'라고 해도 과언이 아니다.

그들이 입버릇처럼 말하는 "국민과 함께하겠습니다"라는 말은, 결국 표를 얻기 위한 감성팔이에 불과한 경우가 많다.

국민은 이제 더 이상 그들의 연출된 감성팔이에 속아서는 안 된다.

4) 정치 목적의 가난팔이

정치인들이 유권자의 감성을 자극하기 위해 자신의 가난했던 어린 시절을 강조하는 경우가 많다.

"나는 비천한 집안 출신으로, 아버지가 청소부였다"거나, "어려서 부모를 잃고 신문을 팔며 동생들을 키웠다"는 식의 이야기를 통해, 유권자들에게 동정심을 유발하고 정치적 이득을 얻으려는 사례가 흔하다.

그러나 실제로는 가난하지 않으면서도 의도적으로 '가난팔이'를 한 경우도 있다. 민주당 김○○ 의원은 후원금 모금을 위해 "후원금이 텅텅 비었다", "나는 매일 라면만 먹고, 구멍 난 운동화만 신는 가난한 청년 정치인이다"라고 홍보했다.

그 결과 2022년 국회의원 중 가장 많은 후원금을 모금했고 상당의 자산을 보유한 것으로 드러났다. 거지 코스프레를 한 사실이 밝혀지면서 많은 국민이 분노했고, 특히 청년층에게 깊은 실망을 안겨주었다.

가난을 팔아 정치 후원금을 모으는 것은, 사실상 '정치 앵벌이'와 다를 바 없다. 이는 사회적 약자와 소수자들이 처한 어려운 현실을 이용하여, 보편적 동정심에 기대어 이득을 취하는 행위라고 볼 수 있다.

최근 들어 '금수저 vs. 흙수저' 프레임이 정계에서 효과적인 전략으로 작용하면서, 너도나도 '흙수저'를 자처하는 현상이 나타나고 있다. 그러나 사실 40~50년 전에는 대부분 가난한 환경에서 성장했으며, 그 시절을 성공의 밑거름으로 삼아 멋지게 살아가는 이들도 많았다.

개인의 성장 과정이나 경제적 환경을 근거로 선과 악을 구분하는 것은 오류이며, 무조건적으로 '약자는 선하고, 강자는 악하다'는 인식 또한 잘못된 사고방식이다. 이런 프레임이 오히려 '가난팔이' 정치 전략을 부추길 수도 있다.

5) 인권변호사팔이

인권 변호사란, 인권 침해를 당한 사회적 약자를 변호하는 변호사를 뜻한다. 하지만 일부 정치인들은 '인권 변호사'라는 타이틀을 이용해 동정심을 유발하며 정치적 이득을 취하려 했다.

대표적인 사례로, L 대선 후보는 장애인 단체 지인에게 전화를 걸어, '민변(민주사회를 위한 변호사 모임)'에 제출할 허위 봉사활동 확인서를 요구한 사실이 드러났다. 자신을 '사회적 약자를 위한 인권 변호사'로 포장하기 위한 수단이었던 것이다. 그러나 그가 실제로는 강력 범죄자, 특히 흉악한 살인범을 변호한 사례가 많았던 변호사라는 사실이 밝혀지면서, 그의 인권 변호사 타이틀이 허울뿐이었음이 드러났다.

또한, 국회의원 후보 경선에 출마했던 한 변호사는, 과거 아동 성범죄 가해자를 변호하며, 피해 학생에게 2차 가해를 한 사실이 문제가 되었다. 그는 초등학교 4학년 여학생을 장기간 성폭행한 체육관 관장의 변호를 맡았으며, 법정에서 "피해 학생이 성병에 걸렸는데, 이 성병이 아버지나 다른 사람에게서 전염되었을 가능성도 있다"는 반인륜적인 주장을 펼쳤다.

이런 인물이 '인권 변호사'라는 타이틀을 내세워 정치에 도전한 것은 기만적인 행태였다.

비슷한 사례로, 권○○ 변호사는 민변 회원으로서 학교폭력 피해자의 소송을 맡았지만, 항소심에서 연속 3회 불출석하여 피해자 가족이 패소하는 결과를 초래했다. 결국 '피해자를 보호해야 할 인권 변호사가 오히려 피해자를 방치했다'는 비판을 받았다.

강간, 살인, 성매매 알선자, 다단계 사기범 등을 고액의 수임료를 받고 변호하는 사람들이 '인권 변호사'라는 타이틀을 내세우는 것은 어불성설이다.

그럼에도 불구하고, 정치권에서는 여전히 '인권 변호사 출신'이라는 점을 내세우며 공직에 도전하는 인물들이 많다. 하지만 결국 그들의 위선적인 행태가 드러나면서, 국민은 더 이상 '인권 변호사'라는 타이틀을 무조건 신뢰하지 않게 되었다.

6) 청년팔이 정치

각 정당은 참신한 청년 인재를 영입하여 '젊은 정당'이라는 이미지를 만들려고 하지만, 대부분 이벤트성 전략에 그치며 실패로 끝나는 경우가 많다.

국민이 원하는 것은 정치의 세대교체이지, 정당이 검증되지 않은 청년을 단순한 홍보 도구로 활용하는 것이 아니다.

결국 오염된 청년을 '참신한 청년'으로 포장했다가, 선거가 끝나면 광대처럼 쓰다 버리는 사례가 반복되고 있다.

7) 민주화운동팔이

3.15나 4.19 학생운동은 부정선거와 독재정권에 저항한 순수한 민주화 운동이었다. 그러나 이후의 일부 민주화 운동은 순수한 정치개혁 운동이 아니라, 자유민주주의 체제 전복을 목표로 한 운동과 혼재되기 시작했다.

대표적인 사례로, 통혁당, 민청학련, 한총련 등 북한의 지령을 받으며 활동한 주사파 운동권 세력은 자신들의 활동을 '민주화 운동'이라는 이름으로 포장하며 정당성을 확보하려 했다.

결국 이들은 민주화 운동의 타이틀을 이용하여 정치권에 진출했고, 수십 년간 권력을 누리게 되었다. 그러나 시간이 지나면서, 이들이 저지른 돈 봉투 선거, 뇌물 청탁, 성범죄, 비민주적 행태가 드러나면서, 그들이 외쳤던 민주화 정신이 점점 퇴색되고 있다.

8) '우리 민족끼리' 동족팔이

북한을 '동족'이라 부르며 '우리끼리'라는 명분을 내세워, 북한 정권에 막대한 지원을 해온 역사가 있다. 그러나 북한은 우리와 맺은 협정을 한 번도 제대로 이행한 적이 없었으며, 그들이 입만 열면 외치는 "우리 민족끼리"라는 말은 결국 돈을 요구하기 위한 수단에 불과했다.

진정한 동족이라면, 이산가족들이 자유롭게 만나도록 보장하는 최소한의 조치라도 취했어야 하지 않겠는가. 그러나 남한에서 제공한 지원은 정작 굶주린 북한 주민들에게 돌아가지 않았고, 오히려 북한 독재정권의 생명을 연장하는 데만 활용되었다.

북한은 3대 세습 독재국가이며, 국민을 노예처럼 통제하는 수령 절대주의 체제다. 자신들의 인민을 300만 명 이상 굶어 죽게 만들었으며, 옆 마을에 마실도 허가를 받아야 하는 나라가 되었다. 이제는 국경을 철조망과 장벽으로 막아 탈출조차 불가능하게 만들고 있다.

그런 북한을 향해 일부 정치인, 종교인, 노조, 교사들이 동정심을 표하며, 오히려 세습 독재정권을 편애하는 모습은 이해하기 어렵다. 대다수 국민은 북한 주민들의 고통을 걱정하는 반면, 종북주의자들은 김씨 세습 독재자들의 편에 서서 그들의 눈치를 보는 현실이다.

심지어 북한 정권이 우리 대통령을 향해 "삶은 소 대가리"라는 모욕적인 표현을 사용했음에도, 이를 묵묵히 참아 넘기는 모습을 보면, 도대체 어디에서 그런 인내심이 나오는지 의문이 들 정도다.

9) 내 고향팔이

"같은 고향 사람이니 우리가 남이냐? 나도 그 고향 사람이다. 같은 값이면 고향 사람 것부터 팔아주자."

이런 정서를 정리情理라 생각한다.

이처럼 한국 사회에서는 고향 사람들 간의 유대감이 강하며, 이를 기반으로 지역 네트워크가 형성되어 있다. 이러한 정서 덕분에 한국에는 수많은 향우회가 존재한다. 특히 6.25 전쟁 이후 월남한 북한 출신들이 만든 군민회나 면민회가 활발했으나, 세월이 흐르면서 월남 1세대가 세상을 떠나자 자연스럽게 사라지는 추세다. 하지만 호남 향우회는 여전히 전국적으로 강한 결속력을 유지하고 있다.

10) 같은 씨족팔이

한국 사회는 씨족 중심의 혈연 문화를 바탕으로 발전해왔다. 그렇기 때문에 같은 성씨, 같은 종친(宗親)이라는 이유만으로 빠르게 친밀해지는 경향이 있다.

씨족 간 네트워크가 강할수록 정치적·개인적 사안에서 도움을 받기가 쉬워지며, 조금만 가까워지면 항렬(行列)과 촌수(寸數)를 따지며 친분을 쌓는다. 할아버지, 아저씨, 형 동생 뻘이라며 발전하게 된다.

이러한 문화로 인해 전국적으로 종친회 조직이 활성화되어 있다.

11) 동문·동기팔이

같은 학교를 졸업하면 자연스럽게 선·후배 관계가 형성되며, 이를 정치적·사업적으로 활용하는 경우가 많다. 특히 한국에서는 학연(學緣)을 강조하는 경향이 강하며, 이를 이용하면 상대에게 쉽게 접근할 수 있다.

이뿐만 아니라 연수원 동기, 임관 동기 등 같은 기수를 중심으로 한 인맥 네트워크도 강하게 형성되어, 서로 밀어주고 끌어주는 문화가 존재한다. 그러나 이러한 연줄 챙기기가 공정성을 해치고, 다른 사람의 기회를 박탈하는 부작용을 초래하며, 결국 사회적 물의를 일으키는 경우도 적지 않다.

12) 고졸 신화팔이

"남들은 대학·대학원을 졸업하고 사법시험이나 행정고시에 합격하는 과정을 거쳤지만, 나는 고졸 출신으로도 부총리까지 올랐다"며 '고졸 신화'를 앞세워 선출직에 출마하는 경우가 있다.

고졸 출신으로 삼성전자 상무, 은행장, 경찰청장, 군 장성(스타)까지 오른 인물들이 존재하지만, 그들이 가진 근면과 성실, 노력의 결과를 단순히 '고졸 신화'로 포장해 정치적 도구로 활용하는 것은 또 다른 '팔이' 전략일 뿐이다.

사회적으로 성공한 것은 분명 박수받을 일이지만, 이를 지나치게 강조하며 정계 진출의 발판으로 삼으려는 행태는 바람직하지 않다.

13) 보스(지도자)팔이

정치인들은 선거철만 되면 자신의 지도자나 거물 정치인의 후광을 이용하려는 행태를 보인다. 이를 흔히 '보스팔이'라고 하는데, 자신이 유력 정치인의 계승자임을 강조하거나, "내가 ○○ 대통령의 복심이다"

라는 구호를 내세우는 것이 대표적인 사례다.

선거 공보물에는 유명 정치인과 함께 찍은 사진이 등장하고, "진박(眞朴)", "친윤(親尹)", "친문(親文)", "친명(親明)" 등의 단어가 난무하며, 유권자들에게 마치 자신이 해당 정치인의 적통 후계자인 것처럼 홍보하는 경우가 많다.

이는 결국 거물 정치인의 인기에 기대어 표를 얻으려는 '옷자락 효과'를 노리는 것이며, 일각에서는 이를 '심복팔이'라고도 부른다.

14) 예수팔이, 부처님팔이

기독교에서 메시아는 하나님의 아들이자 인류의 구세주인 예수 그리스도를 의미하지만, 한국에서는 '재림 예수'나 '메시아'를 자처하는 사람이 50명 이상 존재한다고 한다.

이들은 자신을 신적 존재로 포장하며 신도들을 끌어모아, 결국 종교를 이용한 '예수팔이' 장사를 하는 것이 아니냐는 의혹을 받는다. 대표적으로 JMS의 정명석, 신○지의 이○희 등이 자신을 '메시아'로 믿게 만들며 거대한 종교 조직을 형성한 사례다.

이처럼 자신을 신격화하는 종교 지도자들의 대부분은 사이비로 판명되는 경우가 많으며, 결국 종교를 이용해 신도들의 헌금을 착취하고 사리사욕을 채우는 것이 목적인 경우가 허다하다.

"자신이 구원자"라며 신도를 현혹하는 종교단체 중에 정상적인 곳은 거의 없다는 말이 나오는 것도 이 때문이다.

5. 돈과 빽으로 해결하려는 청탁습성(請託習性)

청탁(請託)이란 '청하여 남에게 부탁한다'는 뜻이다. 일반적으로 청탁은 개인이나 특정 집단이 자신의 이익을 위해 공직자의 직무 수행이나 의사 결정에 영향을 미치려고 하는 행위를 의미하며, 대체로 부정적인 상황에서 사용되는 용어다.

우리나라에서는 부정청탁을 방지하기 위해 공직자가 업무를 수행하는 과정에서 직접 또는 제3자를 통한 청탁을 받지 못하도록 법적으로 금지하고 있다.

국민권익위원회는 부정청탁을 아래와 같은 14가지 직무와 관련하여 금지하고 있다.

1. 인가·허가·면허 등 처리와 관련된 직무
2. 각종 행정처분 또는 형벌 부과의 감경·면제와 관련된 직무
3. 채용·승진 등 공직자 등의 인사와 관련된 직무
4. 공공기관의 의사결정에 관여하는 직위의 선정·탈락과 관련된 직무
5. 각종 수상·포상 등의 선정·탈락과 관련된 직무
6. 입찰·경매 등과 관련된 비밀 사항을 다루는 직무
7. 계약 당사자의 선정·탈락과 관련된 직무
8. 보조금·기금 등의 배정·지원 또는 투자와 관련된 직무

9. 공공기관이 제공하는 재화 및 용역의 거래와 관련된 직무

10. 각급 학교의 입학·성적 등과 관련된 직무

11. 병역과 관련된 직무

12. 공공기관이 진행하는 각종 평가·판정과 관련된 직무

13. 행정지도·단속·감사·조사와 관련된 직무

14. 수사·재판·심판·결정·조정·중재 등과 관련된 직무

이처럼 청탁은 단순한 부탁을 넘어 공정한 사회를 해치는 행위이며, 이로 인해 공정한 경쟁이 왜곡되고, 특정인에게 불합리한 이익이 돌아가는 문제를 야기할 수 있다.

1) 연줄(빽)을 먼저 찾는 한국 사회의 청탁 습성

우리 사회에서 사건이 터지거나 큰 문제가 생기면, 해결책을 찾기보다는 먼저 연줄(빽)을 찾으려는 경향이 강하다.

"누구의 형이 검사라더라.", "누구의 삼촌이 판사다." "아빠 친구가 경찰서장이니, 잘 이야기하면 구속은 면할 수 있지 않을까?"

이처럼 사건의 본질을 파악하기보다는, 법망을 피하거나 유리한 결과를 얻기 위해 인맥을 동원하려는 태도가 만연해 있다. 특히 형사사건이 발생하면 가장 먼저 전관(前官) 변호사를 찾는 것이 일반적이다. 전직 판사나 검찰 출신 변호사가 사건을 맡으면 유리한 결과를 이끌어낼 수 있다고 믿기 때문이다.

더 나아가, 단순히 법조계 인맥뿐만 아니라 판·검사의 출신 지역, 고등학교, 대학교, 사법연수원 동기 등 각종 연줄을 동원하여 부탁하려는

경향도 강하다.

이 과정에서 자신이 저지른 잘못을 반성하고, 정당한 법적 절차를 따르는 것은 뒷전으로 밀려나고 만다. 이런 문화가 지속되면 공정한 법 집행이 어려워지고, 결국 사회 전반에 불신을 초래할 수밖에 없다.

(1) 입사·채용을 위한 인맥 청탁

연줄을 찾아 채용 기회를 얻으려는 행위는, 실력보다 관계가 우선시되는 왜곡된 문화의 산물이다.

선진국에서는 상상조차 하기 어려운 일이지만, 우리 사회에서는 오랜 시간 인맥 청탁이 관행처럼 굳어져 왔다. 그러나 이러한 청탁은 결국 실력 있는 지원자들의 정당한 입사 기회를 빼앗는 것으로, 사회적 불공정과 박탈감을 심화시키는 행위다.

채용 과정은 누구에게나 공정하게 열려 있어야 하며, 이제는 이러한 부조리를 근절하기 위해 전방위적인 제도개선과 강력한 감시체계가 필요하다. 공공기관과 민간기업 모두 채용의 투명성과 공정성을 확보하도록 해야 한다.

(2) 공공기관·군 내부 승진을 위한 청탁

공공기관과 군 내부에서도 승진이나 요직 이동을 앞두고 인맥을 통한 청탁이 끊이지 않고 있다. 장관, 국회의원, 청와대 등 고위 권력층과의 연줄을 이용해 인사상 혜택을 얻으려는 시도는 조직의 공정성과 원칙을 무너뜨리는 대표적인 갑질이다. 이러한 청탁은 공직자들의 전문성과 성실한 업무 수행보다는 '빽'이 기준이 되는 잘못된 문화를 조장하며, 내부 구성원 간 불신과 갈등을 유발한다.

연줄과 배경을 통한 기회 확보가 당연시되는 청탁 문화는 우리 사회가 지향해야 할 "기회는 평등하고, 과정은 공정하며, 결과는 정의로운 사회"라는 원칙을 정면으로 위배하는 것이다. 공정한 경쟁이 보장되지 않으면 사회 구성원들은 실력보다 배경을 우선시하게 되고, 이는 전반적인 사회 신뢰를 무너뜨린다. 청탁은 단순한 부탁이 아닌, 타인의 권리를 침해하고 정의를 훼손하는 심각한 문제다. 사회 전반에 뿌리내린 청탁 근성을 뿌리 뽑기 위해서는 제도적 개선과 함께 사회 전반의 인식 전환이 병행되어야 한다. 실적과 능력에 기반한 인사 시스템이 확립되어야 하며, 인맥 청탁은 단호히 차단되어야 한다.

(3) 국회의원실, 청탁·뇌물의 저수지

국회의원실은 각종 청탁이 몰리는 곳이다. 지역구 선거 참모들의 자식이나 지인들의 취업 청탁, 승진·인사이동을 위한 부탁, 경찰 수사 무마 요청, 사업 인허가 및 금융기관 대출 청탁 등이 끊이지 않는다. 청탁이 가장 집중되는 곳은 선출직 국회의원, 지자체장, 교육감 등이다. 여의도 국회 주변에는 청탁을 위해 전국에서 몰려온 사람들과 수도권에 상주하는 정치 낭인, 거간꾼들이 득실거린다.

그들은 불가능한 일도 가능하게, 가능할 일도 어렵게 만들며 연중 국회를 들락거리며 청탁을 시도한다. 전직 의원, 낙선자, 정치 지망생,

보좌관 출신 등 그 수만 해도 수천 명에 이른다.

과거 입법 청탁으로 인해 국회의원 3명이 실형을 선고받은 적이 있다. 서울예술종합전문학교(서예종) 이사장은 교명에 '직업'을 빼기 위하여 금품을 제공하며 입법 로비를 시도했고, 서류전형과 필기시험을 합격한 지원자들이 면접을 앞두고 "손 좀 써달라"며 국회의원실을 찾는 일도 빈번했다. 또한, 서○○ 국회의원의 지역구 참모가 자신의 자녀를 위해 법원 재판의 형량 감경을 요청하는 청탁을 시도해 논란이 되기도 했다. 국회의원이 청탁·뇌물의 불법 저수지가 되는 이유는 권력을 좇아 청탁을 시도하는 사람들이 끝없이 몰려들기 때문이다.

(4) 금융·공직 청탁의 문제점

유○○ 부산시 경제부시장은 금감원 정책국장 재직 당시 금품 수수 사건에 연루되었다. 이 사건이 청와대 특검반의 비리 조사 과정에서 발각되자, 무마해 달라는 청탁이 청와대 민정수석실에 들어갔다.

청탁금지법이 시행되고 있지만, 소액 선물이나 접대에 대한 인식은 일부 개선되었을 뿐, 정작 근절되어야 할 고위 권력기관의 대형 청탁이나 기업들의 인허가 청탁은 여전히 은밀하게 진행되고 있다. 이처럼 청탁금지법이 꼭 필요한 곳에는 적용되지 못하고, 잔챙이 사건만 단속되는 현실은 법의 실효성 문제를 드러내고 있다.

우리 사회는 공정한 절차와 원칙을 따르기보다는 연줄과 편법으로 기회를 얻으려는 문화가 깊이 뿌리박혀 있다. 이러한 후진적 관행을 타파하지 않는다면, 결국 사회 전체가 불공정한 구조 속에서 신뢰를 잃고 퇴보할 수밖에 없다.

6. 얼굴 없는 폭력 잘한다

1) SNS, 댓글 악플. 얼굴 없는 폭력들 난무

SNS와 댓글을 통한 얼굴 없는 폭력이 난무하고 있으며, 이러한 졸장부들의 야만적 행동은 심각한 수준에 이르렀다. 떳떳하게 얼굴을 내놓고 주장하지 못한 채 숨어서 남을 비난하는 못난이들은 악의적인 문자 폭탄을 퍼붓고, 죄책감 없는 양심 불량자들은 떼를 지어 인격을 살인하는 댓글 부대를 형성하며 큰 사회적 폐해를 낳고 있다. 표현의 자유는 이런 형태의 악의적인 행위를 보호하기 위한 것이 아니다.

정제되지 않은 감정이 여과 없이 노출되며 듣기 힘든 욕설이 난무하고, 인격 모독은 상대방의 일상을 파괴하지만 정작 가해자는 아무 일도 없었다는 듯 편안한 태도를 보인다.

사이버 공간에서 여론이 무책임하게 형성되는 이유는 자신의 이름과 얼굴이 드러나지 않기 때문이며, 현실에서 본인이 직접 노출될 경우 점잖은 태도를 보이던 사람도 익명성이 보장되는 사이버 공간에서는 거리낌 없이 욕설과 모욕적인 표현을 쏟아낸다. 이는 상대방이 얼마나 큰 절망에 빠질지에 대한 고려가 전혀 없는 처신이며, 이러한 비굴한 행태를 막는 가장 효과적인 방법은 법의 엄격한 처벌뿐일 것이다.

전 세계적으로 댓글 문화가 존재하지만, 한국의 댓글 문화는 유별나다. 국내 최대 포털인 네이버에서는 하루 평균 50만~70만 개의 댓글이 달릴 때도 있으며, 코로나19 바이러스 확산과 마스크 대란이 발생했을 당시에는 민심이 폭발하며 하루 100만 개의 댓글이 달린 날도 있었다. 댓글의 수가 많고 영향력이 크다 보니 문제가 끊이지 않고 있으며, 특히 젊은 연예인들이 극단적 선택을 했을 때마다 항상 "악플에 시달렸다"는 이야기가 빠지지 않는다.

인간 한계를 넘는 비난 악플의 시달림을 못 견디고 유명배우 최진실, 이선균, 김새롬 그리고 가수 설리, 구하라 등이 세상을 떠났다.

뿐만 아니라 정치 세력들은 댓글을 여론 조작의 수단으로 악용하며, 여론을 조작하기 위해 조직적으로 댓글을 동원하는 사례도 많았다. 이처럼 댓글이 단순한 의견 표현을 넘어 특정 세력의 도구로 이용되면서 한국은 이제 "댓글 공화국"이라 불릴 정도로 댓글 문화가 정치적, 사회적 문제로까지 번지고 있다.

우리 헌법 제10조, 17조, 21조, 22조, 37조에서는 표현의 자유를 인간으로서의 기본권으로 보장하고 있지만, 이는 무제한적인 자유가 아니며 일정한 한계를 가지고 있다.

형법 307조 1항에서는 공연히 사실을 적시하여 사람의 명예를 훼손한 자를 처벌하고, 2항에서는 허위 사실을 적시하여 명예를 훼손한 경우 처벌하도록 규정하고 있으며, 동법 309조는 출판물 등을 이용한 명예훼손을, 311조는 공연히 사람을 모욕한 자를 처벌하는 조항을 두고 있다.

또한, 정보통신망법에서는 온라인상 명예훼손을 규제하고 있으며,

공직선거법에서는 선거 후보자에 대한 비방을 금지하고 있다. 그러나 이러한 법적 규정을 무시한 채, 일부 정당의 강성 지지자들은 마치 문화대혁명 당시의 홍위병처럼 상대를 무차별적으로 공격하고 있다. 이를 방지하기 위해서는 조속히 실명제를 도입하여 당당하게 자신의 주장을 펼치는 환경을 조성해야 하며, 익명 댓글이 지속된다면 결국 사회 전반에 걸쳐 인성이 파탄 난 '온라인 폭력 시대'를 부추기는 결과를 초래할 것이다.

(1) 2022년 9월 발생한 신당역 역무원 스토킹 살인사건 이후, 피해자의 유가족들은 온라인상에서 무분별한 악성 댓글에 시달려야 했다. 일부 누리꾼들은 피해자와 유가족을 비난하거나 모욕하는 댓글을 남겼으며, 이는 유가족들에게 추가적인 정신적 고통을 안겼다.

이러한 사건들은 SNS와 인터넷 공간에서의 악성 댓글이 개인과 사회에 미치는 부정적인 영향을 보여주며, 온라인상에서의 책임 있는 소통과 윤리의식의 중요성을 다시금 일깨워주고 있다.

(2) 광주에서 '루덴스'라는 커피점을 운영하는 한 자영업자가 4.19 혁명기념관에서 열린 '만인 토론회'에서 정부의 소득주도 성장, 최저임금 인상, 주 52시간제 등의 경제정책을 신랄하게 비판한 이후, 광주 시민이 어떻게 그런 발언을 할 수 있느냐는 항의 전화가 빗발쳤으며, 가게 운영을 하지 못할 것이라는 협박성 전화와 욕설이 이어졌다. 자신과 의견이 다르다는 이유만으로 상대를 공격하는 이런 행태야말로 한국 사회의 못된 자화상을 그대로 보여주는 단면이다.

(3) 콜센터의 전화폭력과 허위 신고도 도를 넘었다.

한 도시가스 콜센터에는 200번 이상 전화를 걸어 욕설과 난동을 부린 남성이 입건된 사례가 있었으며, 이러한 사건이 빈번해지자 이제는 콜센터에서 받는 모든 통화 내용이 자동으로 녹음되고, 욕설이나 폭언을 할 경우 처벌받을 수 있다는 안내 멘트를 삽입하는 등 자구책을 마련하고 있다.

최근에는 공공기관, 금융기관, 병원, 산업체 등에서 전화를 걸면 하나같이 "대화 내용이 녹음됩니다" 또는 "산업안전법에 의하여 고객의 욕설 등은 처벌받을 수 있습니다"라는 멘트가 나오는데, 이는 그만큼 고객이라는 이름을 내세운 갑질과 언어폭력이 심각한 수준에 이르렀음을 보여준다. 이러한 안내 멘트가 필수적으로 삽입될 정도로 문제가 심각한 현실을 보면, 콜센터 상담원들의 스트레스와 고충이 얼마나 큰지 짐작할 수 있다. 특히 서울시 다산 콜센터(120번) 상담원들은 극심한 스트레스를 받고 있으며, 일부 민원인은 단순한 문의가 아닌 음담패설과 성희롱 발언을 쏟아내기도 한다.

그동안 상담원들의 근로 환경을 보호하는 제도가 미비하여 이들이 겪는 수치심과 스트레스를 해결할 방안이 없었지만, 최근 서울시는 상담원들에게 성희롱 발언을 하는 민원인에 대해 '원스트라이크 아웃' 제도를 도입했다. 이 제도는 단 한 번이라도 위법 행위를 하면 즉시 법적 처벌이나 제재를 가하는 강력한 조치로, 현재 많은 기관과 조직에서 적용되고 있다.

(5) 연세대 바른 ICT 연구소의 조사에 따르면, 악성 댓글로 인한

사회적, 경제적 손실이 연간 최대 35조 3,480억 원에 달하는 것으로 나타났다. 이는 불안과 우울로 인한 행복 상실 기회비용, 변호사 선임 및 손해배상 비용, 스트레스로 인한 능력 저하 비용, 피해자의 병원 진료 및 치료 비용 등이 포함된 수치다. 악의적인 댓글 공격이 이제는 정치인을 넘어 일반 시민과 기업까지 무차별적으로 확산되고 있으며, 이에 대한 대책 마련이 시급한 상황이다.

(4) 최근에는 인공지능(AI) 기술을 활용해 기존 인물의 얼굴이나 특정 부위를 합성하는 '딥페이크(Deepfake)' 기술이 악용되면서, 가짜 동영상과 가짜 뉴스 유포 문제가 심각한 사회적 이슈로 떠오르고 있다. 특히 신종 학교폭력 형태로 딥페이크 기술이 활용되는 사례가 증가하고 있으며, 학생들의 호기심에서 시작된 이러한 행동이 범죄임을 인식하지 못하는 경우가 많아 학부모들의 우려가 커지고 있다.

딥페이크 기술은 창의적인 콘텐츠 개발에 긍정적으로 활용될 수 있는 가능성도 있지만, 여론 조작을 통한 민주주의 훼손, 명예훼손 및 범죄 악용 등의 위험성이 내포되어 있어 신중한 접근이 필요하다.

7. 일이 잘못되면 남 탓을 잘한다

"내 탓이오"라는 자기 성찰이 없는 사회에서는 일이 잘못되면 남 탓을 하기 마련이다. 내 인생은 내가 책임지는 것이며, 잘되고 못 되는 것은 결국 내 하기 나름이지만, 많은 사람들이 이를 인정하지 않고 실패의 원인을 외부에서 찾는다. 옛말에 "잘되면 내 덕이요, 못되면 조상 탓"이라는 말이 있듯이, 자신의 성공은 온전히 자신의 노력 덕분이라 여기면서도 실패는 운이 나쁘거나 외부 환경이 좋지 않아서라고 변명하는 경우가 많다.

입시에 성공하면 자신의 능력이 뛰어난 것으로 여기지만, 실패하면 선발 과정이 불공정했다고 불만을 토로하는 식이다. 이러한 사고방식은 자기중심적 편향에서 비롯되며, 결국 책임 회피로 이어진다. 사고나 참사가 발생하면 원인을 분석하고 예방책을 마련하는 대신, 곧바로 정부나 대통령을 탓하는 모습이 반복된다. 소풍을 가다 사고가 나도, 낚싯배가 전복되어도, 축제에서 참사가 발생해도, 대형 화재가 발생해도, 심지어 노동자가 해고되어도 모든 책임을 정부와 지도층에 돌리는 경향이 있다.

심지어 학교 운동장에서 학생들이 놀다가 무릎만 까져도 교사 탓을 하는 학부모도 있어, 일부 학교에서는 아예 점심시간에 운동장에서 뛰어노는 것조차 제한한다고 한다. 속담에도 남 탓을 하는 문화가 잘

나타나 있다. "글을 잘못 쓰면 필묵 탓", "떡이 설면 안반(案盤) 탓", "밥이 질면 나무 탓", "양식이 떨어지면 며느리 큰손 탓", "시집가서 소박맞으면 궁합 탓"을 하는 등, 잘못된 일의 원인을 자기 자신이 아닌 외부로 돌리는 모습은 한국 사회에서 흔히 볼 수 있다. 결국, "어디 핑계 없는 무덤이 없다"는 말처럼, 한국인의 남 탓하는 의식이 깊이 자리 잡고 있는 것이다.

1990년대 김수환 추기경이 생전에 승용차 뒷유리에 "내 탓이오" 스티커를 붙이며 "남 탓만 하지 말고 자신을 먼저 돌아보라"고 했던 일은 많은 사람들에게 큰 울림을 주었다. 당시 천주교에서 전개한 "내 탓이오" 정신 운동은 뜨거운 호응을 받았으며, 이는 불교의 "자작자수(自作自受)"나 공자의 "일이 잘못되면 군자는 제 탓을 하고, 소인은 남에게서 찾는다(君子求諸己, 小人求諸人)"라는 가르침과도 맞닿아 있다. 하지만 이런 좋은 가르침이 있음에도 우리는 여전히 자기반성을 하지 못하고 남 탓을 버리지 못하고 있다.

우리는 자살률이 세계 1위 수준이지만, 대부분이 자신의 억울함을 토로하거나 세상을 원망하는 유서를 남기고 세상을 떠난다. 또한 범죄인들도 자신의 범죄 이유를 가난한 환경, 잘못된 친구 관계, 교육 부족 등 외부 탓으로 돌리며 동정을 유발하려 한다.

정치인들 역시 확연한 범죄를 저지르고 대법원에서 실형을 선고받고도 끝까지 정치 탄압이라 주장하는 경우가 많다. 정치인들은 검찰에 소환되기만 해도 "정치 탄압"이라는 말을 입에 달고 살며, 죄를 인정하기보다는 남 탓으로 일관하는 모습을 보인다.

한국이 시위와 집회가 가장 많은 나라 중 하나라는 점도 이러한 남 탓 문화와 무관하지 않다. 무엇이 이렇게도 부당하고 잘못된 것이 많기에 도심 곳곳에서 시위가 끊이지 않는가? 그 불만을 해소하기 위한 노력은 충분히 해보았는가? 거리로 나오기 전에 먼저 자신의 문제를 돌아봐야 한다. 정말로 모든 것이 남 탓인지, 내 탓은 없는지 자문해 보아야 한다.

도산 안창호 선생은 "자손은 조상을 원망하고, 후진은 선배를 원망하고, 우리 민족은 모든 책임을 자기 외부로 돌리려 한다. 그런데 당신은 왜 하지 못하고 남만 책망하는가? 우리나라가 독립하지 못한 것이 다 내 탓이로구나 하고 가슴을 치며 반성해야 하지 않는가? 그런데도 남 탓만 하고 있지 않은가?"라며, '내 탓' 정신을 강조했다.

모든 것을 외부 요인과 남의 탓으로 돌리는 우리의 고질적인 '탓 문화'는 개인의 책임 의식을 희미하게 만들고, 사회 기강을 어지럽히며, 국가의 발전을 저해하는 망국병이라 할 수 있다. 이 같은 태도에서 벗어나지 못한다면 개인의 인생뿐만 아니라 사회와 국가 전체가 혼란에 빠지게 될 것이다.

세상사는 네 탓이 아니라 내 탓이 문제다. 내가 미리 준비하고 잘 대비하면 사고는 벌어지지 않는다. 그래서 "유비무환(有備無患)"이라는 말이 있는 것이다.

8. 분별없는 이기주의

문명된 사회의 주인인 국민이 되려면 적어도 옳고 그름을 판단하고 행동하는 능력을 갖추어야 하며, 말이나 행동도 분별력이 없이는 살 수 없는 것이다. 우리의 모든 일상은 분별력의 기초 위에서 이루어지며, 그것이 개인의 삶이든 정치 행위든 간에 분별이 올바르지 않고 이기심이 앞설 때 문제가 발생한다. 우리 사회는 편협한 집단 이기주의에 빠져 분별력을 잃고 있으며, 이기주의의 늪에서 헤어나지 못하는 모습을 자주 보게 되어 개탄스럽다.

1) 피를 나눈 형제간에 상속재산 놓고 난투극

피를 나눈 형제간에 상속재산을 놓고 난투극이 벌어지는 경우가 많다. 부친의 장례를 치른 후 친가에 모여 상속재산을 더 차지하려다 형제간에 피 터지는 싸움이 벌어지고, 결국 원수가 되어 부모 제사에도 불참하는 사례를 심심찮게 보게 된다.

이와 비슷한 재산 상속 사건이 있었는데, 이를 지켜본 어머니는 자식들이 짐승처럼 변한 책임이 자신에게 있다며 남쪽 서해안의 어느 섬마을로 들어가 혼자 살았다. 그러던 중 텃밭에 무씨를 뿌렸는데, 그 씨앗에 섞여 있던 양귀비가 자라 마약 조사반에 적발되어 육지 경찰서에서 조사를 받게 되었다. 끝내 자식들이 없다고 주장했으나 조사 결과 대학교수인 자식을 포함해 아들 삼 형제가 있다는 사실이 밝혀졌다. 이기심만 가득한 비정한 형제를 보며, 상속재산 없이 살다가 가는 것도 하나의 방법이 될 수 있다는 푸념이 나올 법하다.

2) 의사들의 집단으로 의대생 증원 반대, 집단 이기주의 극치

의사들의 집단 이기주의는 의대생 증원 반대에서 극명하게 드러난다.

의대생 증원은 필수 전공의 부족과 지역 간 의사 수의 불균형을 해소하기 위한 국가적 의료 대책이다. 그러나 의사들은 여러 이유를 들어 이를 반대하고 있으며, 결국 본질적으로는 밥그릇 싸움으로 보인다. 의사는 전문직 중에서도 평균적으로 가장 높은 수익과 연봉을 받는 직군이며, 개원의로서는 월 1,000만 원 이상의 고소득을 유지하는 경우가 많다. 의대생 증원이 이루어지면 기존 의사들은 지금껏 독점하던 의료 시장에서 경쟁이 심화될 것을 우려하며 반대하는 것이다.

이러한 집단 이기주의로 인해 지난 27년간 의대생을 한 명도 증원하지 못했으며, 그 결과 전공의 부족으로 의료 체계의 심각한 문제가 발생했다. 정부는 더는 미룰 수 없다는 판단하에 의대 정원 확대를 강력히 추진하고 있다. 그런데도 의사들은 의학 교육 정책까지 자신들의 통제 아래 두려 하며, 이를 반대해 병원을 집단으로 이탈하며 시위하고 있다. 환자의 생명을 지켜야 할 의사들이 떼 지어 거리로 나가 파업하는 행태는 세계 어느 나라에서도 보기 힘든 일이다.

이는 의과대학 졸업 시 선서하는 히포크라테스 선서의 기본 정신을 저버리는 위선적 행동이다. '나의 환자의 건강과 생명을 첫째로 생각하겠노라', '나의 양심과 위엄으로서 의술을 베풀겠노라'는 다짐은 어디로 갔는가? 소방공무원들은 공직 급여에도 불구하고 화재 진압과 생명 구조를 위해 불길 속으로 뛰어든다. 의사들도 직업적 사명감을 간과해서는 안 되며, 어떤 이유로든 위급한 환자 곁을 떠나는 것은 인술(仁術) 정신의 배신이다.

3) 사회적 기부에는 인색하면서도 자손에게 상속하는 졸부들

걷지도 못하는 손자에게 수억 원대 재산을 상속하는 행태가 만연하다. 만 18세 이하 미성년자가 최근 3년간 증여받은 재산 총액이 1조 8천억 원에 달하며, 이 중 만 0~1세 아동에게 증여된 사례만 해도 638건, 총 690억 원으로 평균 1억 800만 원에 달한다고 한다. 증여된 재산의 종류는 금융자산 36%, 부동산 32%, 유가증권 28% 순이다.

평생 사회에서 얻은 부를 기부할 생각은 하지 않고, 오로지 자식과 손자들에게 물려주며 '내 덕에 평생 편하게 살아라'는 태도를 보인다. 내 돈을 내 자식에게 주는데 누가 뭐라 하겠는가 싶지만, 선진국에서는 이러한 방식으로 부가 대물림되는 경우가 드물다. 이런 행태는 한국인의 이기적 국민성을 여실히 보여준다.

4) 안보 문제에서도 이기주의가 극심하다

국가안보를 위한 필수 시설을 주민들의 반대 때문에 건설하지 못하는 경우가 많다. 전쟁이 나면 특정 지역만 위험한 것이 아니라 온 국민이 위협받는다. 그러나 일부 지역 주민들은 단기적인 불편을 이유로 국가안보 정책을 가로막으며, 심지어 정치적 목적을 가진 종교인들까지 개입해 주민들의 불안을 부채질했다. 지역주민의 불안과 우려는 이해가 되지만 정치 신부들까지 끼어들어 주민들을 더 불안하게 부채질하는 형태가 정상인가? 국가안보가 지켜져야 개인과 지역도 존재할 수 있다는 성숙한 국가관이 필요하다.

5) 정치인의 끝없는 탐욕

권력을 쥐고 나면 돈도 갖고 싶고, 한술 더 떠서 예쁜 여자까지 가지려 하다가 몰락한 사람들이 많다. 한 가지로 만족하지 못하고 끝없는 탐욕에 빠지다 결국 무너지는 것이다. 정치 권력을 잡고, 부정한 정치자금을 모으고, 여비서를 성폭행하며 모든 것을 손에 넣으려다 정치 생명까지 끝장난 인사들의 사례는 이러한 탐욕의 필연적 결과다. 공자가 말한 '과유불급(過猶不及)'의 교훈이 새삼스럽게 다가온다.

갖은 고생 끝에 기업을 살려 부를 쥐게 되니 이제는 권력까지 잡고 싶어 정계에 입문하지만, 결국 기업도 잃고 정치판 건달로 전락한 인사들이 많다. 욕심을 쫓다 결국 낭떠러지 맛을 보는 자들이 부지기수다.

6) 이기주의적 심성과 책임감 부재

엄청난 재난 사건에서도 한국인의 이기주의적 심성이 드러나 창피한 사고가 벌어진 사례가 있다. 세월호 참사 당시, 승객의 안전을 책임져야 할 선장이 가장 먼저 배에서 탈출하는 모습을 보고 서구인들은 충격을 금치 못했다.

유사시 선장은 자신의 선박과 운명을 같이해야 하는 것이 직업윤리이며, 선장의 명예다. 타이타닉호의 선장 '에드워드 스미스'는 사고 당시 마지막 순간까지 승객 탈출을 지휘했고, 결국 타이타닉호와 운명을 같이했다. 그의 숭고한 직업의식과 책임감은 높이 평가받았으며, 그의 고향 사람들은 그의 동상을 세우고 "영국인답게 행동하라"는 말을 새겼다. 얼마나 아름답고 숭고한가.

7) 퇴직자 특혜 요구

국내 두 대형 자동차 회사의 퇴직 노조원들은 퇴직 후 2년마다 신차를 판매 가격의 30% 할인된 가격으로 구매할 수 있도록 해 달라고 요구했다. 이 요구가 받아들여진다면 5,000만 원짜리 차량을 3,500만 원에 구매할 수 있게 되며, 이는 제조 원가보다도 낮은 가격이다. 할인된 가격으로 신차를 받아 2년 뒤 중고차로 팔아도 이득이 생기는 구조다.

이런 무리한 요구로 발생하는 손실은 결국 일반 소비자들에게 전가될 수밖에 없다. 재직자도 아닌 퇴직자가 평생 30% 할인을 요구하는 것은 어디에서도 들어본 적 없는 이기주의의 끝판왕이다.

8) 떠날 때를 모르는 노욕에 찬 지도자의 분별력

떠날 때를 모르는 노욕(老慾)에 찬 지도자들의 모습도 문제다. 인생에서 만남과 이별은 필연적이며, 때가 되면 적절하게 물러나는 것이 중요하다. 특히, 지도자는 자신이 언제 떠나야 하는지를 알고 결단해야 하며, 그래야만 노년에 추태를 보이지 않을 수 있다. "박수칠 때 떠나라"는 말이 괜히 있는 것이 아니다.

　비례대표 국회의원만 다섯 번이나 한 K 씨는 여당과 야당을 왔다 갔다 하며 D은행 뇌물 3억 원 비리에 연루되고도 부끄러운 줄 모른다. 팔십 중반이 넘은 나이에 정치판의 고수라고 자처하며 젊은 사람들에게 욕을 먹으면서도 퇴장할 줄 모른다. 자신의 시대가 이미 오래전에 끝났음을 깨닫지 못하는 것이다. 어디 이분뿐이겠는가.

　국가 주요 요직을 두루 거친 인사들이 90세를 바라보는 노령에도 국회의원 한 번 더 하겠다고 후배를 밀치고 공천받으려 당 대표에게 환심을 보이는 모습을 보면 참 한심하다.

　그 정도의 온갖 국가 요직에서 혜택을 받았으면 이제는 그간의 경험과 경륜으로 어떻게 해야 국가가 발전할 것인가를 고민하고 국정 경험을 활용하는 원로로서 품위를 지키며 살면 얼마나 어른스럽게 보이겠나 싶은데 그렇지 않아 안쓰럽다. 역시 정치라는 마약에 중독되면 떠날 때를 모르는 욕심 덩어리가 되고 마는구나 싶다.

9. 이기적으로 [부풀리기] 잘한다

　'부풀리기'란 어떤 일을 실제보다 과장되게 만들어 상대를 기만하는 행위로, 경우에 따라 범죄로까지 이어질 수 있다. 허위 실적으로 인한 업무방해, 거래 상대 기만행위, 회계 부정 및 분식회계, 부정 공시, 허위 조사 보고 등 다양한 피해가 발생할 수 있지만, 우리는 이러한 부풀리기를 가볍게 여기고 생활 속에서 자주 저지르고 있다. 부풀리기의 유형을 살펴보면 다음과 같다.

1) 통계 부풀리기

　경제지표를 의도적으로 조작해 부동산 정책의 실패를 감추거나, 부동산 가격과 거래량 통계를 왜곡하고, 취업률을 실제보다 높게 부풀리는 행위는 국민의 알 권리를 침해하고 국정 운영의 실패를 은폐하려는 중대한 범법 행위다. 이러한 조작은 정책의 신뢰성을 훼손하고, 국민의 잘못된 판단을 유도하여 사회적 피해를 키우는 결과를 낳는다.

　이와 유사하게, 기업이 재무제표나 회계 장부를 조작해 실제보다 재무 상태를 좋게 보이도록 꾸미는 분식회계 역시 투자자와 채권자를 속이는 명백한 사기범죄다. 이는 자본 시장의 건전성을 위협하고, 금융 시스템 전체에 대한 신뢰를 무너뜨리는 행위로 엄중한 처벌이 필요하다.

　공공 통계와 회계는 국가와 기업 운영의 기초가 되는 신뢰 자산이다.

이를 조작하는 행위는 일시적으로 위기를 모면할 수는 있어도, 장기적으로는 심각한 불신과 혼란을 초래하며 사회 전반에 부정적 영향을 미친다.

2) 학력·경력 부풀리기

학력과 경력을 실제보다 과장하거나 허위로 꾸미는 행위는 사회적 신뢰를 무너뜨리는 대표적인 허위 행위다. 예를 들어, 대학의 평생교육원 수료 과정을 마치 정규 4년제 대학 졸업으로 포장하거나, 단순한 특수대학원 연구 과정을 석사과정 수료로 둔갑시키는 경우가 있다. 또한, 명예박사 학위를 마치 정식 학술 연구를 통해 받은 박사학위(Ph.D)인 것처럼 속이고, 단기간의 시간강사 활동을 장기간의 대학교수 경력으로 과장하는 사례도 존재한다.

이러한 허위 이력 문제는 실제로 사회 각계에서 적발된 바 있다. 2021년 유명 미술계 인사의 학력·경력 허위 기재사건 역시 논란이 되었다. 한 예술인은 외국 유명 대학 박사 과정을 수료했다고 홍보했지만, 실제로는 해당 과정에 등록조차 하지 않은 것으로 드러났다. 이로 인해 해당 기관은 임용 절차를 전면 재검토하게 되었고, 사회적으로도 '학력 포장'에 대한 비판 여론이 높아졌다.

이처럼 학력과 경력을 부풀리는 행위는 개인의 도덕성 문제를 넘어, 해당 분야의 공정한 경쟁을 훼손하고, 성실히 경력을 쌓아온 다수에게 박탈감을 안기는 심각한 문제다. 특히 교육계, 공공기관, 예술계 등에서 이런 사례가 반복되고 있는데 이로 인해 제도 전반에 대한 국민의 불신이 커질 수밖에 없다.

3) 공약 부풀리기

선거철이 되면 정치인들이 현실 가능성을 고려하지 않은 과장된 공약을 남발하는 사례가 반복된다. 예산, 인력, 기술적 기반 등 정책 실현을 위한 최소한의 조건도 고려하지 않은 채, 유권자의 표심을 얻기 위한 수단으로 공약이 소비되는 것이다.

예컨대, "전 국민에게 매달 기본소득 100만 원 지급", "신혼부부에게 무조건 1억 원 지원"과 같은 발언은 듣기에 그럴듯하지만, 실제로는 재정과 법률적 타당성, 집행 시스템에 대한 고려가 전무한 선동형 공약이다.

이러한 공약 부풀리기는 선거 후 번복되거나 축소될 가능성이 높아 유권자의 신뢰를 저버리는 행위이며, 정치 혐오를 부추기고 민주주의의 기반을 약화시키는 요인으로 작용한다.

실현 불가능한 공약을 남발하는 정치인에게도 제도적으로 책임을 묻는 장치가 필요하다.

4) 공적 부풀리기

공적 부풀리기는 개인, 조직, 또는 정부가 자신의 성과나 업적을 실제보다 과장하여 대중의 인정을 받으려는 행위를 말하며, 이는 신뢰를 손상시키고 사회적 불신과 불평등을 초래할 수 있다. 예를 들어, 정치적 성과 부풀리기의 대표적인 사례로 "우리 정부 덕분에 경제 성장률이 세계 최고 수준이다"라고 주장하며 특정 통계만 인용하는 경우가 있다.

기업의 업적 부풀리기에서는 "올해 매출 50% 증가!"라고 발표했지만,

실제로는 일회성 계약으로 인한 증가에 불과한 경우가 있다. 교육기관의 성과 부풀리기 사례로는 "졸업생의 90%가 명문 대학에 진학했다"고 홍보하지만, 특정 학과만 해당되는 경우가 있다.

지자체에서도 "우리 지역이 국내 최고의 관광지로 자리 잡았다"며 발표하지만, 실질적인 방문객 수는 미미한 경우가 많다. 또한, 개인의 공적을 과장하는 경우도 있으며, 범죄자 검거 실적을 부풀려 승진 자료로 활용하거나, 국가 유공자 공적을 부풀려 유공자로 등록하는 경우가 있다. 이력서나 자기소개서에서 학력, 경력, 수상 내역 등을 과장하거나 허위로 기재하는 것도 공적 부풀리기의 한 예다.

5) 주가 시세 조작 부풀리기

주식 시장에서 시세를 인위적으로 조작해 투자자를 속이는 이른바 '작전'은 대표적인 자본시장 교란 행위다. 특히 저가로 거래되는 기업(소위 '동전주')에 대해 실체가 불분명한 신사업 아이템을 추가하거나, 가짜 호재성 뉴스를 유포해 기업 가치가 급격히 상승할 것처럼 부풀린다.

이러한 과정에는 전문적인 작전 세력이 개입해 허위 보도자료나 SNS, 유튜브 등을 통해 투자 심리를 자극하고, 매수세를 유도한다. 일정 시점에 주가가 급등하면 이들은 보유한 주식을 한꺼번에 매도해 막대한 차익을 실현하고, 그 피해는 뒤늦게 따라 들어온 일반 투자자들에게 고스란히 돌아간다.

대표적인 예로 2022년 발생한 '쌍방울 주가 조작 의혹'이나, 연예인 및 유명 인플루언서가 가담했던 일부 바이오주 작전 사건 등이 있으며,

이로 인해 수많은 개인 투자자들이 막대한 손실을 입었다. 주가 조작은 자본시장 신뢰를 무너뜨리고, 건전한 투자 환경을 해치는 중대한 범죄이다.

6) 약효 부풀리기

"관절염의 염증을 캐낸다", "이 건강식품 하나로 만병이 치료된다", "통증이 자신도 모르게 사라진다", "몸 안에 있는 중금속을 완전히 배출해준다" 등은 건강기능식품 광고에서 자주 등장하는 허위·과장 표현이다. 이러한 문구는 소비자의 불안 심리를 자극해 제품을 구매하게 하지만, 실제로는 과학적 근거가 부족한 경우가 많다.

특히 최근 급성장 중인 라이브 커머스(온라인 실시간 쇼핑방송)에서는 이러한 과장 표현이 더욱 빈번하게 등장한다. 방송법 적용을 받지 않기 때문에 건강식품을 마치 의약품처럼 홍보하거나, 과장된 후기와 전문가 행세를 통해 신뢰를 부풀리는 사례도 많다.

이 같은 약효 과장은 단순한 과장이 아닌 소비자 건강에 해를 끼칠 수 있는 심각한 문제다. 실제 치료 시기를 놓치게 하거나 불필요한 비용 지출로 이어지는 피해도 발생하고 있다.

7) 공사비 부풀리기

건설업계에서 오랫동안 이어져 온 대표적인 비리는 공사비 부풀리기다. 이는 자재 구매 시 실제 가격보다 높게 계산해 그 차액을 비자금으로 조성하거나, 공정별 공사비를 과도하게 책정해 이익을 챙기는 방식으로 이뤄진다. 특히 하청업체에 과도한 비용을 전가하거나, 실제로는 지급하지 않는 인건비를 허위로 기재하는 등의 방식도 사용된다.

더 나아가 '똥(돈)떼기' 계약이라 불리는 편법도 성행하는데, 이는 근로계약서상에는 일당 20만 원으로 기록하면서 실제로는 10만 원만 지급하고 나머지를 사업주가 되돌려받는 방식이다. 이러한 불법 관행은 근로자의 권리를 침해하고, 산업 현장의 투명성과 신뢰를 심각하게 훼손하는 결과를 초래한다.

8) 감정가 부풀리기

금융기관에서 대출을 많이 받기 위해 감정평가액을 인위적으로 부풀리는 사례는 부동산 시장의 건전성을 해치는 중대한 문제다. 감정평가사와 대출 신청인이 짜고 담보 자산의 가치를 실제보다 높게 산정하면, 금융기관은 이를 근거로 과도한 대출을 실행하게 된다.

최근에는 전세 사기범들이 이 수법을 악용해 세입자에게 높은 보증금을 받고, 실제 자산 가치보다 부풀려진 감정가를 바탕으로 대출을 끌어와 갭투자 형태로 수익을 챙긴 후 잠적하는 사례가 잇따랐다. 이른바 '업(up) 감정'이라 불리는 이 행태는 다수의 세입자 피해를 초래했으며, 이에 따라 국토교통부와 경찰청이 합동 단속에 나서는 등 제도적 대응이 강화되고 있다.

9) 예산 부풀리기

예산 편성 과정에서 실제 필요보다 과도하게 금액을 산정하는 "예산 부풀리기' 역시 공공 부문의 고질적인 문제다. 이는 일종의 예비비 명목으로 포장되지만, 실제로는 불요불급한 사업에 예산이 낭비되거나, 연말 예산 소진을 위한 형식적인 지출로 이어지는 경우가 많다.

부풀려진 예산은 본래 목적과 무관한 용도로 유용되거나, 특혜성 발주와 비효율적 사업 집행으로 연결되어 국가 재정 건전성을 훼손하는 원인이 된다. 또한, 이러한 행태는 국민의 세금이 제대로 쓰이지 않는다는 불신을 낳고, 결과적으로 정책 신뢰도에 악영향을 준다. 예산의 정확한 수립과 사후 평가, 그리고 예산 낭비에 대한 책임 추궁이 반드시 병행되어야 한다.

10) 손해·피해 부풀리기

각종 자연재해나 재난, 사고 발생 시 피해 규모를 과장해 보상금을 과도하게 수령하려는 '손해 부풀리기' 사례도 빈번히 발생하고 있다. 예를 들어, 구제역·AI 등 가축 전염병 발생 시 축산 농가가 실제 피해 두수보다 많게 신고하거나, 태풍·폭우로 인한 농작물 피해를 실제 이상으로 부풀려 신고해 정부 지원금을 과도하게 받는 행위가 있다.

이 외에도 화재, 교통사고, 산업재해 등에서 손해나 상해 정도를 과장해 보험금을 더 많이 청구하거나, 차량 수리비를 과도하게 부풀려 보험사를 속이는 행위도 적발되고 있다. 이 같은 허위·과장 청구는 정직한 피해자에게 돌아가야 할 지원을 왜곡시키고, 전체 보상 시스템의 신뢰를 무너뜨리는 행위이다.

11) 업무 실적 및 성과 부풀리기

일부 조직에서는 성과급 지급이나 승진 평가에 유리하도록 실적을 인위적으로 부풀리는 사례가 발생한다. 예를 들어, 가맹본부가 가맹 희망자에게 실제보다 높은 매출 정보를 제공해 가맹 계약을 유도하는 방식이 대표적이다. 또한, 건강기능식품 광고 등에서 다이어트 효과를 과장하여 소비자를 현혹하는 경우도 많아, 식품의약품안전처가 반복적으로 단속에 나선 바 있다. 이런 행위는 소비자와 투자자의 판단을 흐리고 신뢰를 저해하는 요인이 된다.

12) 매출 부풀리기

적자 기업이 회계 장부상 매출을 부풀려 흑자인 것처럼 위장하거나, 자산과 이익을 과대 계상하고 부채를 축소하여 재무 상태와 경영 실적을 좋게 보이려는 경우가 있다. 이러한 분식회계는 투자자와 금융기관을 기만하여 기업 신용도를 인위적으로 높이고, 자금 조달을 유리하게 만들기 위한 수단으로 악용된다. 이는 회계 투명성을 해치는 심각한 문제로, 법적 책임까지 이어질 수 있다.

13) 근무 실적 부풀리기

공공기관이나 교육기관에서도 근무 실적을 허위로 보고한 사례가 적발되었다. 예를 들어, 출장 중임에도 불구하고 학생을 직접 지도한 것처럼 서류를 조작해 교연비(교수 연구 활동비)를 부당 수령한 국립대 교수들이 있었다. 국민권익위원회의 조사에 따르면, 12개 국공립대학 소속 교직원들이 허위 또는 과장된 실적으로 총 94억 원에 달하는 교연비를 부정 수령한 것으로 밝혀졌다. 이는 공공 예산의 낭비이자 제도 신뢰를 해치는 중대한 행위다.

14) 거리 부풀리기

물리적 거리, 이동 거리, 혹은 특정 구간의 길이를 실제보다 과장하여 발표하거나 홍보하는 행위로, 이는 주로 부동산, 광고, 관광산업, 교통 서비스 등에서 사용되며 소비자에게 잘못된 정보를 전달하고 신뢰를 훼손할 수 있다. 예를 들어, 부동산 광고에서 '지하철역 도보 5분 거리'라고 홍보했으나 실제로는 10~15분 이상 소요되거나, 숙소에서 주요 관광지 까지 '1km 거리'라고 했지만 실제로는 3~4km인 경우가 있다.

15) 상품 포장 부풀리기

튀김과자 봉지에 질소를 가득 채워 내용물은 적으면서 부피를 크게 보이게 하는 경우가 대표적이다. 물론 산소를 줄여 변질 방지와 형태 보존의 효과는 있지만, 소비자 입장에서는 불만의 대상이 된다. 또한, 명절 선물 세트의 과대 포장, 제품 가격은 그대로 두고 용량을 줄여 실질적인 가격 인상을 유도하는 '슈링크플레이션(Shrinkflation)'도 이에 해당한다. 예를 들어, 아몬드 상품의 용량을 210g에서 190g으로 줄이거 나, 우유 한 팩을 기존 1000ml에서 900ml로 줄이는 사례 등이 있다.

16) 취업·합격 실적 부풀리기

대학, 학원, 교육기관, 취업 지원 업체 등이 실제보다 높은 합격률이나 취업률을 홍보하여 학생과 소비자를 유치하는 행위도 흔하다. 예를 들어, 한 학생이 여러 회사에 합격했을 경우 이를 각각의 취업 성공

사례로 홍보하거나, 정규직 취업이 아닌 비정규직, 단기 아르바이트, 인턴십 등을 포함하여 높은 취업률을 홍보하는 방식이다. 이는 교육 및 채용 시장의 신뢰도를 저하시키는 요인이 된다.

17) 가짜 괴담·소문(所聞) 부풀리기

가짜 정보, 괴담, 소문 부풀리기는 사실과 다르거나 근거 없는 정보를 과장하거나 왜곡하여 사람들에게 퍼뜨리는 행위로, 이는 불안감을 조성 하거나 특정 목적을 달성하려는 의도로 사용되며 사회적 신뢰를 해치고 피해를 유발하는 심각한 문제가 된다. 작은 사실이나 사건을 확대하거나 변형하여 충격적이고 극적인 내용으로 변형시키는 방식이 일반적이다.

예를 들어, '한 명의 부작용 사례'를 전체 사건으로 왜곡하여 특정 약품이 치명적이라는 소문을 퍼뜨리거나, 자연재해 사진을 조작해 특정 지역의 피해가 훨씬 심각한 것처럼 보이게 하는 경우가 있다. 또한, 출처가 불분명한 정보를 SNS와 온라인 커뮤니티 등을 통해 빠르게 확산시키는 방법으로 "내 친구의 친구가 들은 이야기"라는 식의 신뢰를 조작하는 경우도 많다. 사람들의 불안을 자극하기 위해 건강, 안전, 범죄와 관련된 괴담을 확대하거나, 정치인의 발언을 부분적으로 잘라내 왜곡된 의미로 전달하는 등 다양한 부풀리기 사례가 성행하고 있다.

안○석 전 국회의원은 2017년 독일에서 박정희 전 대통령의 은닉재산 을 추적한 후 "박정희가 국가 돈 8조 9000억 원을 빼돌렸고, 현재 가치로 치면 약 300조 원"이라고 주장했으나, 아무런 근거를 제시하지 못했다.

18) 위기 부풀리기

위기 부풀리기는 실제 상황보다 위기를 과장하거나 확대하여 사람들에게 불안과 공포를 조성하는 행위를 말한다. 이는 언론, 기업, 정치인 등이 특정 의도나 이익을 위해 사용하는 경우가 많으며, 사회적 혼란과 잘못된 판단을 유도할 수 있어 문제가 된다.

예를 들어, 자연재해 발생 가능성을 비정상적으로 높게 예측하여 공포를 유발하거나, 경제 전문가의 비관적 전망만을 강조하여 경제 위기를 과장하는 경우가 있다. 또한, 특정 사건을 매일 헤드라인으로 보도하여 지속적으로 관심을 유도하거나, 재난 상황에서 피해 지역의 극단적인 장면만 반복적으로 노출하는 방식도 사용된다.

특히, 남북한 간의 무력 충돌 가능성을 부풀리거나, 일본 후쿠시마 원전 처리수를 "방사능 오염수"로 표현하며 "제2의 태평양전쟁이 될 것"이라는 불안감을 조성하는 등의 사례가 있다.

만약 남북 간 충돌이 발생한다면 수많은 괴담이 난무할 것이 우려된다. 한국 사회는 괴담을 잘 퍼뜨리고, 이에 부화뇌동하는 경향이 강하기 때문에 더욱 조심해야 할 문제다.

10. 저속한 편견(偏見)으로 남을 깔보는 버릇

한국인의 안 좋은 버릇 중 하나는 한쪽으로 치우친 공정하지 못한 생각이나 견해로 남을 얕잡아 보고 깔보며 차별하는 태도다. 사람을 대할 때 의식적이든 무의식적이든 상대의 서열을 정하려는 경향이 강하며, 직책이나 경력의 높고 낮음, 외모, 재산, 직업, 학력, 나이 등을 기준으로 자연스럽게 서열을 정하는 버릇이 깔려 있다. 이런 태도는 여러 가지 이유로 상대를 깔보는 습관으로 이어진다.

1) 직업에 대한 편견

사람은 생계를 위해 직업을 가지며, 이를 통해 생산적인 활동을 한다. 또한, 자신의 적성과 능력을 발휘하고 존재 가치를 실현하는 중요한 요소다. 따라서 어떤 직업이든 귀천이 있을 수 없다. 하지만 우리 사회는 여전히 유교 전통사회의 '사농공상(士農工商)' 개념에서 벗어나지 못하고 있다.

부모가 아이와 함께 구두수선 가게를 방문하며 "너도 공부 안 하면 저 아저씨처럼 된다"라거나, 청소하는 환경미화원을 보며 "공부 안 하면 저렇게 된다"라고 말하는 등 직업에 대한 편견이 가정과 학교에서 무심결에 자리 잡고 있다.

직업에 대한 자부심 부족(一生一業의 긍지 부족)도 문제다.

장사가 잘되는 가게들은 웬만한 대기업 직장인보다 훨씬 많은 돈을 벌어도 장사하는 것을 좋은 직업으로 여기지 않는다. 맛있는 분식집을 운영하는 것도 긍지로 이어지지 못한다. 하지만 일본에서는 대를 이어 전통을 유지하며, 만두 하나, 오뎅 하나에도 장인 정신을 가지고 가업을 잇는다. 동경대 출신 변호사가 되었다가도 가업을 이어야 할 때가 되면 가게를 물려받는 것이 일반적이다.

물론 우리나라에도 대를 이어 전통을 지키는 몇몇 음식점이 있지만, 사회적 편견 때문에 큰 긍지를 갖지 않는 경우가 많다. 그래서인지 사회적으로 천하게 여겨지는 직업에서 성공한 뒤 전업하여 마치 이전의 직업이 없었던 것처럼 행동하는 경우도 많고, 자식들에게는 물려주지 않겠다고도 한다.

이제는 사라져 가지만, 불과 얼마 전까지도 자동차 영업을 하면 '달구지', 어부는 '뱃놈', 건설 노동자는 '노가다', 도축업자는 '백정'이라 부르며 천한 직업으로 여기는 경향이 있었다. 직업에는 귀천이 없지만, 사람들은 여전히 대화 중 첫인사로 "직업이 뭐예요?"라고 묻고, 상대의 직업에 따라 마음속으로 귀천을 구별하려 한다.

외국 속담에 "천한 직업은 없다. 다만 천한 사람이 있을 뿐이다"라는 말이 있다. 그러나 우리 사회에서는 여전히 판사, 검사, 변호사, 의사, 회계사 등 '사(士)'자가 들어가는 직업을 선호하고 있다. 직업에 대한 편견 없이 모든 사람이 자신의 일에 자부심을 가지며 존경받는 사회가 되길 바란다.

건설 노동자, 3D 업종 종사자 등을 은근히 차별하는 경향이 있지만, 그분들이 있기 때문에 우리 사회가 유지되는 것이다. 머지않아 블루칼라가 화이트칼라보다 더 잘 사는 시대가 올지도 모른다.

먹고 살기 힘들었던 시절, 많은 누나와 여동생들이 방적 공장과 의류 공장에서 부모와 형제를 위해 힘겹게 일했다. 하지만 그들은 '공순이'라 불리며 멸시받았다. 돌이켜보면 그들은 수출산업의 역군이었고, 가난한 가정의 버팀목이었다.

과거에는 버스 차장은 '차순이', 가정부는 '식모', 중국집 배달원은 '철가방', 미군 기지촌 여성은 '양공주', 떠돌이 깡패는 '양아치'로 불렸다. 구두닦이도 '찍쇠'(건물에서 구두를 받아오는 사람)와 '딱쇠'(구두를 닦는 사람), 지게를 지고 일당을 버는 사람은 '지게꾼'이라 불렸다. 하지만 이들이 없었다면 우리 사회는 어떻게 유지될 수 있었을까?

2) 경제적 약자에 대한 편견

한국인들이 악착같이 돈을 벌려는 이유 중 하나는 돈이 없으면 사람 취급을 받지 못한다고 생각하기 때문이다. 이런 현실 때문에 돈에 대한 악착스러운 헝그리 정신을 무조건 부정적으로 볼 수는 없다. 하지만 돈을 기준으로 사람을 차별하는 경향은 개인 간뿐만 아니라 공공기관에서도 나타난다.

친구나 동료들 사이에서도 "저 친구 아직도 셋방살이야", "ㅇㅇ동

서민 아파트에 살고 있어", "승용차도 없이 시내버스로 출근해" 등의 말로 남을 경제적으로 얕보는 경우가 많다.

백화점에서는 VIP 고객들에게 바겐세일 전에 사전 연락을 해 특정 품목을 할인가로 구매할 기회를 주는 등 차별적 대우를 한다. 금융기관도 마찬가지다. 은행들은 거액 거래자들을 위해 프라이빗뱅킹(PB: Private Banking)코너를 운영하며 극진한 서비스를 제공하면서도, 일반 거래자들에게는 계좌 평균 잔고가 일정 금액 이하일 경우 이자를 지급하지 않겠다고 한다. 또한, 창구에서 공과금 수납을 거부하거나, 동전 교환을 하지 않거나, 거래가 줄어들면 자동이체 한도를 줄이는 등의 조치를 취하며, 돈을 기준으로 차별한다는 불만을 키우고 있다.

가난하다는 이유만으로 멸시의 대상이 되어서는 안 된다. 돈이 남보다 많다고 해서 그 사람의 능력과 가치를 실제보다 높게 평가하거나, 돈이 적다고 해서 하찮게 보는 것은 올바른 가치관이 아니다. 돈은 단순히 물질적인 가치일 뿐, 사람의 인격과 됨됨이를 판단하는 기준이 될 수 없다.

3) 학력, 학벌에 대한 편견

우리 사회는 학력을 중시하는 사회다. 그 결과 "고졸 신화"라는 말이 나오고, "유리천장을 뚫기 어렵다"는 말이 생겨났다. 그래서 자식의 교육에 대한 부모의 열정은 세계적으로도 유명하다. "나는 못 배웠어도 자식만큼은 공부시켜야 한다"라는 생각으로 배움의 설움을 자식에게 물려주지 않기 위해 기를 쓰고 투자한다.

직급 상승에서도 학력을 많이 고려하지만, 이제는 능력주의 사회로 변모하고 있다. 조직에서는 대학을 나오지 않아도 능력만 출중하면 기회는 얼마든지 주어진다. 하지만 여전히 사회적 편견이 문제다. 대학을 나왔는지, 유학을 다녀왔는지가 사람의 평가 기준이 되기 때문이다.

이제 대학을 가지 않아도 교육을 충분히 받고 사회에 진출할 수 있는 길이 많아졌다. 온라인 공개수업 등 다양한 배움의 기회가 열려 있으며, 대기업이 직접 대학을 운영하는 사례도 증가하고 있다. 과거 대학이 가진 유일한 권한이 '학위'를 수여하는 것이었지만, 이제는 그것조차 중요하게 보지 않는 기업이 늘고 있다.

미국 실리콘밸리의 기업들은 MIT 박사라도 "이 문제를 풀어보라"는 1시간짜리 인터뷰를 7~8번씩 진행하며, 이를 통과하면 학위와 상관없이 합격시킨다고 한다. 우리나라에서도 이런 기업들이 점점 늘어나고 있으며, 저마다의 능력과 자질이 더 중요한 요소로 작용하고 있다. 따라서 학력만으로 사람을 평가하는 시대는 점점 사라지고 있다.

그럼에도 불구하고 아직도 학력 부족이 출세의 장애물이 된다고 생각하며, 대학 졸업장을 따기 위해 정원 미달 대학이라도 보내고, 학업 성적이 미진해도 경제적 형편이 되면 해외 유학까지 보내는 현실이다. 하지만 학력만으로 사람의 능력을 판단하는 선입견은 점차 사라지고 있으며, 능력으로 평가받는 시대가 도래하고 있는 것은 매우 바람직한 변화다.

4) 외모에 대한 편견

"너처럼 예쁜 애가 뭐가 아쉬워서 저런 추남과 사귀니?"라는 식의 말이 오고 간다. 키가 크고 작음, 비만 여부, 얼굴 생김새, 피부 상태 등 외모를 기준으로 사람을 평가하고 깔보는 경우가 많다.

길을 걸으면서도 행인의 외모를 보고 비하하는 말을 서슴지 않는 사회, 대한민국에서는 "못생긴 게 죄"라는 말이 나올 정도다. 외모 지상주의가 극심한 나라 중 하나가 바로 한국이다.

입사 면접에서도, 배우자를 선택할 때도 지나칠 정도로 외모를 중시한다. "여자는 무조건 예뻐야 한다"는 인식이 만연하고, 남성의 경우도 잘생기고 건장한 청년을 선호하는 경향이 뚜렷하다.

그러다 보니 성형을 해서라도 예쁘게 보이고 싶다는 욕망이 커지고 있으며, 이에 따라 한국의 성형외과 수준이 세계적으로도 인정받고 있다. 하지만 사람을 외모로만 판단하는 것이 과연 옳은 일일까?

"사람을 외모로만 판단하지 말라." 내 눈에 보이는 것이 전부가 아니다. 하지만 외모 중심의 사회에서 살아가면서 이를 실천하는 것은 결코 쉽지 않다. 속사람을 볼 수 있는 안목이 있었다면 어땠을까 싶다.

물취이모(勿取以貌)라는 사자성어가 있다. 이는 "외모만 보고 사람을 판단해서는 안 된다"는 뜻이다. 우리는 살아가면서 겉모습만 보고 사람을 평가하는 경우가 많다. 눈에 보이는 것이 전부인 것처럼 여겨지지만, 사실 그것은 빙산의 일각일 뿐이다. "열 길 물속은 알아도 한 길 사람 속은 알 수 없다"는 속담이 이를 잘 설명해 준다.

사람은 잘난 사람도, 못난 사람도 없다. 오직 편견을 가진 사람이 있을 뿐이다. 우리가 다른 사람을 사랑하고 존중할 때, 다른 사람도 우리를 외모와 관계없이 사랑하며 존중할 것이다. 중요한 것은 잘난 사람과 못생긴 사람을 나누어 차별하는 심성을 버리는 것이다.

5) 장애인에 대한 편견

우리 사회는 신체 장애인에 대한 편견을 버리지 못하고 있다. 장애인을 채용할 때 기피하는 경향이 있으며, 장애에 대한 놀림이나 은근한 멸시도 여전히 존재한다.

많은 장애인이 우리 사회에서 겪는 어려움을 생각하면, 우리는 장애인과 함께 더불어 살아가는 아름다운 세상을 만들기 위해 노력해야 한다. 왜냐하면 장애인의 90%는 후천적 장애인이며, 그중 절반은 다른 사람의 잘못 때문에 발생한 사고로 장애를 입었기 때문이다.

그럼에도 불구하고 장애인들은 원치 않는 장애로 인해 고통을 받고 있으며, 사회의 무관심과 차별로 인해 더한 고통을 겪고 있다. 이런 불리한 환경에서 장애인에 대한 편견은 반드시 근절되어야 한다.

서구 사회에서는 장애를 그 사람의 가치와 별개로 보는 문화가 자리 잡고 있다. 우리 사회도 장애인을 '특별한 존재'로 바라보는 것이 아니라, 보통 사람과 똑같이 대하는 사회적 시선이 필요하다. 하지만 현실적으로 우리 사회는 여전히 장애인을 남과 다른 존재로 여기며, 그들에게 매우 살기 어려운 환경을 조성하고 있다.

장애인들은 많은 사람이 모이는 곳에 가기를 꺼리는 경우가 많다. 왜냐하면 장애인이 참석하면 동정과 위로의 대상이 되기 때문이다.

그들은 어디를 가든 '불쌍한 존재'로 취급받기보다는, 일반인과 동등한 시선으로 대우받기를 바라고 있다.

6) 운동선수에 대한 편견

운동선수 출신에 대한 사회적 편견이 강하게 나타나는 분야 중 하나가 정치 참여다. 아무리 훌륭한 운동선수로 성공했거나, 은퇴 후 학위를 받고 전문성을 쌓았더라도 "운동선수가 무슨 정치를 하느냐?"라는 비판이 뒤따른다. 이러한 편견은 능력보다 선입견에 의해 형성되기 때문에, 운동선수 출신들의 정치 참여를 가로막고 있다.

과거 엘리트 선수 육성을 위해 학업을 소홀히 하고 운동에 전념하는 경향이 있었던 것은 사실이다. 하지만 요즘 운동선수들은 이런 편견을 극복하기 위해 학업에도 힘쓰고 있다. 단지 세계적 선수가 되기 위해 학업 시간이 부족했을 뿐이지, 우수한 두뇌를 가진 운동선수도 많다. 은퇴 후 외국 유학까지 다녀와 체육 분야에서 박사 학위를 받은 사례도 적지 않다.

그러나 운동선수가 정치나 고위 공직에 진출하려 하면 "공부도 안 했을 텐데 무슨 행정 능력이 있겠느냐?"라는 식의 비난이 쏟아진다. 운동선수 출신이라는 이유만으로 폄하하는 것은 편협한 시각이며, 능력 있는 사람은 어느 분야에서든 빛을 발할 수 있는 사회가 되어야 한다.

7) 여성에 대한 편견

우리 사회에서는 여성을 낮게 평가하는 부정적인 태도를 흔히 볼 수 있다. '여자가 뭘 하겠어', '잘나봤자 여자지'라는 식의 편견이 여전히 존재하며, 능력을 인정할 때조차도 '여자지만 능력 있다', '여자지만 똑똑하다'라는 표현을 사용하는 경우가 많다. 이는 여성이 원래 무능력하다는 전제를 깔고 하는 말이므로, 본질적으로 여성에 대한 차별적인 시각이 반영된 것이다.

한편, 여성이 실수를 하거나 잘못을 저지르면 '여자들은 어쩔 수 없다', '여자니까 그렇다'는 식으로 여성 전체를 일반화하여 평가하는 경향이 있다. 또한, 여성과 관련된 업무, 관습, 속담 등에서도 비인격적인 표현이 자주 사용된다. 예를 들어, 성공한 여성에게 "잘나봤자 여자지"라고 말하거나, 여성이 옳은 주장을 해도 "암탉이 울면 집안이 망한다"며 폄하하는 경우가 많다.

여성의 사회 참여가 보편화되고 있음에도 불구하고, 여전히 일자리 문제에서는 여성에게 낮은 보수와 낮은 직책만이 허용되는 경향이 있으며, 여성의 고위직 진출을 가로막는 유리천장이 존재한다. 실제로 여성의 능력에 대한 편견, 고용 차별, 임금 차별, 여성의 정치 참여 등에서 편견에 따른 차별이 지속되고 있다.

고용노동부의 '고용상 성차별 사례집'에 따르면, 최근 간접적이고 누적된 차별이 증가하고 있다. 조사 결과에 따르면 '승진에 유리천장이 존재한다'(64.3%), '여성 관리자 임명을 기피하는 분위기가 있다'(44.7%), '여성에 대한 편견이 있다'(31.3%), '휴직 후 인사상 불이익이 걱정된다'(44.3%) 등의 응답이 나와, 여전히 많은 여성들이 직장 내 차별을 체감하고 있음을 보여주고 있다.

8) 자격에 대한 편견

"그 친구 사법시험 출신 변호사가 아니고 로스쿨 출신이야", "사시 합격자가 아닌 군법무관 출신 변호사야"라는 식으로, 은근히 깔보는 태도로 차별화하는 편견이 존재한다.

진료지원(PA) 간호사의 의료 행위를 법적으로 보호하는 간호법 개정안이 공포되자, 대한의사협회 부회장이 간호사를 겨냥해 "건방진 것들"이라며 원색적으로 비난한 사례가 있다. 그는 "그만 나대세요, 그럴 거면 의대를 가셨어야죠", "장기(將棋) 말 주제에 플레이어인 줄 착각하네요", "주어, 목적어 생략합니다. 건방진 것들" 등의 발언을 하며 간호사를 깔보았다. 이런 발언을 보면, 그 역시 대한민국 의사를 대표하는 자로서의 수준이 의심스러우며, 결국 그 나물에 그 밥이라는 생각이 들게 한다.

또한, "그 간호사 정말 환자를 잘 돌봐"라고 칭찬하면서도 "근데 간호사가 아니라 간호조무사야", "그 선생은 정규 교육대학 졸업 교사가 아니라, 고졸 출신 임시 초등교사 양성소 출신이야", "그 친구 필리핀 의과대학 나온 의사야" 등과 같은 말로 상대를 깔보며 차별하는 태도가 만연해 있다.

9) 인종과 저개발국 국민에 대한 편견

한국인들은 이주 노동자, 결혼 이주 여성, 다문화 가정 자녀, 조선족 동포 등에 대해 자국민과 비교해 부정적인 태도를 보이며, 무시하거나 깔보는 경우가 많다. 특히 동남아에서 온 근로자들이 한국인 근로자와 비교해 차별적인 대우를 받는 것은 심각한 사회적 문제로 대두되고 있다.

이런 편견은 자칫 인종차별로 이어질 수 있으므로, 보다 열린 사고방식과 편견 없는 인간관계를 형성하려는 노력이 필요하다. 이러한 남을 깔보는 버릇은 우리 사회가 오랫동안 서열 문화를 유지해 온 것에서 기인한 것으로 보인다.

우리는 지나친 자존심 때문에 다른 사람을 의도적으로 얕보는 성향을 버리고, 습관적으로 남을 무시하고 깔보는 교만한 태도를 반성할 필요가 있다.

에필로그:

인성 회복 없이는 나라의 미래도 없다!

현재 한국 사회가 겪고 있는 모든 문제는 인성 파탄에서 비롯된다. 아무리 훌륭한 제도와 법률이 마련되고, 도덕성을 강조한다고 해도, 사람의 변화 없이는 아무런 소용이 없다. 모든 변화는 사람이 주체가 되어야 하는데, 그 주체가 변화하지 않는다면 그 어떤 노력도 무의미한 것이다.

필자가 본서에서 지적한 후진적 한국병은 모두 이기적이고 불량한 인성에서 오는 현상들이다. 일본 마쓰시타 전기의 창업자 마쓰시타 고노스케는 "물건을 만들기 전에 먼저 사람을 만들어라"라는 말을 남겼다. 이 말이야말로 오늘날 대한민국에 절실한 가르침이다.

즉, "사람이 먼저"라는 가치는 단순한 구호가 아니라, 국가의 미래를 결정짓는 핵심 철학이 되어야 한다. 그래야 지속 가능한 국가와 평화로운 사회를 만들 수 있다. 하지만 우리 사회는 인성을 가르치는 교육을 외면했다.

출생과 동시에 점수 공부, 시험 패스 공부, 대학 입학을 위한 경쟁만 부추기는 교육이 전부였다. 이런 교육 환경에서 바른 인성을 기대한다는 것은 어불성설이다. 결국, 사람을 만드는 인성 교육은 없었고, 오직 시험을 잘 치는 방법만 가르쳤다.

그 결과 한국 사회는 도덕적 철학이 부재하고, 오로지 경쟁만을 강조하는 교육이 돈과 권력만 좇는 지식인을 양산했다. 그렇게 성장한 이들은 학벌 좋고 지식은 많을지 몰라도, 타인과 공동체를 생각하는 따뜻한 가슴은 없었다. 그 결과, 사회 전반이 인성이 메말라 양심도 없고, 염치도 없는 세상이 되어버렸다.

정치 또한 예외가 아니다. 정치판은 죽기 아니면 살기로 싸워야 하는 증오와 야만의 장이 되었고, 상대를 무너뜨려야만 내가 살아남는 야수적 정치 문화가 자리 잡았다.

그러나 가난했던 시절에는 비록 형편이 어려워도 이웃 간의 믿음과 정이 따뜻했다. 대문을 열어놓고 살았고, 음식을 나누며 서로 돕고 살았다. 지금 우리 사회에 그러한 정이 남아 있는가?

오늘날 대한민국은 모든 가치의 중심이 돈이 되어버렸다. 이웃보다 더 좋은 집, 더 비싼 명품을 갖기 위해 살벌한 경쟁을 벌이는 사회가 되었다. 돈 때문에 형제도 원수가 되고, 인간관계도 무너지는 막가는 세상이 되었다.

가짜와 거짓이 판치고, 사기꾼이 넘쳐나는 사기꾼 천국이니, 언제 피해자가 될지 몰라 늘 긴장 속에 살아야 한다. 겉으로는 경제 규모 세계 10위를 자랑하지만, 안으로 들여다보면 영혼이 털린 허상의 나라가 되어 가고 있다.

그 대표적인 허상은 민주화에 성공했다고 자부하는 대한민국의 야수적 정치판을 보면 알 수 있다.

국민이 국가라는 공동체의 구성원으로서 함께 살아가기 위해 최소한의 기본적 인성을 갖추지 못한다면, 나라의 미래는 없다. 그런데도 나라의 장래를 걱정하는 국민을 찾아보기 힘든 현실은 절망적이다.

이 위기의 벼랑에서 어떻게 극복해 나갈 것인가? 되돌리기엔 너무 멀리 와버렸다는 탄식이 나오지만, 이제부터라도 지식인과 지도층이 앞장서서 이기적 욕심의 뿌리를 걷어내야 한다.

나라의 미래를 위한 인성 회복이야말로 지금 우리가 외쳐야 할 가장 중요한 과제이다.